3

最新 社会福祉士養成講座
精神保健福祉士養成講座

一般社団法人 日本ソーシャルワーク教育学校連盟　編集

社会学と社会システム

中央法規

刊行にあたって

　このたび、新カリキュラムに対応した社会福祉士と精神保健福祉士養成の教科書シリーズ（以下、本養成講座）を一般社団法人日本ソーシャルワーク教育学校連盟の編集により刊行することになりました。本養成講座は、社会福祉士・精神保健福祉士共通科目13巻、社会福祉士専門科目8巻、精神保健福祉士専門科目8巻の合計29巻で構成されています。

　社会福祉士の資格制度は、1987（昭和62）年に制定された社会福祉士及び介護福祉士法により創設されました。後に、精神保健福祉士法が制定され、精神保健福祉士の資格制度が1997（平成9）年に創設されました。それから今日までの間に両資格のカリキュラムは2度の改正が行われました。本養成講座は、2019（令和元）年度の両資格のカリキュラム改正に伴い、刊行するものです。

　新カリキュラム改正のねらいは、地域共生社会の実現に向けて、複合化・複雑化した課題を受けとめる包括的な相談支援を実施し、地域住民等が主体的に地域課題を解決していくよう支援できるソーシャルワーカーを養成することにあります。地域共生社会とは支援する者と支援される者が一体となり、誰もが役割をもって生活していくことができる社会です。こうした社会を創り上げる担い手として、社会福祉士や精神保健福祉士が期待されています。

　そのため、本養成講座の制作にあたって、❶ソーシャルワーカーとしてアセスメントから支援計画、モニタリングに至るPDCAサイクルに基づく支援ができる人材の養成、❷個別支援と地域支援を一体的に対応でき、児童、障害者、高齢者等のさまざまな分野を横断して包括的に支援のできる人材の養成、❸「講義―演習―実習」の学習循環をつくることで、実践現場に密着した人材養成をする、を目的にしています。

　社会福祉士および精神保健福祉士になるためには、ソーシャルワークに必要な五つの科目群について学ぶことが必要です。具体的には、①社会福祉の原理・基盤・政策を理解する科目、②複合化・複雑化した福祉課題と包括的な支援を理解する科目、③人・環境・社会とその関係を理解する科目、④ソーシャルワークの基盤・理論・方法を理解する科目、⑤ソーシャルワークの方法と実践を理解する科目です。それぞれの科目群の関係性と全体像は、次頁の図のとおりです。

　これらの科目を本養成講座で学ぶことにより、すべての学生がソーシャルワークの基盤を修得し、社会福祉士ならびに精神保健福祉士の国家資格を取得し、さまざまな領域でソーシャルワーカーとして活躍され、ソーシャルワーカーに対する社会的評価を高めてくれることを願っています。

社会福祉士養成教科書の全体像

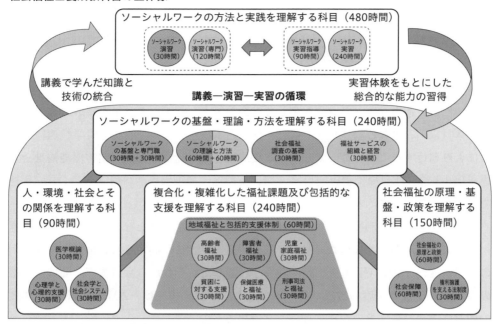

出典：厚生労働省「（別添）見直し後の社会福祉士養成課程の全体像」（https://www.mhlw.go.jp/content/000604998.pdf）より本連盟が改編

精神保健福祉士養成教科書の全体像

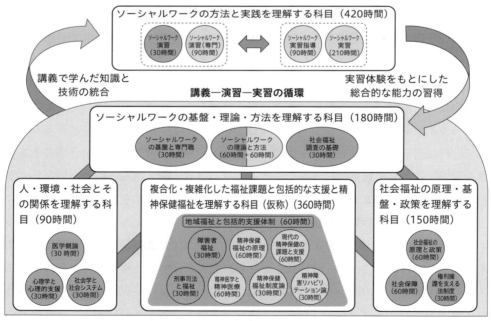

出典：厚生労働省「（別添）見直し後の社会福祉士養成課程の全体像」を参考に本連盟が作成

2020（令和2）年12月1日

一般社団法人日本ソーシャルワーク教育学校連盟
会長　白澤政和

はじめに

　21世紀に生きる我々は激動の時代を経験している。たとえば世界金融危機や、東日本大震災、また新型コロナウイルス感染症（COVID-19）の拡大など、これら重大な出来事をめぐっては、分断された人と人との関係性を取り戻すための行為・活動が求められた。児童養護、生活困窮者支援、障害者支援、高齢者福祉などの福祉的課題はより深刻化し、問題に立ち向かう必要性に迫られている。

　人と人、あるいは人と社会が分断されていくなかで、福祉のソーシャルワークは非常に重要な位置を占めている。ある人の相談援助を行い、関係機関等につなぎ、また、よりよい地域や社会づくりを目指すソーシャルワーカーは、これからの時代、特に注目されるべき職業人であり実践家である。人々の幸せを追求し、よりよい福祉を目指すソーシャルワーカーは、頼もしい存在である。

　では、ソーシャルワーカーは、どのような考え方をもとにして、そうした行為・活動を行っているのだろうか。言い換えれば、ソーシャルワークの「ソーシャル」（社会的なるもの）と「ワーク」（働きかけること）とは、いったいどのようなものを意味するのだろうか。ソーシャルワークは、ケアワークとよく比較される。人々へのケアをなしにして福祉は実現しない。しかしながら、人の支援というのは、その人をケアするだけでは不十分である。むしろ、問題の要因を「社会」のなかに見出して的確に把握しないと、多くの場合、的外れな支援となってしまう。たとえば、コロナ禍において派遣切りに遭い、生活困窮に陥っている人に対して、せっかく職業訓練の支援を行っても、無意味になりかねない。

　社会福祉学は、エビデンスを重視しながらソーシャルワークを行う実践学問として展開してきた。それに対して、社会学は、実践よりも、理論および実証的なデータを重視する傾向があった。エビデンスやデータ、すなわち「事実」を重視するという意味では、社会福祉学も社会学も同様である。だが、社会学は、社会科学の一つとして、データに裏づけられた理論を特に重視してきたといえる。本書をみればわかるように、社会学には、現実社会を捉え、説明するためのさまざまな理論がある。たとえば、本書で扱い切れなかった理論だが、「人と人や社会との絆が切れると逸脱行為に走りやすい」（ボンド理論）や、「あまり会うことのない、弱くつながった人からこそ、人生にとって重要な情報が得られる可能性がある」（「弱い絆の強み」理論）や、「言ったり思ったりしたことが、本当にそうなる」（「予言の自己成就」理論）など、社会学には、データに基づいたさまざまな法則や理論がたくさんある。それらの理論は、

ソーシャルワークにとって必要な「社会的なるもの」を捉えるのに、役立つものばかりである。「ソーシャル」（社会的なるもの）を捉えられれば、何かに困っている人にかかわる問題の所在を適切に捉えられ、きっと支援に活かすことができるであろう。

　たしかに、これまで社会福祉学と社会学は、両者が手を取りあって福祉実践を行ってきたとはいいがたい。その背景にあるものは、本書第1章や第2章で扱うとおりである。しかし、実践に強い社会福祉学と、理論に強い社会学がタッグを組めば、より心強いソーシャルワークが可能になるのではないだろうか。理論のない実践は、憶測で物事を行っているようで心もとない。また、実践と結びつかない理論は、何のためにある理論なのか、よくわからなくなる。しかし、「社会学（理論）は難しそうで何に役立つかわからない」ということで、敬遠してきた福祉専門職や、福祉を学ぶ学生も多いのではないだろうか。これは非常にもったいないことである。

　本書で扱う社会学の理論や考え方は、ほんの一部である。本書を手がかりにして、ソーシャルワークに役立ちそうな社会学の理論や考え方をぜひ知ってほしいと期待している。

編集委員一同

目次

刊行にあたって
はじめに

第 1 章　社会学の視点

第 1 節　社会学の意義と対象 ……………………………………………………… 2
社会福祉士・精神保健福祉士にとって社会学とは何か／2

第 2 節　社会学の歴史 ……………………………………………………………… 13
1　社会学の歴史を学ぶ／13
2　成立期：社会学の確立と「巨匠」の時代（〜 1930 年頃）／13
3　展開期：パーソンズと大衆社会論の時代（1935 〜 1965 年頃）／19
4　多様化期：社会学方法論に対するリフレクシビティの高まりの時代
　　（1965 年頃〜）／22
5　社会学の歴史を学び活用する／24

第 2 章　社会構造と変動

第 1 節　社会システム ……………………………………………………………… 28
1　社会秩序の構成／28
2　社会をシステムとしてみる／32
3　社会階層システム／36

第 2 節　組織と集団 ………………………………………………………………… 40
1　集団と組織／40
2　集団はどう形成されていくか／41
3　組織はどう形成されるか／42
4　組織の合理化と官僚制／43
5　さまざまな組織——その諸相と問題／43
6　全制的施設／45
7　非営利セクターと非営利組織／45
8　非営利組織の問題と課題／47
9　非営利組織のマネジメント／48
10　まとめ——組織・個人・エンパワメント／49

第3節　人口 ── 51
　　1　人口増加の時代から人口減少の時代へ／51
　　2　日本の人口高齢化／54
　　3　日本の少子化／57
　　4　日本の移動／60

第4節　グローバリゼーション ────────────────────────── 65
　　1　グローバリゼーション／65
　　2　日本における医療・福祉部門の外国人／70

第5節　社会変動 ──────────────────────────────────── 77
　　1　社会変動とは何か／77
　　2　前近代社会から近代社会へ／78
　　3　社会変動の要因と諸相／82
　　4　現代社会におけるソーシャルワーカーの役割／86

第6節　地域 ── 88
　　1　地域とコミュニティ／88
　　2　日本におけるコミュニティ／91
　　3　町内会とは何か／94
　　4　地域社会をめぐる課題の背景／97
　　5　地域コミュニティと福祉コミュニティ／100

第7節　環境 ── 104
　　1　環境社会学の対象領域／104
　　2　環境破壊──公害から気候変動問題へ／104
　　3　自然環境の破壊と再生・保全──琵琶湖の水環境をめぐって／106
　　4　持続可能な地域社会──京都市の歴史的環境保全と観光化をめぐって
　　　　／107
　　5　環境構築の時代へ──地域社会とグローバルな問題をつなぐ／108

第 **3** 章　市民社会と公共性

第1節　社会的格差 ──────────────────────────────────── 112
　　1　格差／112
　　2　格差と貧困／115
　　3　雇用格差／117
　　4　教育格差／118
　　5　健康格差／121

第 2 節　社会政策と社会問題————————————————————————————123

　　1　産業社会の社会問題と社会政策／123

　　2　産業社会の社会政策（福祉国家）の三つのタイプ／126

　　3　産業社会の社会政策への批判と新しい社会政策／129

第 3 節　差別と偏見————————————————————————————————134

　　1　社会的排除・社会的包摂とは何か——あいりん地区の事例から／134

　　2　偏見／135

　　3　差別／137

　　4　容易になくならない差別／140

　　5　ソーシャルワーカーは偏見・差別にどう向きあうべきか／143

第 4 節　災害と復興————————————————————————————————146

　　1　「災害多発時代」における被災地支援の考え方／146

　　2　災害の定義／146

　　3　被災体験の内実／147

　　4　発災後の被災地社会の変化／149

　　5　「災害社会学」の視点から何がみえてくるか／151

第 4 章　生活と人生

第 1 節　家族とジェンダー————————————————————————————154

　　1　家族に関する基本的な概念／154

　　2　ジェンダーと近代家族論／159

　　3　近年における家族変動／163

第 2 節　健康——————————————————————————————————————171

　　1　はじめに／171

　　2　自殺／171

　　3　依存症／173

　　4　心身の障害／176

　　5　慢性疾患／177

　　6　治療と仕事の両立／180

第 3 節　労働——————————————————————————————————————183

　　1　賃労働の誕生／183

　　2　労働市場の性質とルールの導入／184

第 4 節　世代——————————————————————————————————————194

　　1　世代と社会／194

　　2　世代の三つの側面／194

　　3　ライフサイクルとライフステージ／195

　　4　ライフコース／197

　　5　個人化／198

　　6　個人化する社会と「社会問題」／200

　　7　社会的孤立や世代の断絶から交流と連帯を目指して／204

第5章　自己と他者

第1節　自己と他者 ……………………………………………………208

　　1　鏡に映った自己／208

　　2　意味の共有に基づくコミュニケーション／209

　　3　他者の態度の取得／210

　　4　自己の創発性／211

　　5　異質で流動的な社会における自己／212

第2節　社会化 ……………………………………………………………214

　　1　社会＋化／214

　　2　家族における社会化／215

　　3　しつけの担い手／216

　　4　大人の社会化／217

　　5　社会化の課題／219

第3節　相互行為 …………………………………………………………220

　　1　社会的行為と相互行為／220

　　2　シンボリック相互作用論と相互行為／220

　　3　シンボリック相互作用論からの医療・福祉的実践論／222

　　4　相互行為・共同構築の場としての語り／223

　　5　公共圏と親密圏、そしてサードプレイス／225

　　6　相互行為論から社会問題を読み解く／226

　　7　相互行為論からみえてくるもの／227

終章　社会学と社会福祉学の連携・協働

終章　社会学と社会福祉学の連携・協働 ………………………………230

　　1　社会関係資本と社会的連帯／230

　　2　社会学と社会福祉学の関係を再考する／231

索引／236
編集、統括編集委員、編集委員、執筆者および執筆分担

本書では学習の便宜を図ることを目的として、以下の項目を設けました。

- ・学習のポイント……各節で学習するポイントを示しています。
- ・重要語句……………学習上、特に重要と思われる語句を色文字で示しています。
- ・用語解説……………専門用語や難解な用語・語句等に★を付けて側注で解説しています。
- ・補足説明……………本文の記述に補足が必要な箇所にローマ数字（ⅰ、ⅱ、…）を付けて脚注で説明しています。
- ・*Active Learning*……学生の主体的な学び、対話的な学び、深い学びを促進することを目的に設けています。学習内容の次のステップとして活用できます。

第1章

社会学の視点

　社会学を学ぶことが、なぜ社会福祉士・精神保健福祉士にとって必要なのだろうか。社会学は社会福祉の仕事にどう役立つのか。多くの人の抱く疑問だろう。

　社会福祉はさまざまな福祉ニーズへの公的で実践的な対応である。だが、福祉ニーズが生まれる根元の社会問題や社会構造に無関心・無理解でよいのか。そんなことはない。社会福祉士・精神保健福祉士は、福祉ニーズへの実践的な対処だけではなく、その問題を生み出す家族や地域、組織、社会構造…つまり、社会全体への理解が欠かせない。社会福祉士・精神保健福祉士は「社会のために働く福祉専門職」だが、それだけではない。よりよい社会に向けて「社会に働きかける専門職」でもある。それが社会福祉士・精神保健福祉士にとって社会学が必要な理由なのである。

社会学の意義と対象

● 社会学が社会福祉や社会福祉士・精神保健福祉士にとって、なぜ必要なのかを理解する
● 社会福祉士・精神保健福祉士の二つの役割について理解する
● 社会学と社会福祉とが協働できる分野について理解を深める

 **社会福祉士・精神保健福祉士にとって
社会学とは何か**

　「ソーシャルワーカーにとって社会学とは何か」——、これは 100 年ほど前に、アメリカの著名な社会学者であるマッキーヴァー（Mac Iver, R. M.）によって発せられた問いである。これは「日本の社会福祉士・精神保健福祉士にとって社会学とは何か」という現代的な問いにも通じている。マッキーヴァーは社会学とソーシャルワークは互いに補いあう相補的な関係にあると論じた。果たしてそんなに簡単に協力しあえるものなのか。アメリカのソーシャルワークやケースワークと日本の社会福祉制度には違いがある。アメリカのソーシャルワーカーと日本の社会福祉士・精神保健福祉士とでは役割や権限等に違いがある。両者の目指すところは同じなのか違うのか。両者の違いを考え、社会福祉士・精神保健福祉士としてのあり方を考えること、それも社会学的な「問い」ではないだろうか。それこそ「社会福祉士・精神保健福祉士にとって社会学とは何か」を考えることではないだろうか。

1 社会学はどう役立つのか──ソーシャルワーカーからの問い

　『コミュニティ』（1917 年）という大著で「コミュニティとアソシエーション」という概念を提示して、日本でも地域社会やコミュニティを論

---

i　ヨーロッパや日本の伝統的な共同体社会では、テンニース（Tönnies, F.）による「ゲマインシャフトとゲゼルシャフト」という概念のほうが当てはまりがよい。もともとあった伝統的な共同体のなかに生まれ、そのなかで育って生きていくという社会モデルだからである。移民たちがコミュニティをつくる、そしてそのなかでさらに人々とアソシエーションをつくる。コミュニティとアソシエーションというのは、そのような伝統的な共同体をもたないアメリカだったからあり得たリアリティに基づいている。

じるうえで欠かせない理論的な基礎を築いたのがマッキーヴァーである。マッキーヴァーは、後年、ニューヨークのコロンビア大学でソーシャルワーカーに社会学を教えた。すると「ソーシャルワーカーにとって社会学とは何か、どう役立つのか」という問いに直面した。この問いに答えようとして書かれたのが『社会学のソーシャルワークへの貢献』（1931年）である。重要なので紹介しよう。

マッキーヴァーはソーシャルワーカーから、どのように問いかけられたのだろうか。「ソーシャルワーカーのなかには、社会学者に助力を求めたけれど、失望感で終わってしまった者もいる」、そして「多くのソーシャルワーカーは、社会学が自分たちの仕事に役立たないと感じている」。なぜだろうか。その理由は、はっきりとは書かれてはいないが、おそらくこうだったのではないか。ソーシャルワーカーたちは、困難な福祉課題をかかえるクライエントとかかわるたびに、個別の「ケース」の向こうには、もっと大きな「ソーシャル」な課題がある、と気づかざるを得ない。その大きな社会問題に気づいたとき、その解決策として社会学が求められたのだろう。社会学なら、何らかのヒントや解決策を与えてくれるのではないか、そう期待してマッキーヴァーの授業に出たのだろう。しかし、残念なことに、そうした明解な答えは得られなかった。社会学は、社会について理論的で抽象的な概念を取り扱っているだけで、具体的なケースの解決には役立たないようにみえた。ケースの向こう側に見え隠れする社会問題の解決法は示されなかった。「失望感で終わる」とは、そういうことだったのではないか。

これは社会学にとっては、痛いところを突かれた問題提起である。確かに社会学は、社会福祉や社会問題の解決にすぐに役立つ具体的な提案や処方箋をもっているわけではない。しかし、ここで立ち止まって考えてみたい。社会学へのこのような不満は、実はソーシャルワーカーが、日常的に自分たちの仕事について感じている不充足感やジレンマ感の表出でもあるのではないか。だから社会学に何らかの「答え」を求めようとしたのだ。そう考えるとこの「失望感」は、裏返された社会学への期待と「呼びかけ」でもあるのではないか。これに社会学は、どう答えられるか。

2 ソーシャルワーカーのジレンマ

そこで、マッキーヴァーは、ソーシャルワーカーからの問いに対して、次のように考えて、そして答えている（マッキーヴァーの著書に、筆者

が補足および修正を行っている）。

　熟練したソーシャルワーカーは、絶えず「われわれはいったい何をしているのか」という気の滅入るような疑問に立ち向かっている。ソーシャルワーカーは、一時的に援助の手を差し伸べ、一時的な調整を行い、サービスを受ける必要のある人々を機関に紹介している。それが現実の仕事の実態である。でも、これで問題は「解決」するかというと、そんなに簡単なことではない。なぜなら、これらのニーズを生み出す巨大な力は、ソーシャルワーカーの力量を超えたところにあるからである。ソーシャルワーカーの努力では、社会の根本的な状態は変化しない。それが気の滅入るような疑問の正体なのである。

　ソーシャルワークをすればするほど、ソーシャルワーカーの限界がみえてくる。その「限界」を何とかしたくて社会学（や心理学、その他の隣接科学など）に答えを求める。ところが、そう簡単には答えは見つからない。それが社会学への失望や不満として現れる。しかしそのようなソーシャルワーカーの社会学への不満は、社会学への期待の裏返しなのではないか。ケースワークに真摯に取り組むほど、ソーシャルワーカーなら、誰もが直面するジレンマだからである。「問題を生み、ニーズを生み出す巨大な力」こそ、社会問題を生み出す社会構造である。そこにまで切り込まないかぎり、ソーシャルワークだけでは限界がある。

　マッキーヴァーは、おそらくこのように、ソーシャルワーカーの心境を読み取って、社会学者として真摯に答えようとしたのではないか。「社会的、経済的、世襲的、制度的のいずれにせよ、貧困や不適応が発生してくる条件に、ソーシャルワーカーは触れていない。失業者には対処するけれども、失業問題には対処しない。ソーシャルワーカーは社会問題の結果は取り扱うが、社会問題の原因は取り扱わない。だから原因が持続する限り、結果は永続する。ソーシャルワーカーは担架の担ぎ手であり、また戦争時における看護師である。犠牲者に手当はするが、戦争は続く」。マッキーヴァーはこう考えた。多少厳しすぎる見方かもしれないが、これは、社会のさまざまな問題状況に直面しながら真剣に働いている人には、必ず訪れる自己反省、自己批判を踏まえた問いではないだろうか。たとえば、戦場でナイチンゲールも同じ状況に直面したのでは

---

ii　〔Florence Nightingale〕1820-1910. イギリスの看護婦で、近代看護教育の母とされる。1854 年からのクリミア戦争での経験から、負傷兵たちへの看護だけでは不十分であり、統計に基づく医療衛生改革が必要と医療や看護の改革に乗り出した。医療や看護では、結果への対応だけでは限界があることを、自らの看護経験から訴えた。ソーシャルワーカーもこのナイチンゲールの発想には学ぶべきものがある。

ないだろうか。いくら結果に働きかけても、原因を根本的に解決しない限り、対処するだけでは解決しない──そういう困難な課題に直面したのではないだろうか。

3 科学とアート、理論と実践──マッキーヴァーからの回答

そこで、マッキーヴァーは次のように答える。社会学とソーシャルワークとの関係は「科学とアート」の関係なのだ、と。社会学は、科学として社会の原理的な部分の解明を探求する。この社会がどのような原理によって成り立ち、どのような構造や機能をもっているのか、なぜ社会問題が生まれるのか、その原因を探求する。それは必要な学問的努力なのであるが、すぐに問題の解決に役立つものではない。社会福祉の現場で働く者にとって、それは迂遠な道にみえてしまう。だから、社会学が不要に思えてしまうのだろう。確かにソーシャルワーカーは、現実の社会のなかで、日々新たに生まれてくるさまざまな問題や病理、そして助けを必要とする個人に対応しなければならない。

ソーシャルワークが一種のアートであるというのは、技能を複雑な現実へと応用していく手法が、まるで芸術家や工芸家のような繊細な手さばきや熟達した技術にも喩えられるということで、それがアートであるということの意味である。

役立つ技能は大切である。しかし、技能やアートだけでは、社会の奥深くから生み出される問題の解決への道は見出せないのではないか。だからアートと科学とは、双方とも必要であるとマッキーヴァーはいう。この場合のアートを「実践」と言い換えてもよいだろう。つまり、社会学とソーシャルワークの関係は、「理論と実践」の関係だということである。

4 ケースワークとソーシャルワーク

マッキーヴァーの考えに基づき、アメリカのケースワークやソーシャルワークを考えよう。さまざまな定義があるが、マッキーヴァーはケースワークを困難な課題、問題をもったクライエントが主体的に生活できるように支援、援助していく個人や家族といった個別に対すること（社会福祉援助技術）だと考えている。それはまさに、前記のジレンマ状況に直面しやすい活動である。それに対してソーシャルワークは、社会のなかで生活するうえで実際に困っている人々や生活に不安を抱えている人々、社会的に疎外されている人々と関係を構築してさまざまな課題に

Active Learning

ソーシャルワークで行き詰まったときに、どんな科学や知識が役立つと思いますか。社会学のほかに役立ちそうなのものには、どんな学問があるでしょうか。

Active Learning

科学とアートの関係にあたるような具体例は、あなたの身近にもありますか。福祉や看護、介護などのほかにも具体事例を挙げて考えてみましょう。

ともに取り組む援助を提供する対人援助の総称である。そのため、相談者本人だけではなくさまざまな課題の背景や周囲にある、家族、友人、その他の関連機関や環境にも働きかけることだという。ここには、個人と社会、個々のケースとソーシャルなレベルの違いが意識されている。つまりケースワークの限界に気づいた人が、ソーシャルワークへと志向したときに、社会学が必要になる――マッキーヴァーは、おそらくそう考えていたのだろう。

「社会のために働く」ケースワークと「社会に働きかける」ソーシャルワークの両方を目指すのがソーシャルワーカーだと考えることができる。

■5 アメリカのソーシャルワーカーとNPO

では「社会に働きかける」とはどういうことか。それを考えるうえで参考になるのが、アメリカのNPO（Non Profit Organization）と非営利セクター*の仕組みである。アメリカの非営利セクターを研究するサラモン（Salamon, L. M.）は、アメリカの社会福祉サービスの提供の特徴は「第三者による政府」方式にあるという。それは政府・行政とNPOとが協働（パートナーシップ）関係を結んで社会福祉サービスを提供することである。さらには、現場の専門職やサービス提供の団体に、一定の自由裁量権を与えることである。

わかりやすい例としてアメリカ高齢者法（Older American Act）を取り上げる。この法律は1965年に制定された連邦政府レベルでは初めての高齢者への社会福祉法制度である。この法律の特徴は、地域ごとの高齢者の人数や比率に応じて連邦政府レベルで予算を提供し、サービス（保健、栄養、権利擁護など）の提供やその内容は、地域の政府とNPOとに実施が任されたことである。それにより、そこにソーシャルワーカーの専門職としての技能を活かす余地が生まれる。

筆者が見聞した事例を紹介しよう。カリフォルニア州ロサンゼルスでは、日系人の多く住むコミュニティでは日系のNPOが、コリアンタウンでは韓国系のNPOが、チャイナタウンでは中国系のNPOが、という具合に、それぞれの独自性を発揮している。その地域の高齢者のニーズに合わせて食材や調理を工夫して「昼食会」を高齢者法の予算によって提供している。これは簡単な例だが、多文化・多民族の国、アメリカならではの工夫といえるだろう。

なお、アメリカのNPOの特徴として次の四つが挙げられる。サービ

★非営利セクター
非営利の活動や非営利組織の団体は、多種多様すぎて、一つの統一としては捉えられない。しかし、それでは社会政策や行政との協働は成り立たない。そこで、多様な非営利組織を「営利を目的としない団体」という「セクター」として一括してみると、その多様な組織や活動の共通性が浮かび上がり、セクター全体の経済規模や雇用規模なども統計的に明らかになった。そして、社会のなかで重要な役割を果たしていることがみえてきた。

ス提供、アドボカシー、参加の促進、コミュニティ形成である。まさに、サービスを提供しながら、現場のニーズをつかみ、それを当事者の立場に立って代弁したり擁護したり、さらには政策提言まで行う（アドボカシーとはそのような意味である）、そうして社会から排除されてしまうような人たちを包摂しながら、コミュニティやソーシャルキャピタル★を形成していく。

これは、次に述べるように、日本の社会福祉学にも大きな影響を与えた。

6 制度的社会福祉・自発的社会福祉・福祉コミュニティ

『地域福祉論』の著者として有名な社会福祉学者の岡村重夫は、社会福祉には「制度的社会福祉」と「自発的社会福祉」という二つがあるという。前者は、字義どおり法律や制度によって行われる社会福祉のことである。後者は、当事者を中心にしながら、地域住民や専門家たちが協力してともに形成する社会福祉のことだという。自発的といっても普通の住民やボランティアたちが担うわけではない。むしろ後者にこそ「社会福祉固有の視点」をもった専門家の参加が必要だという。それは、地域の人たちのみならず当事者本人も、実は問題の原因やどういう対応が必要なのか、問題の解決の仕方を知らないからである。本人たちにすらわからない問題の原因や解決をどう探していくか。そこで専門家を交えて、当事者や地域の人たちが試行錯誤・協働しながら考えていくこと、その過程が「地域福祉組織化」だという。現状の地域を、当事者と専門家、住民がともに考え、変えていく過程であり、それは同時に、自分たち自身と、地域住民も変わっていく過程なのである。それが達成された地域のことを、理念的に「福祉コミュニティ」と呼んでいる。

制度的社会福祉と自発的社会福祉——この両者はしばしば対立的なものと考えられてきた。しかし、対立するものと考えるべきではなく、むしろ相補的というべきである。あるいは相互啓発的なものだと考えるべきであろう。

7 医師とソーシャルワーク

さらに具体的なイメージをもつために、アフガニスタンで銃弾に倒れた医師の中村哲氏のことを考えてみたい。彼の人生を振り返ると、まさにマッキーヴァーが論じたように、ケースワークからソーシャルワークへ、さらに社会構造全体への働きかけという流れが具体的に把握できる

★ソーシャルキャピタル

人間相互の信頼関係や社会関係がないと、産業や政治、経済、社会はうまく動かない。周りが見知らぬ他人ばかりでは、組織や団体、会社は成り立たない。ソーシャルキャピタル（社会関係資本）とは、人々が互いに信頼して協調行動すると、社会の効率性や生産性が高まり、社会全体が活性化するという考え方に基づくもので、人間関係資本ともいう。社会の信頼関係、規範、ネットワークといった社会組織の基本は、すぐには形成されない。それは宗教や、地域共同体、長年の社会的交流などからしだいに形成されてくるもので、貴重な社会的資源でもある。

からである。中村氏は、はじめ海外医療協力隊の一員として、ハンセン病患者の治療のためパキスタンで活動していた。戦争や干ばつなどでより厳しい状況にあったアフガニスタンに活動場所を移したあと、しだいに日照りと飢饉で多くの人たちが死んでいく状況を目の当たりにして、医療よりも水があれば、農耕が可能になり、生活も回復する、生活が安定すれば、健康も回復するし、難民も帰還できると考えるようになった。そこで、砂漠化した地に遠くから水を引き込む灌漑事業へと乗り出した。西欧の近代的な工法では、現地の人たちが補修しながら事業を引き継いで発展させられないと考え、現地の伝統的な工法と日本古来の工法とを合体させて応用した。壊れても現地の人たちが補修や改修できる方法だからである。そして、10年以上かけて総延長25キロを越える用水路を完成させた。今では用水路による砂漠地帯の緑化で、10万人以上の農民が生活できるような緑の谷になったという。

　これこそ、個別ケースへの援助の限界を意識した人が、社会に働きかけて、社会のあり方を変えていった見事な一事例だといえるだろう。医療活動をケースワーク、用水工事を広い意味でのソーシャルワークだと考えると、ケースワークから始まった活動がソーシャルワークとなって社会のあり方を変えたのである。

■8 社会福祉士・精神保健福祉士と社会学

　以上見てきたように、ケースワークとソーシャルワーク、制度的社会福祉と自発的社会福祉とは密接に関連しあい、相互に補いあうものである。ところが現実には、なかなかそうはいかない。制度の壁や組織の縦割りの弊害など、すでにさまざまな要因が語られてきた。ここでは、少し迂回することになるが、災害時の社会福祉、そして災害からの復興過程で起こった事例を取り上げて考えてみよう。

　災害が起こると社会福祉の役割、とりわけ専門職としての役割も問われる。熊本地震のあとの避難所と福祉避難所のことを具体事例として紹介しよう。大地震のあと、多くの人が避難してくると「避難所」では不十分だ、「福祉避難所」が必要だ、という発想になりがちである。しかしこういうときこそ、専門職としての見識が問われる。一般の避難者から福祉を必要とする避難者を分離して処遇する必要性は、ある意味でわかりやすい。しかし、こうした分離の原則が、すべての場合に有効なのか、当事者にとってそれが本当に必要なことなのかを考えると問題は必ずしも簡単ではない。福祉を必要とする人を分離して特別に処遇すると

Active Learning

福祉の対象者と非対象者を分けて処遇しようとする「福祉避難所」のような事例は、ほかにもないでしょうか。あなたの知っている具体的な事例を挙げて、考えてみましょう。

Active Learning

「避難所」と「福祉避難所」とを分けて対処しようとする傾向は、障害者の障害別の処遇、性別の処遇、年齢別の処遇など、いろいろと考えられます。ほかには、どんなことがありますか。

　いう発想は、患者を病院に入院させて治療するという発想に近い。しかし、問題は医療ではなく、「生活」の場合にはどうなるかということである。

　熊本地震のあとの避難所を調べた私たちの調査研究によれば、熊本では「福祉避難所」は必ずしも有効には機能しなかったといわれている。それは、福祉施設が町中から離れた立地にあったことが大きい。しかし、それだけではない。「福祉」の対象者だけを「福祉避難所」へ避難させ、そこに収容するという発想そのものに問題があったのである。「福祉避難所」という発想だと、ともに被災した家族は、そこには入れない。したがって、そろって避難しようとしていた家族を「分断」することになってしまう。それは災害時の避難のあり方としては誤りであり、逆効果を生み出してしまう。

　そもそも、福祉の対象者だけを施設へ収容するという発想が、すでに時代遅れになってきている。それは緊急時の医療の発想そのもので、救急時の治療が必要な時期ならばいざしらず、生活していくうえで家族と分離して施設に収容するというやり方は、時代錯誤の感が否めない。現代の社会福祉の潮流は、地域福祉や在宅福祉、そして地域包括ケアシステムの時代である。緊急時だから「福祉避難所」、そういう短絡的な発想にならず、そういうときこそ、専門職として考え、行動しなくてはならないのではないか。

　もう一つ事例を挙げよう。東日本大震災での津波の被害からの復興過程を研究した社会学者の小熊英二と宗教学者の赤坂憲雄は、その著書『ゴーストタウンから死者は出ない』のなかで、大震災からの復興計画がなかなかうまくいかない理由として「経路依存」という要因を挙げている。経路依存とは、法律や制度、そしてそれらの法制度を管轄する国レベルの主務官庁や、それに従う県や市町村の縦割りの仕組みが、災害からの復興のメニューも縦割りにしてしまい、その縦割りの支援メニューに従った復興計画しか実施しにくい（それ以外は実施できない）という制度の問題点のことをいう。災害時の支援は、さまざまなニーズをもつ多面的なものなのに、支援メニューは縦割りの限定的なものになる（それを経路と呼んでいる）。結果として、そこで生活していて被災した人たちの「生活の復興」につながるメニューは限られ、被災者の必要とする復興メニューではなく、法律や制度の内側でできる支援しかできない、という現状になっている。そのことを災害からの復興の「経路依存」と批判的に考察している。

このことが社会福祉にも当てはまるのではないだろうか。たとえば「避難所」と「福祉避難所」とが、違ってしまうのだろうか。なぜ、補いあって補完するよう運営できないのだろうか。なぜ対立したり、別のものになってしまうのだろうか。どうしてそれぞれが制度依存し、経路依存を作り出してしまうのだろうか。さらにいえば、別の組織となって、別の場所で運営しなくてはならないのだろうか[iii]。こうした「問い」も社会学の視点からはみえてくる。

■9 社会学の視点——社会福祉とソーシャルワークとの間で

現状は、社会福祉と社会学との間で、ヨコにつながる道筋や協力体制が、十分にできているとはいえない。中根千枝のいう「タテ社会の構造[iv]」が存在しているためである。でも、この「タテ社会」の構造は簡単ではないが、変えられるはずだ。

歴史社会学的に考えてみよう。そもそも歴史的にみれば、日本の社会福祉制度は、戦後改革のなかで、つまり70年ほどの間に形成されてきたものである。社会福祉制度がなかった時代に比べれば、制度的社会福祉の確立は、大きな歴史的な進歩だった。しかし、それは時間がたつにつれて「制度依存」を生み出したり「経路依存」を発生させたりもする。また、社会福祉士・精神保健福祉士という国家資格制度も、まだ歴史が浅く、長所と短所の両面がある。資格制度ができると知識や技能の専門性が上がっていくが、同時に、名称独占に伴い「縦割り」の考え方も生まれてくる。資格制度と専門性とが、ときに逆機能として働いてしまうこともある。よって、専門職としての社会福祉士・精神保健福祉士は、「社会福祉士・精神保健福祉士」として求められる狭い専門領域でだけ活動していればよいとはいえないのである。

地域福祉の専門家によれば「制度と制度との間の隙間」がたくさんあるという。同じように、社会福祉と社会問題との間には、常に揺れ動くさまざまな「隙間」が生じる。そのことに自覚的だったのが、100年ほど前に、マッキーヴァーのもとに「社会学がソーシャルワーカーに

---

iii　避難所が総務省や内閣府等の制度を根拠につくられるとすると、福祉避難所は厚生労働省の通達等を根拠に運営される。同じようなものが別々に運営されるというのはいかがなものであろうか。

iv　「タテ社会の構造」とは、日本人の集団への参加が、個人の「資格」よりも、その人がおかれた「場」に基づくところから発生する。「場」から離脱すれば成員でなくなるのが日本社会なので、単一の集団への一方的帰属が求められる。そこではタテの関係（上役・下役、親分・子分、先輩・後輩など）が発達するという。

とって、どのように役立つのか」と問いかけにいった人たちだろう。つまり、このような制度的社会福祉と自発的社会福祉との間の隙間、ソーシャルワーカーと社会学との間の隙間、制度依存や経路依存の問題などは日本でもアメリカでも普遍的に存在する問題なのである。ソーシャルワークを突き詰めると、制度と制度の間にあるさまざまな隙間に気づくことになる。そうなると、社会学も必要になるのである。

10 まとめ──社会福祉士・精神保健福祉士にとって社会学とは何か

このように考えてくると、社会福祉士・精神保健福祉士と社会学には、まだまだ課題がたくさんある。それは「理論と実践」という言い方をすれば、永遠の課題なのかもしれない。だからといって、あきらめたり、関係ないとして無関心になれる問題でもない。

むしろこう考えるべきではないだろうか。専門職としての社会福祉士・精神保健福祉士を目指す人は、その専門性の根拠として、もっと社会学的な発想や方法を、社会福祉実践のなかに取り入れるべきではないか、と。

社会福祉士・精神保健福祉士の養成科目の構成をみてほしい。数多くの科目と知識や技能が求められるが、その本質的な部分を取り出してみると、社会のあり方が、人間が生活していくうえで問題を引き起こす原因だという認識が求められていることに気づくはずである。そして、社会の問題や歪みを正していくためには、苦しんでいて助けを必要とする人たちへ支援や援助の手を差し伸べるだけでは十分ではない、ということにも気づくだろう。そこから、問題を生み出す社会の構造や、制度と制度との間にある隙間の問題など、社会システムのあり方や社会制度のあり方にまで、目を配っていかなくてはならない。それにより社会問題への感受性が、社会福祉と社会学との共通項として浮かび上がってくる。

こうした理解を深めていくためのツールが、社会学のなかにはある。具体的には、家族社会学（家族の構造、核家族化や小家族化の社会的な理由、性別役割分業やジェンダーへの視点等）、地域社会学（家族や個人が地域社会のなかで暮らしていくための地域の理解、共同体やコミュニティの構造の理解、社会的ネットワークやソーシャルキャピタル、地域共生のあり方等）、組織と集団（私たちは、今や組織のなかで働くことによって生活を成り立たせている。組織や会社こそ、現代の私たちにとって「社会」そのものである。その組織や集団、雇用や労働のあり方にも社会福祉とのつながりがある等）、グローバル化や国際化──それ

が私たちの社会の経済や政治を動かし、社会保障や医療、介護保険制度などでも含む社会の仕組みにも大きな影響を与える。こうしてみると、社会福祉や社会福祉士・精神保健福祉士と社会学との間の接点はたくさんある。

　なかでも、社会福祉と社会学とを結ぶ重要なリンクとして社会調査を挙げておきたい。社会の問題を把握するには、社会調査の方法が欠かせない。しかし、統計的な方法だけでは足りない。実際に社会の問題が生じている現場での、福祉を必要とする人たちの立場に立ったアドボカシーが必要である。それは、権利擁護、人権擁護であるとともに、問題の客観的な把握とその事実に基づいた社会的な提言となる必要がある。社会学が開発してきた社会調査の方法は、その時に役立つ。なぜなら、「社会」は具体的な事実をもとにした批判と問題提起、そして、提案でしか動かないからである。具体的なケース記録を提示することも有効だが、「たまたまそういうケースもあるね」などと「エピソード」として受け取られることもある。それでは本当に社会に働きかけ、社会を動かしていく力にはならない。繰り返しになるが、だからこそ、社会学が必要である。社会科学の方法に基づいて社会を調べ、社会に働きかける、それこそ本当のソーシャルワーカーなのではないだろうか。

ⅴ　社会福祉士養成講座では「社会福祉調査の基礎」となるが、社会福祉に限らず、社会の全体像を把握するためには、社会踏査、アンケート調査、統計学など、さまざまな社会科学の方法がある。これも主としてアメリカの社会学のなかから発展してきたものである。

第2節 社会学の歴史

学習のポイント

● 社会学がどのように展開されてきたかを学ぶ
● 社会学が「人と社会」についてどのようにとらえてきたかを把握する
● 福祉やソーシャルワークに役立つ理論や方法論を見つける

1 社会学の歴史を学ぶ

　社会学者は、現代の社会現象のみならず、社会学の歴史、すなわち社会学史を学ぶことで、社会学についての膨大な研究の蓄積を活用して、社会についての何らかの調査や考察を行っている。よりよい福祉を目指して人や社会に働きかけるソーシャルワーカーもまた、これまでの社会学の蓄積と、それらのものの見方を活かすべきであろう。もちろん、社会学と、ソーシャルワーカーが主に依拠する社会福祉学は、学問分野が異なる。だが実は、社会学の歴史は、ソーシャルワーカーにとって有益な知見の宝庫であるといってよい。ここで、社会学の歴史を紐解き、現代の福祉やソーシャルワークに役立ち得る考え方や調査研究を探索していきたい。

　そこで、便宜的な区分ではあるのだが、社会学の歴史を、1930年頃までの「成立期」、1930年頃から1965年頃までの「展開期」、1965年頃から21世紀の現代にいたる「多様化期」に分けて、それぞれヨーロッパとアメリカの社会学の状況について概観してみたい。

2 成立期：社会学の確立と「巨匠」の時代（～1930年頃）

1 成立期のヨーロッパ

　社会学の誕生は、コント（Comte, A.）が、『実証哲学講義』全6巻（1830～1842年）のうち第4巻において、「社会学（sociologie）」という言葉を用いたときであるとされることが多い。コントの時代の社会学は、法学、政治学、経済学などの社会諸科学をまとめあげる「綜合

社会学」であり、社会科学のなかでの独自性を意識する現代の社会学観とはいくぶん異なった様相を呈している。

　ドイツのテンニース（Tönnies, F.）は、社会の最も基本的な形ともいえる「集団」について考察し、それらを、家族などの共同社会であるゲマインシャフトと、企業などの利益社会としてのゲゼルシャフトに分けて考察した。

　社会学を学問あるいは社会科学の一つとして確立させるのに大きな役割を果たしたのは、デュルケム、ウェーバー、ジンメルの3人の巨匠たちである。現代の社会学の社会観や社会イメージの源流をたどっていくと、この3人に行き着くといってよい（**図1-1**）。

　社会学を、哲学とは異なる実証科学として開花させたのは、何といっても、デュルケム（Durkheim, É.）である。デュルケムの社会学方法論は、**方法論的集団主義**といわれる（方法論的集合主義、方法論的社会主義ともいわれることがある）。デュルケムによれば、社会は、一人ひとりだけをみていてもわからない。社会には、創発特性があるからである。

　デュルケムは、社会を把握するためには、人や行為といった要素に還元するのではなく、社会を丸ごと観察する必要があると主張する。社会

図1-1　デュルケム、ウェーバー、ジンメルの社会学観の違い

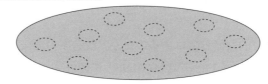

方法論的集団主義（デュルケム）

方法論的個人主義（ウェーバー）

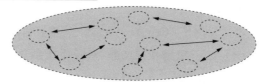

方法論的関係主義（ジンメル）

注：大きな楕円は社会を表し、小さな楕円は個人の行為を表している。それぞれが着目するところを実線で表している。

は実際に触ってみることはできないけれども、あたかも化学現象や物理現象のように、「社会をモノのように観察する」ことができると説いたのである。

ここで社会というのは、デュルケムの言葉でいう「社会的事実」と呼ばれるものである。社会的事実とは、具体的には、たとえば法や習慣、貨幣制度、宗教等であり、人々に対して「外在性」と「拘束性」という性質をもつ。さまざまな人々の活動の集合によって、昔からの経緯でつくられたいろいろな制度は、一個人で変えようとしても、そうそう変えられるものではない。

社会を丸ごと観察するというデュルケムの手法は、有名な『自殺論』(1897 年) において典型的に表れている (図1-2)。ある集団では自殺率が高いのに、ある集団では自殺率が低いのはなぜか。デュルケムによれば、個々の人の自殺の動機を探ろうとしても、原因はわからない。その代わりに、自殺率は集団の傾向を表していると考える。自殺率が低い社会は、人と人とのつながりに由来する社会的連帯に基づく集合意識が存在している。逆に自殺率の高い社会は、人と人とのつながりが弱く、社会的連帯に基づく集合意識が希薄である。

人が社会とつながっておらず、社会への愛着も感じないことで生じる自殺を、デュルケムは、自己本位的自殺と呼んだ。また、前近代社会から近代社会への社会変動とともに、自由や平等といった価値観が広がることで、自分にもチャンスがあるはずなのに、そうならないのはなぜかと、あきらめがつかなくなる状態も、デュルケムは自殺の原因とし、それにより生じる自殺を、アノミー的自殺と呼んだ。アノミーとは、社会が個人に対して拘束する規制 (前近代社会の身分制度など) が緩んだ状

Active Learning

デュルケムの「社会的事実」のような、社会の外在性、拘束性を強調するものの見方に対して、逆に「社会を変える」福祉的な取り組みとしてはどのようなものが考えられるでしょうか。

図1-2　デュルケムの「自殺論」の概念図

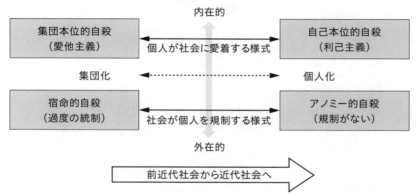

出典：中久郎『デュルケームの社会理論』創文社，1979，p. 407. をもとに作成

態を指す、すぐれて近代的な現象である。

　では、人と人とのつながりは強ければ強いほど、健全な社会なのだろうか。デュルケムは種々のデータから、そうは考えなかった。

　人と人とのつながりや、人と社会のつながりが強すぎる社会では、人々は集団に埋没し、自分が自分でいられなくなってしまう。これも自殺の原因となり、デュルケムは**集団本位的自殺**と呼んだ。また、前近代社会における「奴隷」のように、社会からの拘束が強過ぎることによって生じる自殺を、**宿命的自殺**と呼んでいる。

　図1-2に示しているように、自己本位的自殺やアノミー的自殺は、近代に典型的な自殺類型であるのに対して、集団本位的自殺や宿命的自殺は、前近代社会に典型的な自殺類型である。

　以上のように、デュルケムは、人と社会は、ほどよくつながっているのが社会的に健康といえる状態であると考えた。デュルケムの考え方を現代福祉的に解釈した**図1-3**で示しているように、つながりは強過ぎても弱過ぎてもだめなのである。

　ドイツでは、**ウェーバー**（Weber, M.）が、デュルケムとはいわば逆の視点からの社会学を構想していた。有名な「行為の4類型*」に象徴されるように、ウェーバーの社会学方法論は、**方法論的個人主義**と呼ばれ、社会を把握するためには、個人の動機を理解するのが重要であると主張した。資本主義の起源を、プロテスタンティズムの宗教倫理に求めた著書『**プロテスタンティズムの倫理と資本主義の精神**』（1904〜1905年）もまた、資本主義の原動力となったカルヴァン派の人々の行為

★**行為の4類型**
行為者の動機を理解するために、ウェーバーは社会的行為を、「目的合理的行為」（例：命を救うために支援する）、「価値合理的行為」（例：道徳的だから支援する）、「伝統的行為」（例：以前から行われてきたことだから支援する）、「感情的行為」（例：いてもたってもいられず支援する）の四つに分類した。社会の現実の一定の部分を秩序化して整理する「理念型」の考え方が表れている。

図1-3　デュルケムの「人と社会」の社会的健康について現代福祉的に解釈した図

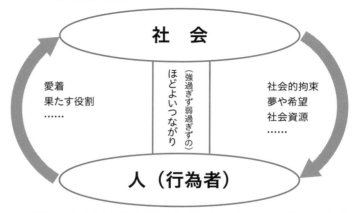

注：厳密にはデュルケムの表現とは異なる。デュルケムは、社会的事実の外在性・拘束性の考え方で、「社会⇒人（行為者）」の矢印を特に強調する。

およびそのエートス（精神構造）に注目するものである。

綜合社会学ではなく、社会の特定の部分を科学する、個別科学としての社会学を確立するのに大きな役割を果たしたのが、ジンメル（Simmel, G.）である。ジンメルは、たとえば「競争」など、さまざまなやりとりの形が社会をつくっていると考え、それらを抽象化して浮かび上がらせる形式社会学を提唱した。

ジンメルの社会学の方法論は、個人や社会というよりも、個人と個人などの間で交わされる心的相互作用が社会を形成するのに重要な役割を果たすと考えたため、**方法論的関係主義**と呼ばれる。

以上のように、この時代のヨーロッパにおける社会学は、方法論的集団主義、方法論的個人主義、方法論的関係主義という、社会学にとって重要な枠組みが確立された時代である。

2 成立期のアメリカ

哲学から派生した実証科学としての社会学が、現実の社会問題に即して発展したのが、アメリカの社会学である。

社会の基本形態ともいえる集団について、**クーリー**（Cooley, C. H.）は、家族や近隣集団・遊びの集団などを第一次集団とし、社会や社会化にとっての重要性を指摘した。また、クーリーは、「**鏡に映った自己**」という概念で、自己は生まれた時から自然にあるものではなく、他者とのやりとりのなかで社会的につくられていくものであることを説明した。なお、**ミード**（Mead, G. H.）は、「主我」と「客我」という言葉で説明している。

サムナー（Sumner, W. G.）は、「フォークウェイズ」と「モーレス」という概念で、それぞれの社会における習俗や道徳的な規範の研究の重要性を主張し、後のさまざまな「文化」研究に大きな影響を与えている。

そして、実証科学としての社会学を大きく発展させたのは、（初期）**シカゴ学派**の社会学者たちである。1892 年、シカゴ大学社会学科が設立されるとともに、彼／彼女らは、近代化と人口流入の波が押し寄せていた激動の都市・シカゴを分析した。

トマス（Thomas, W. I.）は、ズナニエツキ（Znaniecki, F. W.）とともに、当時のシカゴ学派社会学の金字塔ともいえる『**ヨーロッパとアメリカにおけるポーランド農民**』（1918 ～ 1920 年）を著した。原著は全 5 巻にもわたるこの大著は、現在の社会調査論では、本や日記、絵などさまざまな記録を活用するドキュメント法を確立した研究として

★形式社会学
人と人とのやりとりの内容を抽象化して形式を抽出するジンメルの社会学。社会のいろいろな関係性をみてみると、中身はいろいろであっても、たとえば「競争」（出世、市場等）、あるいは「上下関係」（上司と部下、先輩と後輩、現代のスクールカースト等）、あるいは「模倣」（学習、スポーツ等）、といった形式でまとめられるものがある。ソーシャルワーカーがさまざまな社会関係を理解するのに役立つ視点である。

Active Learning
方法論的集団主義、方法論的個人主義、方法論的関係主義、それぞれの観点からみた福祉的課題やソーシャルワークについて、具体的に挙げてみましょう。

知られている。当時、研究対象としては必ずしも認められていなかった手紙や新聞などを重要な社会学的データとして捉え、農村的な前近代社会から都市的な近代社会へと変動する社会過程を質的なディテールを伴って描いた。

この時代、アダムズ（Addams, J.）らで有名なハルハウス（セツルメント）活動も、シカゴ大学社会学科と連携して行われていたといわれている。社会学と社会福祉は、手を取り合って理論と実践が展開されていたのである。

トマスは不運なスキャンダルによってシカゴ大学を追われるが、一方、シカゴ学派はその後「黄金時代」を迎える。この時代の中心的な指導者はパーク（Park, R. E.）、そしてバージェス（Burgess, E. W.）である。パークは、社会学は「科学」であると強調した。それは、彼らが執筆した重要な社会学の教科書、『科学としての社会学入門』（1921年）のタイトルにも表れている。ただ、皮肉にも、科学を強調し過ぎることで、社会福祉とやや離れていくことにもなった。パークは、宗教の力で社会をよくしようとする考え方を嫌い、「科学」としての社会学を推進した。パークのいう科学としての社会学は、現在の社会調査論でいう、フィールド調査に基づく参与観察である。パークは、自分の学生たちに向かって、「諸君、街に出ていって諸君のズボンの尻を実際の、本当の調査で汚してきなさい[1]」と、子どもに対して、「部屋ばかりで遊んでいないで、外で泥遊びでもしてきなさい」というような経験を重視した教育を行った。当時のシカゴは、アメリカ南部からは黒人が、ヨーロッパなどからは移民も大流入してきていた。多くはお互いのコミュニケーションがとれないばかりでなく、生活困窮状態にあった。バージェスの同心円地帯理論でいう、都市中心部と住宅街の「隙間」にあたる推移地帯は、人々が地域に愛着をもてず、特に社会解体が進み、非行や犯罪などの社会問題が累積している地域であった。

ソーシャルワーカーなどの福祉従事者からすると放置できないような、こうした社会問題をシカゴ学派の社会学者たちは、社会学の力で都市問題を分析する機会と考え、シカゴを「実験室としての都市」と捉えた。パークの弟子たちは、スラム街、黒人街、少年ギャングのたまり場、デパートの裏舞台など、シカゴを中心としたさまざまな場所に出かけていき、社会問題の記述と分析を進めた。実際には、家族問題などを研究する計量社会学者のオグバーン（Ogburn, W. F.）、また、質的調査と量的調査を組み合わせた人間生態学を展開したバージェスの方法論も取

★同心円地帯理論
シカゴをモデルにして、都市中心部（中央ビジネス地区）から、推移地帯、労働者居住地帯、住宅地帯、通勤地帯へと五重の円で地域を捉えるバージェスの理論。中心から遠ざかれば遠ざかるほど非行や犯罪などの社会解体の要素の割合が減じていく「グラジエント」モデルである。

り入れられていたが、ジャーナリスト出身の文章力と力強い性格も手伝って、当時のパークの影響力は絶大であった。

パークのジャーナリスティックな方法論は、社会学理論としては未分化かつ粗削りなところがあると批判されるようになってきた。1930年代後半には、シカゴ学派は陰りをみせ始める。

その頃、ハーバード大学では、パーソンズが、どちらかと言えば「泥臭い」シカゴ大学の方法論に対し、「クール」な社会システム論を構想していた。

3 展開期：パーソンズと大衆社会論の時代（1935〜1965年頃）

1 展開期のヨーロッパ

アメリカの社会学界でパーソンズの構造−機能主義が流行しようとしていた時代、ヨーロッパにおいては、近代社会における「大衆」の存在を、社会を分析するうえでの重要な要素と捉えた大衆社会論が展開されていた。

成立期において確立した社会学について、社会学者の立場性に踏み込んで考察したのが、マンハイム（Mannheim, K.）である。マンハイムは、相関主義の立場からイデオロギー分析を行い、特に、さまざまな立場や視点を移動させて考察することができる「自由に浮動するインテリゲンチャ」としての知識人の役割に大いなる期待を寄せた。

20世紀初頭、ナチズムが席巻する時代において、大衆の暴力的な社会心理について分析したのが、フランクフルト学派の社会学者たちである。フランクフルト学派の代表的指導者であるホルクハイマー（Horkheimer, M.）は、その学派の基本的な考え方である批判理論を展開した。ゴールとしての理想郷のような社会であるユートピアを構想するのではなく、個人イデオロギーを批判的にとらえ、現状を批判的に乗り越えることで、よりよい社会を目指した。フロム（Fromm, E.）は、『自由からの逃走』（1941年）のなかで、ナチズムに傾倒していく大衆の社会心理について考察した。近代化の過程による「自由」が人間にとって、さまざまなしがらみからの「解放」だけでなく「孤独」ももたらすという考察については、図1-3で示したような、かつてデュルケムが論じた社会的健康の人間像と重なる。

音楽・芸術社会学を展開したことでも知られるアドルノ（Adorno, T.

W.）は、フロムが定式化した、上に従順で下に高圧的な社会的性格である「権威主義的パーソナリティ」の測定を行った。ベンヤミン（Benjamin, W.）は、文化芸術と大衆社会化との関係を考察した。彼は著書『複製技術時代の芸術』（1936年）のなかで、芸術作品のコピーが可能になることにより、アウラ*が失われたと同時に、大衆が芸術文化にアクセスすることが容易になったという両面について論じた。

　このように、フランクフルト学派の社会学は、近代的理性をもったはずの近代人が、ナチズムへの傾倒をはじめとして、一見非合理とも思える行動をする大衆が特徴となる社会を批判的に考察し、現状を乗り越えていく形でよりよい社会を目指していった。近代社会にあり得べき理性とは何かを考察するまなざしは、フランクフルト学派第2世代へと受け継がれていった。

２ 展開期のアメリカ

　フランクフルト学派が活躍したドイツ同様、アメリカでもこの時代、大衆を対象とした社会学が展開された。たとえば後述のミルズ（Mills, C. W.）は、政治・経済・軍事などの分野のトップが社会の権力を握るとするパワーエリート論を展開し、また、リースマン（Riesman, D.）は、著書『孤独な群衆』（1950年）のなかで、人々の社会的性格（その集団の成員の多くに共通しているパーソナリティ）が、伝統指向型から内部指向型、そして他人指向型へと展開していくと論じた。

　少なくとも1920年代までは栄華を誇っていたシカゴ学派であったが、1930年代後半から1940年代初頭に、ハーバード大学にパーソンズ（Parsons, T.）が現れる。ジャーナリスティックなシカゴ学派流の経験的調査ではなく、社会問題の現場には足を運ばない理論の積み重ねを重視した、いわば知識人的な社会学であった。アーバニズム論*で有名なシカゴ学派第3世代のワース（Wirth, L.）は、経験的な調査をしないパーソンズの社会学に懐疑的であったといわれている。i

　しかし、時代は、パーソンズにほほえんだ。パーソンズは、構造－機能主義の立場から、のちのAGIL図式（社会の維持のためには、経済などの「適応」、政治などの「目標達成」、法などの「統合」、文化などの「潜在的パターンの維持と緊張の緩和」の四つの要件が必要）へとつ

---

i　1940年代末にシカゴで行われたパーソンズの講演において、出席したワースは、最前列の席に座り、自分のところに来た手紙を読むなど「内職」をしていた、という有名なエピソードがある（「経験的調査をしない社会学は信用できない」）。

ながる社会システム論を構想していた。ヨーロッパの知的伝統に沿った理論構成をもち、多くの若手の社会学者たちに影響を与えた。

パーソンズは、マートン（Merton, R. K.）という有名な弟子も育てた。その後、コロンビア大学で活躍したマートンは、パーソンズの機能主義の考え方を継承しながらも、独自に理論をつくり出していった。たとえば、周囲の人と考え方が似通ったり、つい比べたりしてしまう状況を分析できる「準拠集団」、言ったり思ったりしたことが「本当に」そうなってしまう状況を表した「予言の自己成就」といった有名な概念は、抽象的な理論と経験的記述を総合しようとする、マートンの「中範囲の理論」の考え方から生み出されたものである。

この時代、社会的行為の理論について、パーソンズと書簡を交わしたことでも知られるシュッツ（Schütz, A.）は、社会学に哲学の考え方を導入した現象学的社会学を構想した。シカゴ学派ともパーソンズとも理論的系譜の違う、次の時代に引き継がれていく意味学派の一つの基礎を形づくった。シュッツの間主観性などの考え方は、次の世代のガーフィンケルらのエスノメソドロジーへと受け継がれていくことになる。

しかし、理論の栄枯盛衰は、パーソンズの社会学にも当てはまるようである。パーソンズの社会学は、少しずつ、しかしやがては集中砲火を浴びるようになり、凋落の道をたどることになる。

パーソンズの社会学に対する批判のなかでも多いものは、その人間像であろう。パーソンズの構造 - 機能主義の「構造」とは、いわば役割の束からできている。つまり、社会のなかの個々人が、役割どおりに行為・活動すれば、社会は安定するといういわば静態的な社会システム論である。しかし人間は果たして、役割どおりに動くロボットのような存在なのだろうか。

たとえば、パーソンズは、社会の一つと捉えられる「家族」において、男性は手段的役割（金を稼いでくる）、女性は表出的役割（家族を癒す）を担うことで家族や社会は維持されていくと考えた。しかし、性別分業などの差別を指摘する第二波フェミニズム運動を代表としてさまざまな方面から批判を浴びた。

「いやしがたい理論家」あるいは「誇大理論」とも称されるパーソンズの社会学に登場する人間は、「過社会化された人間」といわれ批判された。人間は刺激に対してそのまま反応する存在ではなく、考える「頭」をもっているはずである。

先にふれたミルズは、パーソンズの構造 - 機能主義を批判し、人間と

Active Learning

アメリカでの社会学の展開期に大きな勢力を誇ったパーソンズの社会学は、なぜ多くの批判を浴びたのでしょうか。福祉的な観点から考えてみましょう。

★第二波フェミニズム運動

フェミニズムとは女性の地位向上を目指す思想の総称である。第一波フェミニズム運動は、戦前の政治における男女同権の運動を指す。ここでの第二波フェミニズム運動とは、性別役割分業などの一見みえにくい性差別を問題とする戦後の運動を指す。

社会の「両方」を考える必要性を主張した。ミルズの「社会学的想像力」の概念は、個人的とも思える問題が、いかに社会の問題とかかわっているかを考える力を指している。実際の社会について調べる社会調査の方法と併せて、社会学にとっても福祉分野にとっても、非常に重要な考え方であろう。

より強力なパーソンズ批判の担い手となったのは、シカゴ学派の流れをくむ（第3世代）ブルーマー（Blumer, H. G.）である。ブルーマーの方法論は、シンボリック相互作用論と呼ばれる。「意味―行為」（人間は意味に基づいて行為する）、「意味―相互作用」（意味は社会的相互作用のなかから生まれる）、「意味―解釈」（意味は人間によって解釈される）という、ルートイメージに従って、パーソンズの構造−機能主義とは逆の人間理論を展開した。

4 多様化期：社会学方法論に対するリフレクシビティの高まりの時代（1965年頃〜）

1 多様化期のアメリカ

先にこの時代のアメリカの社会学についてみてみよう。パーソンズの理論の凋落とともに、1960年代から1970年代にかけては、ブルーマーらのシンボリック相互作用論が台頭する。それとともに、抽象的なマクロ社会学から、より具体的な「日常生活の社会学」、あるいは、ミクロ社会学へとシフトする傾向にあった。ただし、この時期は、相互作用論などのシカゴ学派の伝統だけではなく、多様な社会学が生まれた時代でもある。

すでに1960年代のはじめには著名な社会学者となっていたゴフマン（Goffman, E.）は、シカゴ学派の伝統、およびそれと対極的と捉えられることもあったパーソンズの社会学などのシステム論的視点をも取り入れながら、人と人とが居合わせた場所の秩序である「相互作用秩序」論を構想した。彼は、社会を演劇と見立てたり（ドラマトゥルギー・アプローチ）、儀礼と見立てたり（フェイスの維持）、ゲームと見立てたりして（戦略的相互作用など）、相互作用の面白さやうまくいかなさなどがどのようにして生じるのかを分析した。

ベッカー（Becker, H. S.）は、シカゴ学派の相互作用論の伝統を忠実に受け継ぎながら、社会的反作用の過程を重視するラベリング理論をまとめた。シカゴ学派とは異なる系譜からの意味学派の社会学として

★ラベリング理論
ある行為者に「非行」「犯罪者」などの負のレッテル（レーベル、ラベル）を貼ることによって、「本当に」そのようにさせてしまうことを表す理論。逸脱行為の原因は、その行為者ではなく、レッテルを貼る周囲の人々にあるとする考え方である。

は、ガーフィンケル（Garfinkel, H.）が創始者であるエスノメソドロジー（ethnomethodology）がある。エスノメソドロジーとは、「人々の（ethno）方法（method）の学（logy）」である。ソーシャルワーカーにも、利用者との言葉のやりとりの仕方や身振りなど、意識的／無意識的に繰り返し行っている行為があるであろう。ガーフィンケルは、そうした行為を分析したといってよい。

現代社会論としては、たとえば、ベル（Bell, D.）は、近代の次の時代の現代を「脱工業化社会」と捉え、専門的知識を有したテクノクラートが社会を支配するテクノクラシー社会の到来について論じた。コールマン（Coleman, J.）は、経済学の影響を大きく受けた合理的選択理論に基づく数理社会学を展開した。ミルズの社会学的想像力の概念にみられるように、ミクロ・マクロリンクの社会学[★]は、この時代の一つの特徴になっており、ウェーバーを批判したコールマンはその代表的論者とみなされている。

2 多様化期のヨーロッパ

個人イデオロギーやユートピア的思考を批判するフランクフルト学派第1世代の批判理論の考え方は、第2世代のハーバーマス（Habermas, J.）に受け継がれていった。ハーバーマスは、社会システムによる「生活世界の植民地化」が起こっている現代社会において、人や社会を搾取する道具的理性ではなく、コミュニケーション合理性が重要だとし、人と人との対話や討議の必要性を主張している。かつて、サロンやコーヒーハウスといった場で、国家と個人を媒介する中間集団としての公共圏が機能していたが、それが、いわば利己主義的に私生活ばかりを重視する「消費者」としての公衆による場に変質してしまったことを問題視した。ハーバーマスの社会学は、「話せばわかる」というような単純な社会観として批判されることもあるが、対話を重視する福祉実践の考え方とは相性がよく、今もなお有益であろう。

ハーバーマスやパーソンズとは違う形で、社会システム論を構想したのが、ルーマン（Luhmann, N.）である。ルーマンは、新しいシステム理論であるオートポイエーシス理論から、構造 − 機能分析ならぬ、「機能 − 構造分析」を行った。パーソンズの構造 − 機能主義は、役割があってそれに合わせた行為を遂行することで社会システムの維持機能を果たすという社会観をもっていた。それに対してルーマンの機能 − 構造分析は、構造よりも機能が大事であり、ある機能を果たすために、コミュニ

★ミクロ・マクロリンクの社会学
社会のミクロとマクロの関係を分析する研究領域である。特にコールマンのウェーバー批判はよく知られている。かつて、ウェーバーは、カルヴァン派の信者たちが宗教的価値に基づいて勤勉に働いたことで資本主義が生まれたと主張したが、その説明に対し、コールマンは、ミクロからマクロへの飛躍があると論じた。

23

ケーションの連鎖によって、後から構造ができてくる側面を強調した。福祉の文脈で例を挙げれば、あらかじめワーカーの個々の役割を決めて、福祉利用者のための支援体制をつくっておくことも大事であるが、災害など予想外のことが起きた際には、さまざまな調整によって臨時の支援チームがつくられ、その行為・活動が継続していくなかで、支援チーム体制が構築されていくことになる、というようなことである。

　イギリスのギデンズ（Giddens, A.）による構造化理論をはじめとして、行為と社会がお互いに不可分の関係にあることを強調するのは、この時代の社会学の傾向である。

　フランスのブルデュー（Bourdieu, P.）もまた、いわば行為と構造がお互いに規定しあう関係について、たとえば政界、経済界、教育界などの「界」（「場」とも訳される）や、構造化・パターン化された性向を指すハビトゥスなどの概念を使って理論構築を行った。ブルデューは文化的再生産の概念を用いて、家庭の文化資本によって、学歴の再生産や、貧困の再生産が起きるメカニズムについても分析している。

　また、フーコー（Foucault, M.）は、現在の監視社会論や社会化論にも連なる権力と主体についての分析を行うと同時に、独自のセクシュアリティ論を展開した。

　このように、この時代は、デュルケムやウェーバー、ジンメル、あるいは初期シカゴ学派など成立期の社会学の方法論や、展開期のパーソンズの方法論を批判的に検討しながら、多様な方向に発展していく傾向がみられる。

5　社会学の歴史を学び活用する

　社会学者のあいだでよく知られたこんなジョークがある。[2]「飲酒の問題」について、理論志向の強いハーバード大学の学生が学位論文を書くと、そのタイトルは、「西欧の社会システムにおける文化的緊張緩和の様式」（パーソンズの構造－機能主義とAGIL図式の影響）になり、量的調査に強いコロンビア大学の学生なら、「全国サンプルにみるアルコール飲用の潜在的機能」（統計調査とマートンの機能主義の合わせ技）になり、そして質的調査に強いシカゴ大学の学生なら、「55番街のバー・ジミーズにおける社会的相互作用」（ケーススタディに基づく経験的調査の重視）となるだろうという。この小話は、社会的（ソーシャルワー

クの「ソーシャル」）なものを捉えるための視点や方法論は、一つではなく、それぞれに強み（および弱み）を有していることを示している。

社会学と福祉および社会福祉学は分離して発展し、それぞれ独自の展開をみせた。しかしながら、こうしてみてくると、社会学史は、人と社会をめぐるさまざまなつながりについて探るのに役立つ、いわばソーシャルワークの実践的視点の宝庫である。方法論的個人主義であれ、方法論的集団主義であれ、また、ミクロ社会学であれ、マクロ社会学であ

Active Learning

本節で登場した社会学者のなかで、興味をもてる人はいましたか。その人の考え方などは、あなたの関心のある福祉的課題の分析や解決に向けて、どのような形で活用できるでしょうか。

図1-4 社会学の歴史と本節に登場した社会学者たち

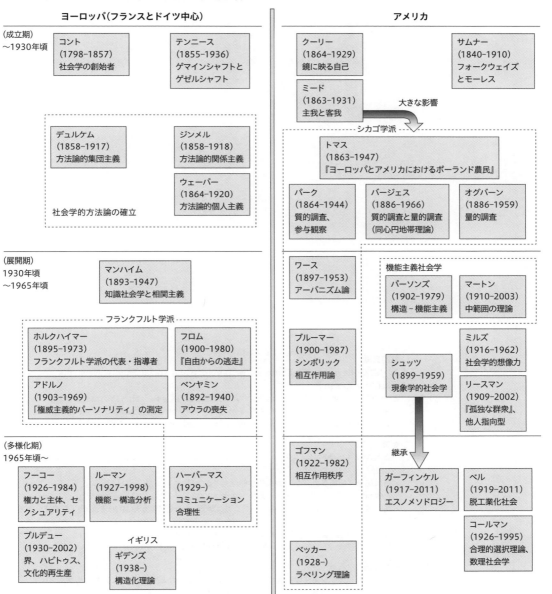

れ、ソーシャルワークの「ソーシャルなもの」について考え、ワークとして実践する際に、有用な視点を提供してくれる。21世紀の時代のソーシャルワーカーは、これらの視点を活用できる時代に生きているのである。

◇引用文献
1 ）McKinney, John C., *Constructive Typology and Social Theory*, New York : Appleton-Century-Crofts, 71, 1966.
2 ）Galliher, John F., "Chicago's Two Worlds of Deviance Research : Whose Side are They on ?, Gary Alan Fine ed. *A Second Chicago School ?: The Development of a Postwar American Sociology*, Chicago : The University of Chicago Press, 164-87, 183, 1995.

◇参考文献
・厚東洋輔「社会学の2世紀、その発展5段階」『社会学がわかる。』朝日新聞社, pp. 129-141, 1996.
・西川知亨「初期シカゴ学派の人間生態学とその方法──E・W・バージェスとE・F・フレイジアを中心にして」京都大学博士（文学）論文, 2008.
・高山龍太郎「カリキュラムにみる初期シカゴ学派──1905年から1930年まで」『京都社会学年報』第6号, pp. 139-162, 1998.
・Winkin, Yves, *Erving Goffman : Les Moments et Leurs Hommes*, Paris, Seuil / Minuit, 1988.（石黒毅訳『アーヴィング・ゴッフマン』せりか書房, 1999.）

● おすすめ
・ランドル・コリンズ『脱常識の社会学──社会の読み方入門』（第二版）岩波書店, 2013.
・中野正大・宝月誠編『シカゴ学派の社会学』世界思想社, 2003.

第2章

社会構造と変動

　社会は一つのシステムを成している。それは多様な要素がそれぞれ社会的機能を分担しあうネットワークである。ところが、機能の一部に問題が発生すると全体に伝わり、社会問題となっていく。放置できないから、社会福祉が必要になる。うまく対応できないと、社会変動が起こる。では、根元にある社会構造とは何か。それは変わるのか、変えられるのか。社会は個人だけでなく、集団や組織、家族や地域、コミュニティ、共同体や国家などから成っている。それが近代化や産業化、そして情報化などを通じて現代社会をつくってきた。しかも、グローバル化などで日々変化している。この社会変動がさらに新たな社会福祉の必要性も生み出している。こう考えるのが社会学なのである。

社会システム

- 社会の日常的な営みがどのような仕組みで動いているかを学ぶ
- 社会をシステムとしてみる観点を身につける
- 社会システムにおける資源分配の何が問題かを理解する

1 社会秩序の構成

1 社会システムとは何か

　あなたはソーシャルワーカーとなって初めての相談員の仕事で張り切っている。早速担当となったクライエントのお年寄りと面しているが、お互いのことはまだ何も知らない。そこであなたは、事務的な相談をしながら、相手のちょっとした表情や仕草から反応をみたり、世間話をしてその人の人生の歩みを探ったりしながら、信条とする心のケアに踏み込んだ相談をしようと頑張る。一方、お年寄りの側もあの手この手であなたに探りを入れながら、より満足のいく福祉サービスを求めたり、どこまでわがままを聞いてくれるかを試そうとしたりする。

　このように、二人の間には事務的な対話だけでなく、内面的な心の読みあいを含めてさまざまな相互行為が展開する。こうした相互行為が起こる理由は、社会的な不確実性にある。社会的な不確実性とは、互いのことを知らないというだけでなく、一方の人の行為の結果が他方の人の行為に依存しており、その逆もまたそうであることをいう。心のケアを信条とするあなたの仕事ぶりは、クライエントに歓迎されるかもしれないが、もしかしたら余計な詮索として拒絶されるかもしれないのである。社会学者パーソンズ（Parsons, T.）はこの状況を*ダブル・コンティンジェンシー*（二重の条件依存性）と呼んだ。

　ダブル・コンティンジェンシーの問題は二者間にとどまるものではな

---

i　〔Talcott Parsons〕1902-1979. 20世紀の理論社会学をリードしたアメリカの社会学者。功利主義的な市場均衡モデルを乗り越える社会秩序モデルの構築を目指し、主意主義的行為論を足場に、構造―機能主義による独自の社会システム論を構築した。

く、それらがより大人数の多様な水準で複雑に絡みあって、社会全体の不確実性が形づくられる。あなたが家族や友人、職場の同僚と日々行う相互行為は、ほかの人たちも同様に行っており、社会はその累積として動いている。そこで互いに依存しあう行為を全体的に調整するのは、至難の業に思われる。けれども私たちの社会は、そうしたなかでそれなりに恒常的な社会構造を維持している。社会構造は、さまざまな地位の人々の間の比較的安定した関係の様式を指す。私たちの日々の相互行為はどのようにして社会構造の維持に結びつき、全体として社会秩序が保たれているのだろうか。

　この仕組みを読み解くために役立つのが、社会システムの概念である。社会システムは相互に作用しあう社会的要素の集合をいい、社会を構成する人々の相互行為を、それらが全体としてもつ働きや意味という視点から捉える。ある相互行為のまとまりをサブシステムとして捉え、それらのシステム間の関係や、その関係をつかさどる仕組みを考えることもできる。社会構造は、社会システムが全体としてうまく動くように組成されつつ、社会システムの実際の働きを規定する。その関係を、地位と役割の視点から解きほぐして説明しよう。

2 役割期待の相補性

　恒常的な社会構造では、人々の間に定まった位置関係がある。職場であれば部署や役職に応じた位置関係や顧客との関係、家族であれば夫婦関係や親子関係、等々。このように位置関係からみた社会構造の組成を、社会的地位という。職場の例では対内的には上司と部下、同僚、対外的には相談員と来談者、家族の例では夫と妻、父親と母親、子ども、兄弟、等々。社会的地位は、それがかかわる社会システムがどういう相互行為の場であり、そのなかで各人がどのような位置関係にあるかを示す。それだけではなく、各々の地位には、この状況下ではこうした行動をとるべきだという社会的な期待がある。ある地位にいる人に社会的に期待される行動パターンを、社会的役割という。先ほど述べた位置関係は、同時に役割関係を示している。

　役割関係が安定していることは、当事者の間で役割期待が共有されていることを示している。冒頭の例に戻って、あなたは相談員としてクライエントの信頼を期待し、お年寄りはあなたに親身な相談を期待しているとしよう。この信頼と親身さを求めあう相互行為が円滑に営まれるためには、それぞれの役割が当人たちの間で共有されていなければならな

い。もしあなたが、親身さよりは客観的な判断が相談員の役割として重要だと考えていれば、互いの期待にすれ違いが生じるだろう。社会的役割がダブル・コンティンジェンシーを解決する条件はまさにこの点、すなわち、役割関係にある行為者たちが互いの役割をすれ違いなく了解している点にある。この条件を**役割期待の相補性**という。

　こうした役割期待の相補性はどの相談窓口でも満たされていなければ、福祉相談業務はあちこちでトラブルを起こすだろう。あるいはまた、社会福祉士、介護福祉士、看護師等でケアチームを組む際、それらの役割関係は、誰がどのチームに入っても了解しあえるものでなければならない。つまり、さまざまな役割関係が複合し、人も入れ替わるあらゆる場面で、役割期待の相補性が満たされる必要がある。そのためには社会全体で規範的な力によって、社会的役割の共有を促す仕組みがいる。それが社会化と社会統制である。

■3 社会化と社会統制

　人間の社会性の発達において家族が果たす役割は大きい。子どもは親を見ながら、大人はさまざまな役割関係のなかでどう行動するのかを学ぶ。模倣だけでなく、親がしつけをして意図的にその学びを促すことも多い。そのとき親は、子どもが適切な行動をとったときには褒め、それに失敗したときには叱る。こうした**サンクション**（賞罰）により、親が体得している社会的役割がその規範性とともに、子どもに内面化される。このプロセスを**社会化**という。

　子どもはさらに、子ども同士の遊戯（ごっこ遊び）を通して、親や先生等の身近な大人が体現している役割モデルを習得する。ただし、モデルはあくまで「私のお母さん」であり、「○○先生」である。この個別性を越えるための次の段階が、子ども同士のゲーム遊びである。ゲームにはルールがあり、誰もがそれに従わなければならない。それを無視して好きにふるまえば、仲間はずれという手厳しいサンクションを受ける羽目になる。この同年代集団のゲーム段階の社会化によって、子どもたちはルールが体現する一般的な役割を体得する。それが「**一般化された他者**」という個別性を越えた役割関係のモデルとなる。[ii]

　社会化はサンクションが効果的に組み込まれることで機能する。社会

---

ii　社会化は生涯続くが、その際も個人は何らかの集団にアイデンティティをもち、その集団の行動様式や規範を習得する。これを準拠集団という。所属集団に限らず、先々所属したい集団の規範が先取りして社会化されることもある。

的役割からの逸脱を抑止するサンクションの仕組みを、社会統制とい
う。親のしつけや遊び仲間の制裁は、インフォーマルな社会統制である。
近所や世間の目、あるいはインターネット上で飛び交うゴシップが、同
様の効果を発揮することもある。この種の社会統制は費用がかからず、
しかも、役割規範が人々の間で広く強固に共有されているときには効果
的である。一方、制度化されたフォーマルな社会統制の代表的なものは、
刑務所や更生施設である。これらの機関は、法に準拠して市民としての
役割から逸脱した人々を隔離し、再社会化して、社会に復帰させること
を目的としている。

　病院や介護施設も機能的には類似した側面をもつ。病気や障害、加齢
によって通常的な役割遂行ができない人を、治癒して復帰させたり、隔
離保護したりするからである。もちろん、これらの機関はそれ以上に
人々の幸福増進に直結している。そのためにも、近年の在宅介護を重視
する動きや自宅での尊厳死の議論等が、これら機関の社会統制的性格を
見直す意味をもつことに注意しておきたい。

4 価値システムとは何か

　経済市場システムでは、行為を規範的に水路づける「目的」は利益最
大化に焦点化されている。しかし、社会システムの場合は目的が多様な
ため、単一の目的によって社会化と社会統制が統合的に編成される保証
はない。そこで、より上位の文化的な価値システムが、目的を規範的に
水路づける仕組みが欠かせない。パーソンズはその水路づけを以下のよ
うに、五つの二者択一からなるパターン変数として分析的に整理した。
❶普遍主義／個別主義、❷業績本位／帰属本位、❸感情中立性／感情性、
❹限定性／無限定性、❺集合体志向／自己志向である。

　社会化と社会統制によってダブル・コンティンジェンシーが解決され
るためには、パターン変数の文化的な選択の組み合わせに応じて、価値
システムがある程度統合されていなければならない。けれどもこの論点
を突き詰めると、個人に価値選択を行う自由はなく、文化的に共有され
た価値が指示する役割を忠実に遂行するだけの受動的な人間像に行き着

---

iii　社会統制機関においては、逸脱者は更生や治癒に専念すべし、という特別な役割が
　　ある。「病人」なのに病人役割を遂行せず、病気を理由に仕事を休んで遊びに行った
　　りしていると、仮病としてサンクションを受ける。
iv　文化は生活様式の全体を指し、価値システムによって捉えられる。そのもとで、よ
　　り具体的にある人々にとってどんな行為が適切で正しいかを特定するのが規範であ
　　る。規範はサンクションの行使によって執行される。

ダーレンドルフ
(Dahrendorf, R.)が、
自己利益の最大化を行
動基準とするホモ・エ
コノミクスに対抗して
用いた、社会学的人間
モデル。それが理念的
にも現実にも、過剰に
社会化された人間観に
陥りやすいことに注意
を喚起した。

いてしまう。社会システム論が陥りがちなこの問題はホモ・ソシオロジクスとして批判されてきた。

　一方で、グローバル化が進む現代社会では、文化的価値の多様化は必然的な動向である。民族や宗教や思想のゆえにマイノリティとみなされる人々の行動は、彼らにとっては当たり前のことでも、マジョリティからみれば逸脱とされがちである。こうした文化多様性に起因する規範的な葛藤はさまざまな摩擦問題を生み出し、同化主義から多文化主義まで、各国でさまざまな政策的対応が模索されてきた。

　社会秩序のために価値共有を強調し過ぎると、個人の自由と主体性が損なわれ、異質な人々を排除することにもなりかねない。むしろ、寛容さをもって異なる文化的価値を受容することが、創造の力になることもある。価値統合は単純な理念目標ではないことに留意が必要である。

2 社会をシステムとしてみる

1 創発する社会

　再び本節冒頭の例に戻ろう。視野を広げて考えると、クライエントと相互行為しているあなたは、職務や担当の調整をめぐる職員間の相互行為の流れのなかにもいる。相談にきたお年寄りも、ロビーで順番を待つ人たちや忙しく働いているほかの職員も、それぞれに何らかの相互行為の最中にいて、目的ある行動をとっている。つまりあなたは、無数のサブシステムが偶発的に交錯し続ける社会システムのなかにいる。その社会システムが整然とあるのは、背後に社会化と社会統制が働いているからである。とはいえ、あなたを含めた誰もが、その場の平和秩序を維持する目的で行動しているわけではないのである。

　相互作用する諸要素が多数集まることによって、その総和とは質的に異なる秩序やシステムが生じる現象を、創発という。また、そうして生まれる個々の要素に還元できない全体性を、創発特性という。私たちの何気ない日常を支えている平和秩序は、創発特性の例である。社会学の創始者の一人であるデュルケム（Durkheim, É）は、社会的事実という概念を早くから提唱していた。たとえば自殺率は、国ごとにほぼ水準が定まっている。また、戦時中の低下や経済成長期の上昇等、各国に共通する変動がある。このように一人ひとりの自殺の動機からは説明できない創発特性を、デュルケムは社会的事実と称したのである。

　システム的観点の利点は、このような創発のメカニズムに私たちの着眼を促すところにある。社会化と社会統制による役割構造の維持は、まさにそのメカニズムを具体的に示している。創発は、個々の要素がもつ特性や、それらが相互作用するときの諸条件からは予測できない構造変化や意味変質を指している。システム的観点は、後述するように、サブシステムの機能連関やフィードバック・メカニズムを考慮して、全体性のなかでそれを捉えようとする。

　ソーシャルワーカーが担うべき業務として議論になるコーディネート業務は、さまざまな資源やサービスをつないで一つのシステムをつくり、プラスの創発特性を生み出せるように関係者間の相互行為を調整することだといえるだろう。システム的観点は、そこに単純な足し算では推し量れない難しさとともに、おもしろさがあることを教えてくれる。

Active Learning

ソーシャルワーカーは、このようなソーシャルワークのほかに、どんな予想外の効果（創発特性）を生み出すことがあるでしょうか。あなたの知っている具体的な事例を挙げて、考えてみましょう。

２ システムという見方

　システムの見方に影響を与えた議論をいくつかみておこう。その一つが、生命システム論のホメオスタシス（恒常性維持）概念である。動物の体液が恒常性を保つ仕組みは 19 世紀には解明されていた。恒温動物が気温の変化に対して発汗作用等により体温を保ったり、体内の血圧を保ったりする仕組みである。ホメオスタシスはこれをシステム論的に捉え直し、開放系システムとして外部環境と物質およびエネルギーの代謝（入出力）を行いながら、内部の恒常性を保つ仕組みとみる。

　開放系システムという見方の影響を受けた社会学的研究に、ホーマンズ（Homans, G. C.）の『ヒューマン・グループ』（1950 年）がある。ホーマンズは集団を活動、相互作用、感情、規範という諸要素の相互依存関係からなる有機的全体として捉える。そのうえで、外部環境によって決定される対外システムと、その影響を受けずに独自に発展する対内システムを区分けしている。前項で過度な価値統合の問題を指摘したが、それは対外システムと対内システムの機能調整の問題でもある。社会システムが複雑に交錯する現代社会では、常に開放系の視点をおくほうがよい。

　いま一つは、システム制御理論の影響である。第二次世界大戦の兵器

ｖ　デュルケムは、自殺率の差異や変動を、別の創発的な連帯意識（集合表象）との関係で説明した。このように、社会的事実を別の社会的事実によって説明する立場は、方法論的全体主義と呼ばれる。一方、創発特性を個人の特性や行為の集積として説明する立場を、方法論的個人主義という。

（ターゲットの補足システム）開発において、システムのアウトプットがインプットに戻ってアウトプットを抑制する、ネガティブ・フィードバックが考案された。人が物をつかもうとするときの手と目と脳の動きを模したもので、これが、制御工学と通信工学を融合したサイバネティクスとよばれる新分野を開拓した[vi]。その研究成果の一つに「最小必要多様性の原則」の発見がある。システムが複雑な環境のもとで一定の状態を保つためには、環境の多様性よりも高い多様性をもつ必要がある、という原則である。

　ルーマン（Luhmann, N.）[vii]はこの原則を取り入れて、独自の社会システム論を構築した。人間は多様な制度をつくって、環境の多様性に対抗できる。多様性に選択を加えて活動を一定範囲に制限し、不確実性のリスクを抑制するのである。たとえば、要介護レベルの多様性を区分けして介護サービスの一律的な提供を制限し、介護需要の増大によって福祉システムが機能不全に陥るリスクを抑制するようなことである。ルーマンによれば、社会システムはこの複雑性の縮減のためのコミュニケーションからなる、意味のシステムである。選択は特定の意味を差異化してほかを捨てることであるが、捨てられた意味はほかの可能性として保持される。このように、意味によって複雑性を縮減しつつ同時に維持し、常に開かれた可能性を保持するところに、人間がつくる社会システムの特有さがある。

　システムの多様性は環境の多様性が要請するだけでなく、その逆の関係もある。グローバル化する環境に対して相談窓口の英語対応だけでなく多言語対応の選択をすれば、英語話者か否かだけだった環境の多様性が複数言語の多様性に増大する。環境の多様性が意味あるものとして現れると、それがポジティブ・フィードバックによってさらなる多言語対応やマイノリティ対応へと、システムの動きを増幅させることもある。

---

vi　サイバネティクスの影響で生まれた組織経営理論として、コンティンジェンシー理論がある。組織を開放系システムとして捉え、環境に応じて最適な組織化の仕方や、リーダーシップのあり方は異なる、という認識に立つ。

vii　[Niklas Luhmann] 1927-1998. ドイツの社会学者。コミュニケーションにおける可能性過多（複雑性）を制限して社会秩序をもたらし、同時に、自己準拠性によって自己変革の契機をもつ社会システムの仕組みを、パーソンズの理論を継承発展して理論化した。

viii　[Robert King Merton] 1910-2003. アメリカの社会学者。パーソンズに師事し、機能主義を発展させた。抽象的なグランドセオリーと経験的一般化を媒介する中範囲理論の重要性を主張し、相対的剥奪等、数多くの重要な理論概念を考案した。

3 構造と機能

パーソンズは社会システムの諸過程が、地位と役割からなる社会構造の維持に貢献しているか否かという機能の観点から、創発のメカニズムを捉える。**構造－機能主義**と呼ばれるアプローチである。その機能評価の一般化のために、パターン変数を発展させて、社会システムが満たすべき四つの機能要件（頭文字をとって **AGIL 図式**と呼ばれる）が整備された。これらはそれぞれ独自のメディアをもち、それらが媒介する交換によって機能連関が保たれる。

・Adaptation（適応）：環境から資源を得て、システム全体に分配する。貨幣をメディアとする経済領域。

・Goal-attainment（目標達成）：目標の優先順位を調整し、目標達成のための資源動員を行う。権力をメディアとする政治領域。

・Integration（統合）：システムの構成要素を結合調整し、社会のまとまりを維持する。影響力をメディアとする共同体領域。

・Latent-pattern Maintenance and Tension-management（潜在的パターンの維持と緊張の緩和）：システム内部の緊張を緩和しつつ、価値パターンと行為者の動機づけを温存させる。コミットメントをメディアとする教育・家族・宗教領域。

前述のホモ・ソシオロジクスの問題と関連するが、この図式は、機能を全体社会システムへの貢献に限定してみるバイアスをもっている。そもそも創発するのは望ましい特性ばかりではない。たとえば、福祉ビジネスの活発化は、福祉システムの機能向上とともに経済システム全体への刺激が期待される一方、コスト削減のために新たな労働問題を生み出すかもしれない。

マートン（Merton, R. K.）は、機能的結果は常に多様であり、その正味の差引勘定を考慮する必要があるという。そのうえで、システムの適応ないし調整を促す**順機能**だけでなく、それを減ずる**逆機能**を概念化した。また AGIL 図式では、システムの調整に対する客観的結果としての機能が、そこにかかわる行為者の主観的な動機づけと混同されやすい。そこで、行為者によって意図され認知される**顕在的機能**と、逆に意図も認知もされない**潜在的機能**を区別することも必要である。

社会システムの機能充足を実際に評価する試みとして、所得に限定さ

---

ix 　個人にとっては合理的な行為が、集積されて皆にとって望ましくない意図せざる結果をもたらす現象は、社会的ジレンマと称され活発に研究されてきた。うわさが実際にある出来事を引き起こす「予言の自己成就」もある。

れない総合的な福祉目標を数量的に示す趣旨で、1970年代に経済企画庁国民生活局により構築された「社会指標」がある。項目は健康（医療、保健、栄養）、教育・文化、雇用・労働、余暇、所得・消費、安全、環境、交通・通信、家族、地域生活等が含まれており、AGILを網羅している。この指標化の試みはその後も「国民生活指標」「暮らしの改革指標」として継続されている。評価基準の標準化や総合得点化に課題はあるものの、社会システムの観点はこのように政策的にも生きている。

3 社会階層システム

1 社会階層システムと不平等

　人々が役割を遂行するためには、社会的資源が必要である。主要な社会的資源としては富、権力、名声、知識等がある。それら資源の分配先となるのが、社会的地位である。とりわけ現代の産業社会では職業的地位が、資源分配の重要な指標である。職業を基軸とした資源分配システムを社会階層という。社会階層システムが生み出す創発特性として、不平等を考えることができる。資源分配の不平等は、看過しがたい格差を生むこともあれば、優秀な人材を重要な職業に配属するための誘因ともなる。まさに正負両面の結果の差引勘定を考慮しなければならない問題である。

　不平等の善し悪しにかかわる価値として重要なのが、属性主義と業績主義である。前述のパターン変数でいえば、業績本位／帰属本位に相当する。カースト社会のような身分制社会では、本人の努力ではいかんともしがたい生まれもった属性によって、職業が決まる。つまり、社会階層システムは属性主義の価値によって整序される。それに対して近代社会は、個人の能力や実績に応じた自由な職業選択を尊重する、業績主義の価値が強い。業績主義的に整序された社会階層システムは、個々の経済活動の自由競争に市場を委ねる資本主義経済とも適合的である。現実の社会階層システムは、属性主義と業績主義が何ほどか入り交じりながら整序される。この価値パターンのあり方に留意しながら、不平等の何がどう問題なのかを考えよう。

2 不平等のマルクス主義理論

　資本主義社会における不平等を、資本主義的な生産様式が本来的に抱

える構造的矛盾とみる観点がある。マルクス主義[★]の階級理論である。資本主義においては、投資をして生産機械のような生産手段をもてる資本家と、労働力を提供して賃金を得るしかない労働者の地位が明確に分かれる。資本家は熾烈な競争を勝ち抜くために、できるだけ賃金を抑えて次の投資に備え、利潤をあげようとする。そのために労働者からの搾取が生じ、労働者の貧困や劣悪な労働環境の原因となる。資本主義が生み出す資本家と労働者という社会的カテゴリーを社会階級と呼ぶ。資本主義社会は、矛盾を抱えながら依存しあうこの二大階級のダイナミズムが規定する、階級社会なのである。

　階級のダイナミズムは生産の場面にとどまらず、AGIL のすべての領域に影響する。労働者が議会に代表を送る制度的機会が制限されたり、資本家が地域の名士として影響力をもったり、階級によって子弟が通う学校が異なったり、といったことである。その影響は教養や趣味、言葉遣い等の文化にまで浸透する。それによって階級システムが、それぞれの社会階級の人々に自然に永代的に受け入れられるようになる。階級社会はこのような文化的再生産によって維持・強化される。

　今日、我が国を含めて階級社会が原型をとどめる資本主義国はもはや存在しない。けれどもマルクス主義の観点は、さまざまな構造的な格差問題を考える枠組みともなる[x]。たとえば我が国では近年、ワーキングプアや母子家庭の貧困、外国人労働者の社会的排除の問題等が指摘されてきた。それらの問題を考えるときにマルクス主義は、背後に隠れた学歴による構造的格差やジェンダー的な抑圧構造、社会的弱者を「搾取」する構造的仕組みといったことに、注意を促してくれる。なおかつそれらを、グローバル資本主義経済の力学という大きな構造的枠組みのもとでみる視点を示唆してくれる。

3 不平等を機能主義から考える

　もとより不平等は階級によるものだけではない。社会階層の概念は、不平等をより一般的に機能主義的な観点から考えるために有効である。機能的に重要な社会的地位では困難を伴う社会的役割の遂行が必要であり、誰もがそれを担えるわけではない。然るべき才覚をもつ人にその困

★マルクス主義
ドイツの経済学者マルクス（Marx, K.）の名前に由来する資本主義批判思想。資本主義の悪循環を根本的に断ち切るためには、生産手段の共有が不可欠であることから、共産主義や社会主義の運動理念が生まれた。

第2章 社会構造と変動

---

x　従属理論とは、先進国の搾取によって第三世界の低開発が構造的に生み出され続けている矛盾を、マルクス主義の枠組みで論じた学説である。世界を、中心による周辺の収奪を基軸としたシステムとみるウォーラーステイン（Wallerstein, I.）の世界システム論に継承される。

難な地位に就かせるためには、誘因が必要である。そのため重要な地位にはより多くの報酬があてられる。つまり、社会システムを円滑に動かすために必要な機能充足のために、資源を不平等に分配する必要がある。これは適所適材の趣旨で業績主義の価値とも整合する。機能主義的には不平等はいわば必要悪なのである。

　ただし仮にそうだとしても、社会的地位をめぐる競争は属性主義的であり得る。その場合、どんなに才覚があっても出自が低階層やマイノリティである人は、不利な競争を強いられるであろう。機会の不平等といわれる側面である。競争の不公平はそれだけで正義に訴えるが、機会の不平等は適所適材を阻害するので機能主義的にも望ましくない。

　機会の不平等を計測する指標となるのは、社会移動である。出身階層による移動機会の制約を、親と子の職業間の世代間移動で捉えるのである。第二次世界大戦後から盛んに行われてきた世代間移動の国際比較研究をみると、概して産業化とともに機会の平等化が進む傾向があり、中高教育の普及が重要な媒介効果をもっていることがわかる。これは我が国でも同様のことがいえる。[xi] けれども、脱工業化した成熟産業社会ではだいぶ様相が変わってきている。

　階級のところで論じた構造的格差の問題は、それが出身階層による制約となって次の世代に継承される側面にも注意しなければならない。そのためには世代間移動を調べる必要があるが、これらの社会的弱者は比較的少数のため、また、問題は職業移動に限らないため、通常的な階層研究では捉えにくい。機会の不平等と構造的格差を結びつけた問題意識をしっかりともつソーシャルワーカーが、現場から問題を把握していくようなことができれば、意義深い業務展開になるであろう。

　機会の不平等には、本人—世代の世代内移動の観点もある。そこには、ジェンダーやエスニシティ等の属性が職業キャリアを制約するような問題が潜んでいる。教育は、階層出自の制約を業績主義的にリセットする媒介装置として重要だが、「大卒」や特定学校の卒業が、階層出自と似たような属性に転じることも起こる。

　総じていえば、社会階層システムが属性主義的に整序されるか、それとも業績主義的に整序されるかは相対的な問題である。完全な階級社会も、一方で完全な平等社会も、存在しない。そこにおいて社会階層シス

---

xi　日本の階層研究ではSSM（社会階層と移動）全国調査が1955（昭和30）年から10年ごとに実施され、職業と移動の基礎データを蓄積している。これにより、機会の平等を含めて社会階層システムの長期的な動向を実証的に捉えることができる。

テムが必然的に生み出す不平等の、どこをどう問題とみるかは、ルーマンが示唆するように私たちの「選択」にかかっている。そのためにも、目の前の小さな格差や不公平になぜあなたが憤るかを、社会全体の不平等の問題につなげてみるような、システム的観点を養ってほしい。

◇**参考文献**
- W. R. アシュビー, 篠崎武・山崎英三・銀林浩訳『サイバネティクス入門』宇野書店, 1967.
- W. B. キャノン, 舘隣・舘澄江訳『からだの知恵：この不思議なはたらき』講談社, 1981.
- É. デュルケム, 宮島喬訳『自殺論』中央公論新社, 2018.
- 吉川徹『学歴分断社会』筑摩書房, 2009.
- G. H. ミード, 稲葉三千男・滝沢正樹・中野収訳『精神・自我・社会』青木書店, 1973.
- T. パーソンズ, 佐藤勉訳『社会大系論』青木書店, 1974.
- T. パーソンズ, 稲上毅・厚東洋輔訳『社会的行為の構造』木鐸社, 1974 〜 1989.
- N. ルーマン, 土方昭監訳『ニクラス・ルーマン論文集（1 〜 3）』新泉社, 1983 〜 1986.
- N. ルーマン・D. ベッカー, 土方監訳『システム理論入門——ニクラス・ルーマン講義録【1】』新泉社, 2007.
- N. ウィナー, 池原止戈夫・彌永昌吉・室賀三郎・戸田巌訳『サイバネティックス——動物と機械における制御と通信』岩波書店, 1962.
- 原純輔・盛山和夫『社会階層——豊かさの中の不平等』東京大学出版会, 1999.
- P. ブルデュー・L. J. D. ヴァカン, 水島和則訳『リフレクシヴ・ソシオロジーへの招待——ブルデュー、社会学を語る』藤原書店, 2007.
- P. E. ウィリス, 熊沢誠・山田潤訳『ハマータウンの野郎ども』筑摩書房, 1996.
- 山岸俊男『社会的ジレンマのしくみ——「自分1人ぐらいの心理」の招くもの』サイエンス社, 1990.
- R. ダーレンドルフ, 橋本和幸訳『ホモ・ソシオロジクス——役割と自由』ミネルヴァ書房, 1973.
- R. K. マートン, 森東吾・森好夫・金沢実・中島竜太郎訳『社会理論と社会構造』みすず書房, 1961.
- 渡辺深『組織社会学』ミネルヴァ書房, 2007.
- Davis, Kingsley and Wilbert E. Moore, "Some Principles of Stratification." *American Sociological Review* 10(2), pp.242–9, 1945.
- Parsons, Talcott, Robert F. Bales, and Edward A. Shils, *Working Papers in the Theory of Action*, Free Press, 1953.

●**おすすめ**
- 大澤真幸『社会学史』講談社, 2019.

組織と集団

学習のポイント

● 集団と組織との違いを理解する

● 組織がどのように形成され、どのような問題を生み出すのかを理解する

● 非営利組織や非営利セクターについて理解する

『人生にとって組織とは何か』（加藤秀俊）という本がある。そこには「組織とは現代社会そのものだ」とある。現代人にとって働くことは組織に属することでもあるからである。現代社会にとって組織は不可欠である。しかし組織に所属すること、組織人として活動することには長短がある。組織ゆえの息苦しさや生きづらさ、組織人になるとできないこともある。それは社会福祉とどうかかわるだろうか。現代の社会福祉は、法律や制度に基づいて、社会福祉の組織が提供している。福祉の世界で働くことは、行政や社会福祉協議会、社会福祉法人、さまざまな事業所など、組織に所属して、組織人として働くことでもある。だから「社会福祉で働く人にとって組織とは何か」を考え、その長所と短所、問題や課題を把握していくことは重要である。現代社会における「集団と組織」を考えることは、社会福祉とは何かを考えることでもある。

1 集団と組織

社会は集団の集まりで、集団は個人の集まりで、社会は個人と集団でできている。通常そう考えられているが、そう簡単なことではない。**集団**は、社会学の考え方では、人が集まっているだけでは集団ではないし、**組織**でもない。たとえばスタジアムに集まる何万人もの観客は、集団や組織とはいわない。集団は、人と人との間に「ヨコ」のつながりができ

---

i 「サラリーマン」は和製英語で、組織に所属して被用者となり、毎月の給与によって生活している人たちを指す。日本で「サラリーマン」という言葉は大正時代に生まれたとされ、当時はそれほど一般的ではなかった。1955（昭和 30）年頃までは、まだ農林漁業や自営業者の比率のほうが高かった。それが逆転するのは 1960 年代の高度経済成長期からで、現在では被用者の比率は 85％を超えている（総務省・労働力調査）。

ている場合、組織は、「タテ」の関係ができている場合と考えればよい。

「ヨコ」の関係とは、家族や仲間、地域社会など、共同の関係によってできている人の集まりのことである。「タテ」の関係とは、会社など目的をもち上下関係や指揮命令によって維持されている人の集まりだと考えよう。私たちの多くは、この両方に属している。そして、これらの関係のなかからこぼれ落ちたり、関係をもちにくい場合に、そこに社会福祉の対象が現れるのではないか。

2 集団はどう形成されていくか

社会集団は、人間と人間の間に相互行為があり、その相互関係に規則性や持続性がある状態を指す。では、集団は、どうやってできていくのだろうか。顔と顔とを合わせる対面関係のなかから生まれる人間関係を第一次集団と名づけたのはクーリー（Cooley, C. H.）である。この集団のなかに連帯感や一体感などが生まれる。第一次集団は、家族、友達、近隣集団、遊び仲間などが代表例である。それに対して、より大きな集団になると、対面によってではなく、文書等の間接的なコミュニケーション手段によって集団が維持・形成されていく。このような集団のことを第二次集団と呼ぶ。

集団の性格には、共同性と協働性の二面性がある。ともにいること自体が目的となっているような状態のことを共同性、目的のために集まってともに作業する状態を協働性と考えると、両者が重なっている場合もあるし、分離している場合もある。これが「社会」の二つの性格を示している。ここに着目して社会をタイプ分けすると「ゲマインシャフトとゲゼルシャフト」（テンニース）や「コミュニティとアソシエーション」（マッキーヴァー）など、さまざまな概念区別が生まれてきた。では組織はどうか。

ⅱ　ドイツの社会学者であるテンニースは、ヨーロッパの現実に基づいて、伝統的な地縁・血縁・友愛などによって自然に形成された集団を「ゲマインシャフト」と呼んだ。近代社会になると特定の目的や利害を達成するため意図的に形成された集団社会となってきて、それを「ゲゼルシャフト」と呼んで区別した。アメリカの社会学者マッキーヴァーは、移民社会アメリカの現実に基づいて、ともに住んでいる地域性のなかから共同感情が生まれてきた場合、それを「コミュニティ」と呼ぶ。コミュニティのなかから特定の目的を達成するための手段として形成される集団（結社）を「アソシエーション」と呼んだ。

　対面的な人間関係だけでは大きな集団はつくれない。しかし、現代社会では会社や官庁など、大規模な組織集団が必要となる。こうした大規模な集団では、会ったことはないのに同じ集団に属することは知っていて、文書などの間接的なコミュニケーション手段によって連絡をとり関係している。また、仕事の内容の伝達や指揮命令の関係が必要とされ、ここに「組織」が生まれていく。企業や官庁など、大規模な組織になると、ほとんどの人とは具体的に対面したことはなく、会話したことすらない第二次的な関係によって成り立っている[iii]。これは考えてみると不思議なことである。

　もちろん、大組織のなかにも第一次集団がないわけではない。そのことが再発見されたのは、アメリカの大きな工場での「ホーソン実験」という有名な事例からである。実験では、工場における流れ作業の効率化を図るために照明と作業効率との関係が調査された。照明が暗過ぎても明る過ぎてもよくないので、最適な照明は何かを探したのである。すると実に意外なことがわかった。作業能率は照明の明るさといった作業条件より、労働者の感情や意識のほうにより大きく影響されていたのである。つまり一緒に働く労働者の仲間関係が重要であった。そこから大きな集団や組織のなかにはフォーマル・グループだけでなくインフォーマル・グループが存在し、その影響力が重要であることが発見された。組織には上下関係だけではなく、ヨコやナナメの複雑で重層的な関係の重なりがある。ここから企業の生産性の向上には、科学的管理法だけでは足らず、職場の人間関係の向上が必要だとする人間関係論へと展開していくことになった。

Active Learning

あなたに一番身近な「インフォーマル・グループ」とは何ですか。その影響力が大きいのはどうしてでしょうか。考えてみましょう。

Active Learning

あなたはどのような「インフォーマル・グループ」に所属していますか。どうして所属しましたか、どういうプラスの効果がありますか。「インフォーマル・グループ」は必要だと思いますか。

---

iii　ちなみに、それがもっと大きくなっていったときに「国民」意識が生まれ「ナショナリズム」が生まれる。アンダーソン（Anderson, B.）の『想像の共同体』という本は、国民国家が、およそ200年程度の歴史しかもたない近代社会の産物であること、日常語による新聞などの「出版資本主義」によって形成されてきたこと、それによって会ったこともないし一生出会うこともないのに「同じ国民だ」という「想像の共同体」としての近代国家が形成されてきたことを解き明かしている。

iv　もちろん、現在でも「人の支配」による独裁的な国家は存在するし、さまざまな場面で「法の支配」が揺るがされることも少なくない。

4 組織の合理化と官僚制

　集団や組織のあり方は、社会の近代化とも密接に関連している。社会学者ウェーバー（Weber, M.）によれば、**社会の近代化**の重要な指標の一つが**合理化**である。そして、社会の合理化を示す重要な現象が組織のなかに生まれる官僚制だという。

　官僚制（bureaucracy）とは専門化・階統化された職務体系、明確な権限の委任、文書による事務処理、規則による職務の配分といった諸原則を特色とする組織・管理の体系とされている。ウェーバーによれば、近代官僚制は、前近代にみられる家父長制的な支配とは異なり、組織を構成する人間の関係は、血縁によるつながりや感情的な結びつきなどではなく、能率を重視する非人格的な結びつきによって成り立っているとされる。

　前近代社会は、王や領主など支配者の個人的な意思や恣意で社会が左右されていた。法律学でいう「**人の支配**」の段階である。近代社会は産業社会であり、企業や政府は、個人の思惑を超えた合理的で効率的な「組織」が支えている。組織は人を超えた共通のルールや制度、法などによって統制されている。つまり「**法の支配**」する社会であるといえる[iv]。その典型が官僚制である。しかし組織や官僚制というシステムは、合理化や効率化という適切な範囲を踏み越えて「オーバーラン」して逆機能を生み出す傾向をもっていることも忘れるべきでない[v]。

5 さまざまな組織
──その諸相と問題

　企業とは、営利を目的として一定の計画に従って経済活動を行う経済主体である。営利を目的としない非営利組織や社会的企業と区別するために営利企業ともいう。この企業の中心となるのが日本では**会社**（現在の日本の会社法では、株式会社、合名会社、合資会社、合同会社の四つが会社）という組織である[vi]。近代社会や産業社会を生み出した原動力が

★**家父長制**
家父長制は、男性による政治・社会・経済支配と密接に関連している。家族のなかの父と子の関係にみられるように、子どものためといいつつ他者の行動に強制的に干渉する考え方や社会制度のことで、前近代社会のほとんどの社会にみられるあり方である。近代化が進むと、家父長制では社会のなかの多様な意思や価値観、属性を反映した社会運営ができないことから、しだいに衰退していく傾向にある。しかし、父子関係以外にも、医療や教育、介護や看護、福祉など、さまざまな対人社会サービスの場面で、本人の意思や意見を聞くことなく一方的な決定を下していく権威主義的な態度などに、いまだに強く残っているともされ、フェミニズムなどからは強く批判されている。

---

v　たとえばイギリスの官僚制を観察した政治学者のパーキンソン（Parkinson, C. N.）によると、役人の数は、仕事の量とは無関係に増え続けていたという（パーキンソンの法則）。

vi　外国法では、イギリスにおける company、アメリカにおける corporation などそれぞれの国の法律によって微妙に異なっている。

市場経済と営利企業であった。特にオランダやイギリスの東インド会社を起源とする株式会社という組織は、多くの出資者を集めることによって投資リスクを分散させ、近代資本主義を発展させた。今日、資本主義世界は市場経済と会社組織で動いている。ほとんど社会とは会社のことであるかのようだ。しかし、市場と資本主義には多くの、そしてさまざまな問題がある。たとえば格差や貧困の問題である。こうした問題に対処するために、20世紀には、多くの先進諸国が福祉国家としてさまざまな社会保障や社会福祉政策を実施するようになった。

　学校もまた近代社会を支える重要な教育組織である。日本でも明治時代になると学校制度が整備され、近代化や産業化を担う人材の教育が始まった。現在の日本の学校教育法では、幼稚園、小学校、中学校、義務教育学校、高等学校、中等教育学校、特別支援学校、大学および高等専門学校を規定している。特別支援学校のなかに名称を残した盲学校、聾（ろう）学校、養護学校も含まれている。一見、市場経済と資本主義とは無縁にみえながら、学校と教育制度は、近代社会を支える重要な社会基盤となっている。

　病院は、疾病や疾患を抱えた人に対し医療を提供し、病人を収容する施設である。病院はその歴史的経緯から、多様な設立母体があるが、非営利組織として運営されることがほとんどで、さまざまな基準や規制を遵守することが求められている。その意味で福祉施設にも似ている。福祉施設には、児童福祉施設、老人福祉施設、障害者支援施設など法律ごとにさまざまな施設があるが、根拠となる法律があり、それに応じて対象者が入所する施設や場所があり、そこに専門職が配置されており、基本的に非営利組織として運営されていることなど、学校や病院と共通しているところも多い。

　学校制度のもとでは、ある一定の年齢の子どもや青少年たちが一定期間、学校に通うことを義務づけられ、そこで「社会化」の訓練を受ける（知識だけでなく規律、道徳や価値観、社会規範なども含めて教えられ、訓練される）。病院や施設などは対象者が限定され、入院や入所となると一定期間、専門職の指示のもとに生活すべてが管理されることになる。したがって、学校化や病院化、施設化には、長所だけでなく短所や問題も少なくない。その典型が次に述べる全制的施設である。

6 全制的施設

　アメリカの社会学者であるゴッフマン（Goffman, E.）は、『アサイラム　施設被収容者の日常世界』（1961年）のなかで、精神病院や刑務所など外部との社会的交流を欠いた生活空間を全制的施設（total institution）と呼んだ。そこでは、治療や矯正、社会復帰といった理念を掲げながら（いや掲げているからこそ）、閉ざされた収容空間のなかで、職員にのみ権限や権力が集中し、被収容者への厳しい監視が行われ、入所者の要求が聞かれることは少なく、多数の人々が無力化されていく実態が描かれている。アメリカのアカデミー賞を受賞した映画『カッコーの巣の上で』（1975年）は、まさにこのような全制的施設を描いたもので、そこでは「治療」という大義のために、どのような非人間的なことが行われていたかを描いたものであった。これは映画だが、こうした問題は精神科病院や刑務所など、ごく一部の特殊な世界に限定された話なのだろうか。むしろ通常の病院や福祉施設、また学校などでも、多かれ少なかれ起こり得ることなのではないか。思想家・文明批評家のイリイチ（Illich, I.）は『脱学校の社会』（1971年）や『脱病院化社会──医療の限界』（1975年）などを著して学校や病院という制度が引き起こす抑圧的な問題を告発した。ここからフリースクールという運動が生まれたり、医療制度が専門家依存を生み出すという問題提起が行われてきた。日本でも上野千鶴子らが「学校化社会」を批判する議論を行っている。

7 非営利セクターと非営利組織

　資本主義と市場経済の論理は、利潤の生産（営利）に向けて社会と組織を合理化してきた。この論理は必然的に行き過ぎを生んで、格差や貧困、社会的弱者などさまざまな社会問題を引き起こす。そこで20世紀になると、世界的に福祉国家としての政策が必要とされるようになった。社会保障や社会福祉は、市場と資本の営利の論理では供給できないからである。そして福祉国家を支える組織は、非営利組織（non profit organization：NPO）であることが世界的にみて普遍的である。非営利組織が多数存在していて社会に不可欠の一部となっている状態、それ

★フリースクール
近代化以前には「寺子屋」のような私塾が中心だった日本でも、明治という近代国家によって「公立学校」の制度が始められた。国家や行政、産業、工業の近代化のための人材育成が必要であったためである。しかしこの「教育」は、上からの近代化のための教育でもあったので、そこになじめない者も数多く生み出された。現代のフリースクールは、何らかの理由から学校に行きたくない、行きたくても行けないという子どもたちが、学校代わりに過ごす場所である。現在では不登校やひきこもりをはじめ、軽度の発達障害、身体障害、知的障害などの事情を抱えるたくさんの子どもたちを受け入れ、学びの場を提供している。

を非営利セクターが形成されているという。たとえばアメリカのNPO法人は内国歳入庁が認定している数だけで、約137万5000団体にのぼっており、その雇用規模や経済規模も巨大である。日本にも多様な非営利組織があり、非営利セクターの規模は大きい。しかし民法に規定された公益法人は、近年改正されるまで主務官庁の許認可が必要だった。しだいに是正されているが社会福祉法人などでは、まだ規制が強く残っている。また多様な法人も、それぞれ根拠法が異なっており、税制上の扱いも異なるのでアメリカなどの非営利組織と単純に比較するのは難しい。こうした非営利組織の特徴とは何だろうか。

「非営利」の意味を「営利への反対」や「営利の否定」と狭く考える必要はない。そう考えると「非営利」は現代社会システムの基本的な仕組みと敵対することになってしまう。そうではなく、現代の資本主義社会の問題を、矯正したり補修したりしていくものとして「非営利」が存在すると考えたほうがよい。営利と非営利は、互いに相手を必要として相互補完的に共生していると考えるべきではないか。福祉国家の研究者エスピン-アンデルセン（Esping-Andersen, G.）によれば、現に福祉国家は、どこも先進資本主義国のなかからしだいに発展してきた。資本主義が発展すればするほど福祉国家や社会保障・福祉政策も必要とされるのである。20世紀末から現在に至るまでの社会主義諸国の衰退や小さな政府を求める新自由主義（ネオリベラリズム）の勃興も、歴史的にみれば資本主義と福祉国家政策とのバランスの調整過程とみることができる。

では、非営利セクターや非営利組織はどのようなもので、どのような組織原理で動いているだろうか。アメリカにおける非営利セクター研究者であるサラモン（Salamon, L. M.）らは、非営利組織を次の五つの点から定義している。

❶非営利であること——それは活動の結果生まれる利潤などを個人間で分配しないことである。利潤が生まれてもそれを活動の本来目的のために再投資すればよい。❷非政府であること——政府から独立して意思決定できる民間の組織である。ただし、政府からの資金援助を受けるこ

---

vii 日本では、2020（令和2）年1月現在、公益財団法人は約5500、一般財団法人が約7500、公益社団法人が約4200、一般社団法人が約6万となっている。また、特定非営利活動促進法（NPO法）の規定するNPO法人数は2019（令和元）年現在、約5万あり、社会福祉法の規定する社会福祉法人は約2万ある。医療法人は2019（令和元）年現在、約5万5000ある。その他、社会福祉協議会、学校法人、生活協同組合や農業協同組合など、さまざまな非営利組織がある。

とは排除しない。❸フォーマルな組織であること──ボランティアの集まりのようにメンバーが不安定なものではなく、公式な組織である。❹自己統治していること──他組織に支配されておらず、独立して意思決定ができる。❺自発的なこと──強制された活動ではなく、自発的なボランティアや民間からの寄附などによって基本が運営されているの五つがそれである。そのほかに、❻非政治的なこと──選挙や政治を目的とする政治団体でない。❼非宗教的なこと──信仰や礼拝などを目的とする団体でないの二つが加わって、7項目から定義されることもある。

　では、このように定義される非営利組織は、社会的にどのような機能を果たすのだろうか。サラモンらは次の四つの社会的機能があるといっている。「サービスの提供、社会参加の促進、アドボカシー、ソーシャルキャピタル（コミュニティ形成）」である。この場合のサービスとは「保健・医療・福祉・文化・教育サービス」など対人社会サービスを指す。社会サービスを提供しながら、サービスの提供側にもサービスを受ける側にも社会参加を促進し、そのことを通じてサービスを改善したり、必要なニーズを発見したりしながら、社会的な弱者の擁護や代弁、そして政策提案などを行う。これらを総合的にみて、社会の新たなネットワークやネットワーキング、つまり社会関係を豊かにして新たなコミュニティを形成していく機能があるという。こうした社会サービスを提供するのに適した組織が非営利組織である。それは社会のなかで生きづらさを感じたり、社会から排除されたりしている人たちをもう一度包摂していく機能を果たす。また、人々にボランティアや社会貢献など社会参加の機会や、当事者として非営利組織の運営への参加機会も提供していく。それは援助や支援を必要とする人たちの側に立った権利擁護やエンパワメントであるとともに、社会に対して声を上げていく政策提言でもある。そして広く社会的な絆やつながりの再形成となり、新たな社会関係をつくり出す。それこそ、非営利セクターが、新たにコミュニティやソーシャルキャピタル（社会関係資本）をつくり出すという機能を果たすことなのである。

8 ▶ 非営利組織の問題と課題

　「非営利」であることには短所もある。たとえば非営利組織には、組織運営やサービスの提供などに関して、コスト意識に欠ける傾向がみら

れるという。また、一般的に組織規模が小さくなりがちで、リーダーも個性的だったりリーダーシップも多様で、非営利組織相互の連携や協働が苦手だったり、組織ごとにサービスの提供内容が異なる傾向があるなど、問題も少なくない。さらには、非営利組織の存在に地域差が生まれがちだったり、組織の持続可能性に問題があったりなどの課題も多く指摘されている。

　組織の性格として、非営利組織の行動原理には善意や使命感（ミッション意識）があり、これが時として問題を引き起こすこともある。全制的施設の例でみたように、この使命感ゆえに善意や責任感が行き過ぎるとパターナリズム（父権主義）になりがちである。パターナリズムとは、ローマ時代にその語源があるように歴史的にも古いものだが、一家を統率する家長が大きな権限をもち、家族成員のためを思って、個々の意思や意見を聞くことなく、さまざまな決定を行っていくことを指す。リーダーがメンバーのためによかれと思って、当人の意見や気持ちを無視して行ってしまうこと──これは全制的施設に限らず、学校でも病院でも福祉施設でも起こりがちなことである。パターナリズムのどこが問題なのか──、それはサービスを受ける側が望んでいることではなく、サービスを提供する側の意向や都合が優先されているにもかかわらず、その問題点がサービス提供者側には意識されない（されにくい）ところに根深い問題がある。この指摘や告発は 1960 年代に、アメリカの障害者の自立生活運動から現れた。障害をもつ本人たちは、家族や施設から離れて、自立・独立した生活を望んでいるのに、家族や施設がそれを許さなかった。いわば福祉のパターナリズムで、当事者の希望や意思を抑圧する場合が多々あったからである。この運動は世界に広がり、日本でも青い芝の会の運動などさまざまに展開して当事者主権（障害や福祉や医療であっても当事者の意思や意見こそが最も尊重されるべきであるとする）の流れが生まれていった。

9 ▷ 非営利組織のマネジメント

　現代社会は組織の時代であり、ゆえに福祉もその例外ではない。社会福祉も、制度と組織を通じて提供されている。しかし、組織の論理や合理化の論理は、社会福祉に逆機能も生み出す。組織や制度の論理に従うと、多様な対象者の個々の声を聞かなく（聞けなく）なってしまう傾向

がある。社会福祉の専門職は、組織人であるとともに、福祉における専門職であるという二重性をもつところに特徴がある。社会福祉士・精神保健福祉士は、とりわけ、このことに自覚的であるべきだろう。

また福祉組織は、基本的に非営利組織として運営されている。これまで福祉組織は、運営するだけで、経営してはならないとされてきた。経営という言葉は、営利活動を連想させるからである。しかし介護保険の導入後、社会福祉組織も運営だけでなく、経営することまで求められるようになってきた。この場合の「経営」は、利潤や収益をより大きくするという意味であるかというと、そうではない。では、「社会福祉の経営★」とは、どのような意味での経営なのであろうか。これはとても難しい課題である。

アメリカではドラッカー（Drucker, P. F.）が「非営利組織の経営」ということを論じている。この場合の「経営（マネジメント）」は営利のためではない。むしろ「組織の使命（ミッション）」の実現のための組織のマネジメントという意味である。だが、利益を目指さない組織の「経営」は難しい。利益はみやすいしわかりやすいが、ミッションはみえにくいしマネジメントしにくいからである。しかし、これは福祉の組織にとって本質的に重要な課題である。アメリカでは、非営利セクターが経済規模も雇用規模も巨大なので、「非営利組織のマネジメント」が社会的に重要な課題となっており、大学院レベルの教育カリキュラムにも取り入れられているのはそのためである。今後、日本もそうなっていくのではないか。現代のような組織の時代にあっては、日本でも福祉組織の経営が求められるようになってきているからである。

10 まとめ ──組織・個人・エンパワメント

エンパワメントという概念がある。アドボカシーに似ているが少し違う。社会的に弱い人の立場に立って、その人たちの声を聞くこと、そして、その人たち自身が自分の意見を発したり、主張したりすることができるよう、本人たちの能力の発展を支援していくことを意味する。エンパワメントの意味はわかりやすいが、真に実行することは本当に難しい。

まず第一に、現代が組織の時代だからである。エンパワメントは、組

---

viii この場合の「経営」とは利益や収益を生み出すという意味であったのであろう。しかし、「経営」には利益や収益を生み出すだけでない意味も含まれている。

★社会福祉の経営
「企業経営」はよく聞くが、「社会福祉の経営」というのはほとんど聞かない。介護保険以前の措置福祉の時代には、社会福祉は「運営」するもので、「経営」はしてはならぬものだったという。「経営」は、組織の利益を最大化するために人件費を抑制したり、不採算部門を廃止したりすることだと理解されていたからである。ところが介護保険時代になると、社会福祉法人をはじめ介護保険事業者にも「経営」が求められるようになった。介護保険財政の枠のなかで、最大限に合理的かつ効率的に人や組織や資源を配置して、コストをコントロールし、最大限のサービスや効果を生み出すことが求められたからである。しかしこの「経営」は注意しないと「組織の利潤を最大化する経営」になってしまうことがある。「社会福祉の経営」とは何か、重要な課題である。

Active Learning

「ミッション（使命）」という言葉は堅いです。かみ砕いて、やさしくわかりやすく言い換えると、どんな言葉になるでしょうか。

Active Learning

ミッション（使命）は、宗教性がなくても可能だと思いますか。やはり宗教的なところから生まれるものだと思いますか。「福祉」については、どう思いますか。

織よりも個人の側に立つことを意味する。組織の論理ではなく、個々人の多様な声やニーズを聞き取ることから始まる。これは組織人として活動する社会福祉士・精神保健福祉士には、大きな第一関門となるだろう。組織の論理と個人の論理とを、どう折り合わせるのか、どちらを優先するのか。ここに専門職としての判断の難しさと必要性がある。

第二に、パターナリズムの克服である。社会福祉に携わる人たちは、多かれ少なかれ、「制度目線」「組織目線」「専門職目線」という無意識のうちの「上から目線」になりがちである。それはパターナリズムにつながりやすい。こうした無意識的に生まれるパターナリズムをどう克服するか。ここは専門職としての力量が試されるところである。

第三に、福祉専門職は、これからの時代、福祉組織の運営だけでなく、経営も求められていくことになるだろう。組織を、どう非営利らしい組織として運営し、そのうえ経営までしていけるか。たとえば、介護保険事業所などは、人件費比率をどうコントロールすべきなのか。組織のために人件費を削る事業所が少なくない。その結果、介護職の離職・転職が増えたともいわれる。そうなると事業所も存続できなくなる。制度改正ごとに変化する介護報酬のなかから適正な人件費率をどう見定めていくか、ここには大変大きな問題や課題が含まれている。

このように、福祉にとって組織とは何かを考えていくと、そこにはいくつもの難関や難問がある。社会福祉は、個人の善意や慈善で成り立つ時代ではなく、福祉国家の制度や政策の枠組みのなかで、組織によって提供され、組織のなかで福祉専門職が働く構造となっている。しかし、制度の枠組みや組織の論理だけで社会福祉が運営されると、制度と制度との間の隙間、組織と組織の間の隙間から抜け落ちてしまう人たちが出てしまう。こうした問題を、どう専門職が乗り越えていくか。これは難問である。しかし、だからこそ福祉の専門性が試され、福祉の専門職が求められるのである。

● **おすすめ**
・加藤秀俊『人生にとって組織とは何か』中央公論新社，1990．
・小熊英二『日本社会のしくみ』講談社，2019．
・安立清史『福祉 NPO の社会学』東京大学出版会，2008．

人口

学習のポイント

- 人口減少と人口モメンタムとの関係性を把握する
- 少子化／人口高齢化のメカニズムについて理解する
- これからの移動や都市に人が集まることの影響について検討する

1 人口増加の時代から人口減少の時代へ

　人口は、これまでの私たちの行動、そして社会的な出来事や歴史を反映している。また人口は、これからの社会や私たちの行動に作用する構造的な要因にもなる。したがって、私たちの社会を考えていくうえで、人口変動や少子化などの現象、さらに社会を制約する人口学的条件を理解することは重要である。

　人口とは、一般的に、特定の時点で、特定の地域に居住する人間の数のことを指す。人口を求めるためには、出生と死亡、そして移動というイベントの情報が必要となる。つまり、t 年の人口（P_t）を求めるためには、その前年の人口（P_{t-1}）に、t 年の出生数（B_t）を加え、死亡数（D_t）を引く。さらにそこから t 年の転入数（I_t）を加え、転出数（E_t）を引くと、t 年の人口（P_t）を計算することができる。これらの関係性を整理したものは、**人口学的方程式**と呼ばれている。

　それでは、日本の人口変動を長期的に展望していこう。幕末期に発生した全国的な人口増加は人口学的離陸と呼ばれており、そこから 100 年を超えて続く人口増加の時代の幕開けであった。国勢調査以前の明治・大正期の人口については、内閣統計局による推計があり、1872（明治 5）年の人口は 3481 万人であった。1913（大正 2）年の人口が 5131 万人と推計されていることからもわかるように、明治期を通して、日本の人口は増加していた。明治期の人口増加は、多少の変動はあるものの、高い出生率と、明治期前半に高かった死亡率が大正期に向かうに

---

i　人口学的方程式は、「$P_t = P_{t-1} + B_t - D_t + I_t - E_t$」という形で表記することができる。人口学的方程式のなかでも、出生数から死亡数を引いたものを自然増加、転入数から転出数を引いたものを社会増加という。

つれて下がったことによって発生していた。

　幕末期から明治・大正期にかけての人口増加、その要因となった高い出生率の維持と死亡率の低下は、人口学では、日本における（第一の）人口転換の始まりと認識されている。人口転換論とは、高い出生率と高い死亡率の状態（多産多死）から、高い出生率と低い死亡率の状態（多産少死）を経て、低い出生率と低い死亡率の状態（少産少死）へと移行するプロセスを説明したものである。言い換えると、明治・大正期の日本では、多産多死から多産少死への移行が進展し、その結果、人口増加が生じていた（図2-1）。

　1920（大正9）年に実施された第1回国勢調査によると、日本の総人口は5596万人であった。1872（明治5）年から50年あまりの時間を経て、日本は約2000万人の人口増加を経験した。この人口増加の傾向は、1944（昭和19）年から1945（昭和20）年の第二次世界大戦終戦前後の人口減少といった例外はあるものの、昭和期に入っても継続していく。

　終戦後から1950（昭和25）年にかけて、復員兵や旧植民地からの引揚げや、さらには1947（昭和22）年から1949（昭和24）年にはベビーブームが生じたことによって、日本の人口は約1100万人増加した。この時期に生まれた人たちは、第一次ベビーブーム世代、もしくは団塊の世代と呼ばれている。

　1960年代後半から1970年代前半は、団塊の世代が結婚、出産して

図2-1　日本の年齢3区分別人口と将来推計人口（2015（平成27）年以降）の
　　　　推移

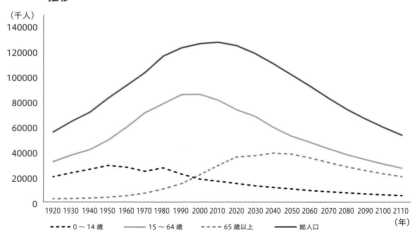

資料：総務省統計局「国勢調査」「人口推計」、国立社会保障・人口問題研究所「日本の将来推計人口（平成29年推計）」将来推計人口は、出生中位・死亡中位の推計を用いた。

いく時期であった。それに伴い、第二次ベビーブームが起こった。特に
1971（昭和 46）年から 1974（昭和 49）年に生まれた人々は第二次
ベビーブーマー、あるいは団塊ジュニアと呼ばれることが多い。その後、
1970 年代後半から出生率は低下していくものの、日本の人口は増え続
けていく。

　1990 年代に入っても人口は増加していたが、2008（平成 20）年を
境にして、日本の人口は減少に転じていく。2015（平成 27）年の国勢
調査では、日本の人口は 1 億 2710 万人と、すでに人口のピークを過
ぎており、日本は人口減少の時代を迎えている。日本の人口減少のペー
スは、当初は緩やかなものの、しだいにそのスピードが加速していく。
将来人口推計によれば、2053（令和 35）年に日本の人口は 1 億人を
下回ることが予想されている。現在の日本社会は、幕末期から 2000 年
代後半まで続いた長期にわたる人口増加の時代に終わりを告げ、人口減
少の時代へと突入している。

　それではなぜ 1970 年代後半に出生率の低下が始まったにもかかわら
ず、日本の人口減少は 2000 年代後半に開始したのだろうか。このズレ
は人口モメンタムに起因している。出生率がある時点で急激に低下した
としても、過去の高出生率と低死亡率の影響で、子どもをもつ年齢層の
割合が相対的に大きい場合、この時点における人口の年齢構造は、出生
に対して有利に働く。その結果、出生数が死亡数を上回る状態が継続し、
人口はしばらくの間、増加し続ける。この人口モメンタムによって、
1970 年代後半の出生率の低下と 2008（平成 20）年以降の人口減少と
の間にはタイムラグが発生している。そしてこれからの日本は、人口減
少のモメンタムに向き合っていかなければならない。つまり人口増加の
場合とは反対に、たとえ出生率が急上昇したとしても、人口減少のモメ
ンタムの働きによって日本社会は長期的な人口減少を回避することはで
きない。ただし、現在の水準のように低出生率が続く場合は、より速い
スピードで人口減少が進んでいくことになる。したがって、人口に関す
る政策は、日本社会というマクロかつ長期的な視点でみれば、人口増加
を目指すというよりも、人口減少のスピードを緩和させることを目指し
ているといえる。

2 ▶ 日本の人口高齢化

　日本の人口減少は、人口高齢化[ii]を伴う。人口減少の時代においても、人口規模のみを基準とするならば、過去にさかのぼれば同じ水準の人口規模が見つかるだろう。たとえば、1970（昭和45）年の日本の人口は1億372万人であり、2050（令和32）年の将来人口推計値は1億192万人であるけれども、総人口に占める高齢者人口（65歳以上人口）の割合をみると、前者は7.1％、後者は37.7％と、二つの社会の年齢構造は大きく異なっている。このように人口増加の過程と、人口減少の過程は、まったく別の道のりである。

　図2-2が示すように、日本の高齢化率は、1960（昭和35）年には5.7％であったが、1975（昭和50）年は7.9％、1985（昭和60）年は10.3％、1995（平成7）年には14.5とひたひたと高まってきている。高齢化率が7％を超える社会は高齢化社会、14％を超える社会は高齢社会と呼ばれている。ただし日本の高齢化率は、1990年代までは先進諸国のなかでも目立った存在ではなかった。しかし、2005（平成17）

図2-2　日本の高齢化率の推移と年齢構成の変容

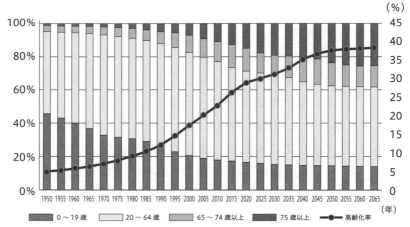

資料：総務省統計局「国勢調査報告」および国立社会保障・人口問題研究所「日本の将来推計人口」（平成29年推計）　将来推計人口は、出生中位・死亡中位の推計を用いた。

---

ii　一般的に人口高齢化とは、人口に占める高齢者の割合が高くなることを指す。日本では高齢者人口を65歳以上として定義し、利用することが多い。ただしこの高齢者の区分けについて、2017（平成29）年に日本老年医学会は、平均寿命の延伸などの知見から75歳以上を高齢者とする提言を行っている。現在、使用されている高齢者の定義に関しても、絶対的なものではないことには留意しておく必要があるだろう。

年の日本の高齢化率は20.1％、2015（平成27）年には26.3％まで上昇し、国際的にみても、日本は人口高齢化のトップランナーとなり、超高齢社会などとも評されることが多くなった。さらに2020（令和2）年以降も日本の人口高齢化は進行し、将来人口推計によれば、2025（令和7）年には高齢化率が30％を、2040（令和22）年には35％を超える値が算出されている。

日本の人口高齢化の特徴は、高齢者人口のなかでも高齢化が進んでいる点にある。2015（平成27）年時点で、総人口に占める65〜74歳の人口の割合は13.8％、75歳以上の人口の割合は12.8％であった。2030（令和12）年をみると、前者は12.0％、後者は19.2％と推計されており、75歳以上の人口が総人口に占める割合が上昇している。

日本の人口高齢化が進んだ第一の要因は、戦後の出生率の低下である。出生率の低下に伴う年少人口の減少は、総人口に占める高齢者人口の割合を高めていく。第二の要因は長寿化である。戦後日本の平均寿命は、先進諸国のなかでも低い水準にあった。厚生労働省の生命表によれば、1950（昭和25）〜1952（昭和27）年の平均寿命は男子が59.6年、女子が63.0年であった。その後、日本の平均寿命は、1970（昭和45）年には男子が69.3年、女子が74.7年であったが、2018（平成30）年には、男子が81.3年、女子が87.3年となり、大幅に伸長している。さらに高齢者人口の高齢化が進むにつれて、100歳以上人口の増加も見込まれている。2019（令和元）年では、日本の100歳以上人口の総数は7万1274人であるが、2060（令和42）年には日本の100歳以上人口は64万人まで増加することが予測されている。こうしたライフコースそれ自体の延伸とその変容に面して、私たちは「長寿リスク」や「長生きリスク」にも備えていかなければならない。長寿化は、私たちのライフコースの捉え方、特に高齢期の区分やその暮らし方に影響を与え、それぞれの年齢における意味づけを変化させていく力を有する。

今度は別の角度から日本の人口高齢化についてみていこう。従属人口指数iiiは、社会全体の扶養負担に関する指標であり、これによって働き手

Active Learning

長寿はリスクでしょうか。リスクだとしたら、どう備えればよいのでしょう。リスクでないものにするためにソーシャルワーカーはどう働くべきでしょうか。

---

iii 従属人口指数とは、年少人口（0〜14歳）と老年人口（65歳以上）を足し合わせた値を、生産年齢人口（15〜64歳）で除した比である。さらに従属人口指数は、年少従属人口指数と老年従属人口指数に分解することができ、それぞれの扶養負担を類別することができる。その他に扶養負担を表す指標としては、就業者1人当たりの高齢者人口の比率などがある。この指標では、生産年齢人口をそのまま働き手として捉えるよりも、より厳密に働き手と高齢者人口との関係を定義し、扶養負担を算出している。

100人で何人の子どもと高齢者を扶養する必要があるのかを大まかに
つかむことができる。1950（昭和25）年の従属人口指数は67.5％であっ
たが、1960（昭和35）年には55.7％、1970（昭和45）年には
44.9％にまで下がっている（**図2-3**）。つまりその当時の日本社会は、
働き手が多く、彼（女）らが支える子どもや高齢者が少ない状態であっ
た。この状態のことを人口ボーナスと呼ぶ。人口ボーナスは、経済活動
においても有利な条件となり、日本では高度経済成長を支える人口学的
条件になっていた。

　ただし、人口ボーナス期はいつまでも続くわけではない。日本の従属
人口指数は、2005（平成17）年に51.4％、2015（平成27）年には
64.7％とすでに上昇傾向にあり、将来人口推計から算出された値をみ
ても、2030（令和12）年には73.3％、2050（令和32）年には
93.2％となり、扶養される人口、特に65歳以上の人口が占める割合が
高くなっている。この状態のことを、人口オーナスと呼び、経済活動に
対しては不利な人口学的条件となる。また日本とは対照的に、中国は
2020年時点ではまだ人口ボーナス期のなかにあり、インドは2025年
頃から人口ボーナス期を迎える。これからの日本社会は、人口オーナス
という人口学的条件に制約されながら、生産活動を行っていかなければ
ならない。そうした制約のなかで、私たちにできることは、単に生産年

図2-3　年少／老年従属人口指数の推移

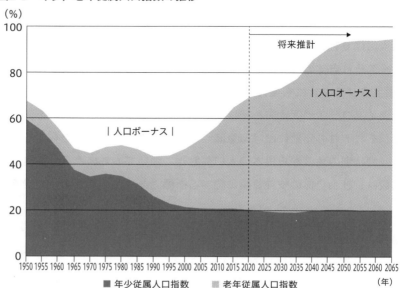

資料：2015（平成27）年までの値は、総務省統計局「国勢調査報告」、「日本長期統計総覧」および「人
　　　口推計」による。将来推計の値は、国立社会保障・人口問題研究所「日本の将来推計人口」（平成
　　　29年推計）　将来推計人口は、出生中位・死亡中位の推計を用いた。

齢人口を増やすだけでなく、働き手、つまり就業者数を増やしていくという方法がある。そのためには働きたい人たちへのサポートを手厚くし、彼ら、彼女たちが働くことに伴う負担やハードルを丁寧に取り除いていかなければならない。

3 日本の少子化

　日本の少子化について考えるために、第二次世界大戦後の日本における出生率の低下をみていこう（**図 2-4**）。戦後日本の出生率の低下は、大きく二つの局面に分けることができる。第一の出生率の低下は、1940 年代後半から 1950 年代半ばに生じている。合計特殊出生率は[iv]、第一次ベビーブームの始まりである 1947（昭和 22）年には 4.54 であったが、1957（昭和 32）年には 2.04 まで下降している。この時期の出生率の低下は、「二人っ子革命[1]」とも呼ばれ、出生率の低下と同時にライフコースの画一化が進んだことも指摘されている。つまり女性の多くは結婚し、子どもを 2 〜 3 人産むのが当たり前だという規範がこの時期から顕在化していた。

　子どもの数を 4 〜 5 人から、 2 〜 3 人に減らす方法として、この時期に用いられたのは、人工妊娠中絶であった。終戦後、政府は過剰人口などを理由に人口増加政策を転換し、1948（昭和 23）年の優生保護法の施行、その翌年の改正によって、人工妊娠中絶は産児調節のための主要手段となった。1957（昭和 32）年には出生数 100 に対し、人工妊娠中絶数が 71.6 であった。産児調節の手段の変化、具体的には人工妊娠中絶から避妊への移行は、1960 年代後半まで待たなければならなかった。つまり、第一の出生率の低下や二人っ子革命などにみられる家族のあり方の変化と、それを実現するための生殖の統制の変化は同時期には発生しておらず、生殖の統制の変化のほうが遅れていた。少子化で悩み、それに応対する現在の日本社会が、過去に過剰人口問題を抱えて

iv　合計特殊出生率が示す値は、女性が生涯に産む平均的な子ども数として解釈することができる。より正確には合計特殊出生率は「女性集団が再生産年齢期間が終わるまで 1 人も死亡することなく、その年の子どもの生まれ方を示す年齢別出生率に従って子どもを出生した場合に実現しうる女性 1 人当たりの平均子ども数」を示している（岩澤美帆「第 6 章 少子化とその影響」森田朗監，国立社会保障・人口問題研究所編『日本の人口動向とこれからの社会 人口潮流が変える日本と世界』東京大学出版会, pp.125-145, 2017.）。また合計特殊出生率は、人口規模や人口の性比、年齢構造などが異なる集団間であっても出生力を比較することができる。

図2-4　日本の出生数、合計特殊出生率、人口置換水準の推移

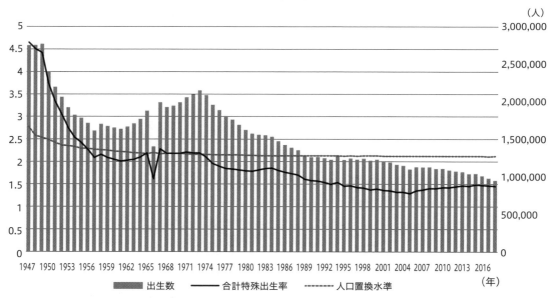

資料：合計特殊出生率および人口置換水準は、国立社会保障・人口問題研究所『人口問題研究』、出生数は「人口動態統計」による。
1947（昭和22）年〜1972（昭和47）年は沖縄県を含まない。

　いたこと、その問題に対処するために女性の身体のなかで、そして人工妊娠中絶という手段によって、子どもの数が「調整」されていたことは私たちが記憶しておくべき歴史であろう。

　人口学において、**少子化**は、合計特殊出生率が継続的に人口置換水準以下に低下・停滞する状態のことを指す。日本では 1970 年代半ばから、合計特殊出生率が人口置換水準以下に落ち込んでおり、これが第二の出生率の低下である。その後も日本の合計特殊出生率は低下傾向にあり、迷信により例外的に出生率が低下した丙午（1966（昭和 41）年）の出生率 1.58 を、1989（平成元）年の出生率は下回った。このことは「1.57 ショック」と呼ばれており、政府が少子化を政治的課題として認識するきっかけとなった。人口置換水準以下の出生率の低迷は人口転換論（第一の人口転換）の予想を超えており、日本だけでなく、先進諸国の出生率も長期的に低下していた。その現象を捉えるために第二の人口転換[2]と呼ばれる理論的枠組みが登場した。第二の人口転換では、人口置換水準

ⅴ　人口置換水準とは、子ども世代の人口が、親の世代の人口と同じ規模になるためには、どの程度の出生力あるいは人口の再生産が必要なのかを示した数値である。たとえば、2018（平成 30）年の日本の合計特殊出生率は 1.42、人口置換水準は 2.07 であるから、その比をとると、1.42 ／ 2.07 ＝ 0.69 となる。この値はこうした出生力の水準が継続すると、子ども世代の人口は親の世代の規模の 69％に縮小することを表している。

以下の出生率の低下、それに加えて晩婚化、同棲の増大、婚外子や離婚の増加などの事象は、根本的な価値観の変容によって生じていると説明されている。

2000 年代に入っても日本の出生率の低下は続き、2005（平成 17）年には 1.26 を記録した。その後、合計特殊出生率は若干復調し、2018（平成 30）年は 1.42 まで上昇している。ただし注意しなければならないのは、2005（平成 17）年までの出生率の落ち込みとその後の反転は、子どもをもつ年齢がより高齢にシフトしたことによって生じる見かけ上の効果も含まれている点であり、少子化対策の評価などに合計特殊出生率を用いる際にはこの点に留意しておかなければならない。

では日本の少子化はどのようにして進んできたのだろうか。合計特殊出生率は、未婚者の割合と結婚した夫婦の出生数、そして婚姻外での出生数に分けることができる。ただし日本では、全出生に占める婚外出生[vi]の割合が、2018（平成 30）年時点で 2.3％であるため、ここでは先の

図2-5　期間別・年齢階級別女子未婚者の割合

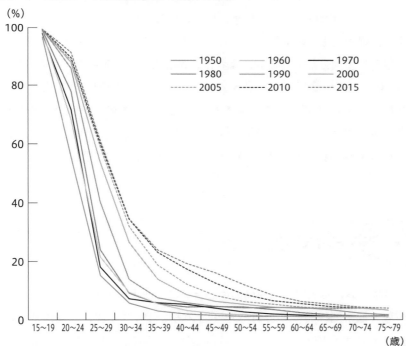

資料：総務省統計局『国勢調査報告』による。

vi　婚外出生は、日本では「伝統的」に少ないと言われることがあるが、歴史人口学の研究では、ある村落の全出生のうち、1 割弱が婚外出生であった（中島満大『近世西南海村の家族と地域性　歴史人口学から近代のはじまりを問う』ミネルヴァ書房，2016.）。

二つの要因に絞って解説を進めていく。

　まず日本の未婚化については、**図2-5**が示すようにしだいに女子の未婚者割合が高くなっている。たとえば、30〜34歳の女子未婚者割合は、1990（平成2）年には13.9％だったが、2015（平成27）年には34.6％まで上昇している。また50歳時の未婚割合も、1990（平成2）年には男子が5.6％、女子が4.3％だったが、2000（平成12）年には男子が12.6％、女子が5.8％、2015（平成27）年には男子が23.4％、女子が14.1％と男女ともに未婚者割合は高くなっており、現在でも日本の未婚化は進んでいるといえよう。

　次に結婚した夫婦の出生数の変化についてみていくと、国立社会保障・人口問題研究所が実施している「出生動向基本調査」によれば、妻が45〜49歳の平均出生児数は、1977（昭和52）年が2.33人、1997（平成9）年が2.13人と1970年代後半から90年代後半にかけて少なくなっていた。また同じ指標をみると、2005（平成17）年は2.15人だったが、2015（平成27）年には1.86人と減少している。つまり、夫婦の出生数も近年再び低下傾向にあるといえる。

　それでは日本の1970年代半ば以降の合計特殊出生率の低下は、未婚化と夫婦の出生力の低下のどちらの影響が大きいのだろうか。合計特殊出生率を要因分解した研究によれば、合計特殊出生率の基準値2.01から2012（平成24）年の1.38までの変化量は、約90％が初婚行動の変化、約10％が初婚後の夫婦の行動変化によるものであった[3]。すなわち日本における少子化の要因は、その9割が未婚者の増加によって、残りの1割が結婚した夫婦の出生数の減少によって説明することができる。

4 ▶ 日本の移動

　日本における国内人口移動の中心は、第二次世界大戦後、非大都市圏から大都市圏への移動であった（**図2-6**）。1960年代には高度経済成長により東京圏だけでなく、名古屋圏、大阪圏にも移動しており、1965（昭和40）年には三大都市圏合計で約48万人の転入超過があった。続いて1980年代後半には、バブル経済による移動がみられたが、その多くは東京圏への移動であった。1990年代後半から現在に至るまで、リーマンショックによる一時的な減少はあったものの、東京圏への移

図2-6　三大都市圏の転入超過数の推移

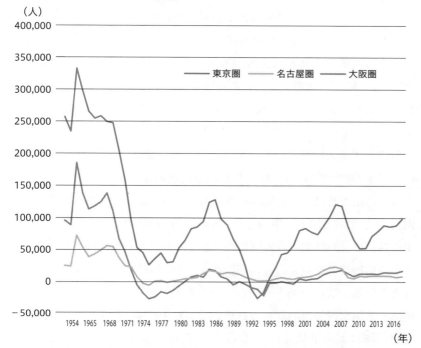

資料：総務省統計局「住民基本台帳人口移動報告年報」により算出。大都市圏間の移動は含まれない。
　　　日本人についてのみ。

動、つまり東京圏への一極集中が継続している。

　東京圏への一極集中は、集積の経済などのプラスの効果もある一方
で、それに付随して課題も多くなっている。2014（平成26）年に発表
された増田レポート[vii]では、人口減少のメカニズムに移動の視点を導入
し、説明している。たとえば、非大都市圏から大都市圏へ移動した者は、
もし結婚を考えたり、子どもをもとうとするときに、そうした環境が大
都市圏において十分に整っていない場合、結婚や出産を回避するかもし
れない。実際に東京圏では全国的にみても未婚率は高く、それに伴い出
生率も低い状態にある。このように、東京圏における超低出生率は人口
減少を押し進めていく。その一方で地方においては、人口移動によって
大都市圏へ人口（特に若者）が流出し、なおかつ地方でも人口置換水準

---

vii　増田レポートは、増田寛也が2014（平成26）年に、日本創成会議・人口減少問題
　　検討分科会「ストップ少子化・地方元気戦略」において発表したレポートの通称名
　　である（増田寛也編著『地方消滅　東京一極集中が招く人口急減』中央公論新社,
　　2014.）。増田レポートは「地方消滅」という言葉を広めたレポートとしても有名で
　　あるが、ただし「消滅可能性都市」を、2010（平成22）年から2040（令和22）
　　年までの間に「20 〜 39歳の女性人口」が5割以下に減少する市区町村という指標
　　で測定できているかどうかは議論の余地があるだろう。

以下の出生率を抱えているため少子化が進行していく。これが増田レポートで描かれた人口減少のメカニズムである。

それに加えて東京圏への一極集中などのように、一つの場所に人が集中することそれ自体が、災害や感染症などに対して脆弱であることが2020（令和2）年のコロナ禍によって露呈することになった。人が集まることと、また、その脆さとの折り合いや、都市のあり方を今一度見直さなければならない時代に来ているのかもしれない。

最後に国際人口移動についてみていこう（**図2-7**）。まず日本人人口は1975（昭和50）年以降、おおむね出国超過が継続している。日本人人口の出国超過は、企業の海外進出などの国際化によるものである。例外としては2001（平成13）年の6万6000人、2003（平成15）年の3000人が日本人の入国超過となっているが、前者はアメリカで起こった同時多発テロ、後者は新型肺炎（SARS）の影響を受けたものと考えられる。次に外国人人口は、日本人人口とは対照的に、1980年代以降、入国超過の傾向がみられる。ただし1994（平成6）年はバブル経済崩壊による景気低迷、2009（平成21）年はリーマンショック、2011（平成23）年は東日本大震災の影響によって外国人人口は出国超過となっている。2013（平成25）年以降、外国人人口の入国超過数は

図2-7　日本人／外国人別出入国超過数の推移

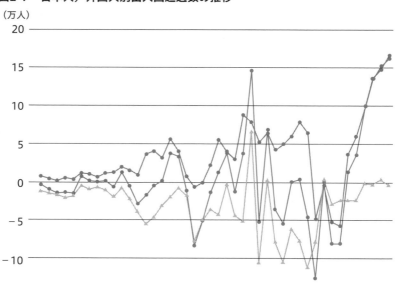

資料：総務省統計局「国勢調査結果による補間補正人口」および「人口推計」による。

大きく増加している。また総人口でみると、外国人人口の入国超過数に押し上げられる形で、入国超過の傾向にあり、2018（平成30）年には16万1000人の入国超過があった。

　しかしながら、新型コロナウイルス（SARS-CoV-2）の影響は国際人口移動にも甚大な変化をもたらしている。法務省「出入国管理統計」によると、2020（令和2）年3月（速報値）では外国人新規入国者数は15万2162人であり、前年の3月の値（250万4190人）と比べて、94%減少している。これからの国際人口移動全体の流れも、2020（令和2）年を境にして大きく変化する可能性が高い。

　長期にわたる出生率の低迷と近年の外国人人口の推移などから、日本社会の人口減少に対処する手段として、移民政策が挙げられる場合がある。では仮に大規模な移民政策をとった場合、日本の人口減少問題は、解決することができるのだろうか。結論からいえば、移民による人口流入によって、日本社会全体が抱えるマクロな人口減少問題を解決することはきわめて難しい。国連人口部による補充移民の研究[4]によれば、日本が2005（平成17）年の人口規模（1億2750万人）を維持するためには、2005（平成17）年から2050（令和32）年の間、毎年平均して約38万人の移民が必要となると述べられている。さらに国立社会保障・人口問題研究所「日本の将来推計人口（平成29年推計）」においても、毎年外国人の純移動を50万人と仮定した場合、2015（平成27）年の人口規模を維持することができないことが指摘されている。毎年外国人の純移動が75万人に達する場合に、ようやく日本の人口は増加傾向を取り戻す。このように移民政策によって、日本社会全体の人口減少問題を解決することは難しいといわざるを得ない。

　しかし、マクロな視点において人口問題を移民政策が解決しないからといって、日本への移民、外国人人口の流入がインパクトをもたないわけではない。現在の日本のように「低出生力下における移民流入はミクロな局面において大きな人口・社会変動の要因となる」ことが指摘されている[5]。たとえば、近年の外国人技能実習生の増加により、特定の職業、具体的には、漁業、農業、製品製造・加工処理などで外国人労働者が占める割合が大きくなっている。

　また2008（平成20）年から経済連携協定（Economic Partnership Agreement：EPA）により、インドネシア、フィリピン、そしてベトナムから外国人看護師、外国人介護福祉士の受け入れが始まっている。厚生労働省は、外国からのケア労働者の受け入れを、看護・介護分野の

身近に移民や外国人はいますか。ソーシャルワーカーの立場から考えて、移民や外国人労働者は、どういう存在でしょうか。

労働力不足への対応ではなく、相手国との経済活動の連携の強化である
と「建前」を掲げる一方で、実際の現場では働き手が不足していること
は事実であろう。ケア労働にかかわる現場でも、日本の職場への定着や、
介護福祉士等の国家試験の合格といった課題はあるものの、外国人労働
者の割合は徐々に高まっていくことが予想される。加えて、外国人ケア
労働者に対するケアの問題も見落としてはならない大切なポイントであ
る。今後、人口減少と高齢化が進行していく日本社会において、日本人、
外国人を問わず、ケア労働に携わる人たちの労働条件を向上させていく
ことはいうまでもなく重要であり、喫緊に解決せねばならない問題であ
る。

◇引用文献
1）落合恵美子『21世紀家族へ 第4版』有斐閣，2019.
2）ヴァン・デ・カー，J. ディルク，福田亘孝訳「先進諸国における『第二の人口転換』」『人口問
題研究』58-1，pp.22-56，2002.
3）岩澤美帆「第6章 少子化とその影響」森田朗監，国立社会保障・人口問題研究所編『日本の
人口動向とこれからの社会 人口潮流が変える日本と世界』東京大学出版会，pp.125-145，
2017.
4）United Nations Department of Economic and Social Affairs, Population Division,
Replacement Migration: Is It a Solution to Declining and Ageing Populations ?, United
Nations, 2001.
5）是川夕「序章 はじめに──移民受け入れと日本の人口・階層構造の変化」駒井洋監，是川夕編
著『人口問題と移民 日本の人口・階層構造はどう変わるのか』明石書店，pp.9-19，2019.

◇参考文献
・阿藤誠『現代人口学［少子高齢社会の基礎知識］』日本評論社，2000.
・田間泰子『「近代家族」とボディ・ポリティクス』世界思想社，2006.
・森田朗監，国立社会保障・人口問題研究所編『日本の人口動向とこれからの社会 人口潮流が変
える日本と世界』東京大学出版会，2017.

第4節 グローバリゼーション

学習のポイント

学習のポイント

- グローバリゼーションの定義について学ぶ
- 貿易・資本・生産体制に関するグローバリゼーションの状況について学ぶ
- グローバリゼーションの進展に伴う影響について学ぶ
- 医療・福祉人材のグローバル化について学ぶ

1 グローバリゼーション

1 グローバリゼーションの定義

　「国際化」は国家を前提とした二国間や多国間の結びつきを連想させるが、グローバリゼーションは地球規模を指すことが多く、一体性や全体性が前提とされる。スティーガー（Steger, M. B.）の整理によれば[1]、グローバリゼーションには地球規模のつながりである「相互接続性の増大」「世界時間と世界空間を超えた社会関係の拡大と激化」「時間と空間の圧縮」「遠く離れた近接性」「政治的・経済的な影響が混在した複雑なプロセス」「国境を越えた資本、人、思想の迅速かつ相対的な流れ」など、さまざまな見方があるという。

　特に、冷戦崩壊後は資本主義経済がヘゲモニーを握り、経済の自由化が一層進展した。グローバリゼーションは人・モノ・カネ・情報の流れが地球全体を覆い、国境が存在しないかのように接続した状態といっても良い。我々は、多くの商品を海外からたやすく入手できるようになった。単に経済のグローバル化だけではなく、通信手段や移動手段を用いて、世界中の人々とコミュニケーションをとることも容易となり、旅行先の選択肢も広がった。従来の地縁・血縁に限らない、空間を超えたコミュニティの形成も可能となり、親密圏もグローバル化した。空間を超えた人間関係の構築やコミュニティ形成も可能となった。他方で、グローバル化が経済格差を拡大し、貧困層を増大させたという見方もあり、負の側面にも着目する必要がある。

2 グローバリゼーションと経済

❶貿易の拡大

　経済のブロック化が戦争をもたらすという反省から、戦後は自由貿易が推進されてきたが、その先導役が GATT（関税及び貿易に関する一般協定）であり、その後、1995（平成7）年に世界貿易機関（WTO）となった。WTO による多国間の自由貿易化では、先進国や開発途上国との利害が対立し、その調整の困難もあったため、しだいに多国間から二国間の枠組みにシフトしていった。二国間協定の締結が増えることで、結果として多国間の自由貿易化へとつながることが期待された。

　貿易の自由化は、超高齢社会である日本の経済を立て直すうえで重要な政策課題の一つである。というのも、人口が減少し高齢化が進むなかで、日本国内における需要は縮小し消費には限界があり、このままでは経済が衰退してしまうからである。そこで、人口構成が日本よりも若く、さらに経済成長が続いているアジアをてこにして、日系企業の活動をアジアで後押しする。そうすれば、日系企業が成長して日本経済にもよい影響が期待される。こうして、日本は関税を引き下げてアジア諸国に輸出攻勢をかけるべく、次々と二国間協定を締結してきた。対シンガポール（2002（平成14）年）を皮切りに、ASEAN 諸国を中心に自由貿易協定を締結してきた。実現には至っていないが、日本対 ASEAN と中国・韓国を加えた「ASEAN プラス3」、さらにオーストラリア・ニュージーランド・インドを加えた「ASEAN プラス6」も、日本経済に恩恵をもたらす自由貿易圏として有力であった。環太平洋パートナーシップ協定（TPP）も自由貿易構想の一つだが、アメリカのトランプ大統領が脱退を決めてしまった（2017（平成29）年）。こうした自由化の動きを通じて、貿易のグローバル化が進められている。そして、その一環として労働力の送り出しや受け入れも行われている。

❷資本移動

　貿易や国際経済に大きな影響を及ぼす資本の国際移動も、規制緩和により大きく展開した。戦後は、資本取引の規制緩和は、一部の例外を除いて厳しく管理されていたのだが、高度経済成長とともに保護から自由化へと切り替えられるようになった。まずは外国から日本向けの対内直接投資、次いで海外直接投資の整備がなされた。ところが、行き過ぎた資本取引の自由化は大きな問題をきたす。1997（平成9）年のアジア経済危機、2008（平成20）年のリーマンショックは、投機性の高い短期資金の流動性の高さによってもたらされたものである。資本取引の自

由化が自由な取引を拡大させたのだが、この自由取引は不安定な資金移動としても使われることがあった。

また、貿易取引などで使われる国際通貨として、従来のドルやユーロ、日本円に次いで、人民元も基軸通貨として台頭しつつある。特に一帯一路の広域経済圏の創設によって、中国を中心とした経済圏が構築されつつある。

❸グローバルな生産体制

最近の企業の生産体制は、ネットワーク体制がグローバルに形成されたグローバルバリューチェーン（GVC）である。アメリカの医師が、インドでの画像診断・分析データを用いて診断を下す。フィリピンには、アメリカ企業のコールセンターが多く存在する。製造業においても、先進国には、本社機能として、付加価値の高い本社や研究開発部門などが置かれる。多くの場合、それは開発途上国では代替が利かない。他方で開発途上国へと分散されるのは工場である。その生産工程は細分化され、複数の国にまたがる部品の供給のうえに組み立てられる。生産工程は低賃金・低コストが追求され、先進国では一層のコスト低減のため、非正規職員が採用され、その多くが移民や女性である。

しかし、介護などのサービス業は、製造業とは異なり、海外に生産拠点を移すことができない。生産と消費が同じ場所でなければならないという特性があるからである。こうした産業においては、移住労働者の導入も、労働力確保の一つの選択肢となっている。

３ グローバル時代における保護主義

このようなグローバルな構造は、経済合理性の追求の結果だが、それを後押しするのが自由化を許容する政府の政策である。すでに述べたとおり、法律などの制度の調整やさまざまな規制緩和のうえで、国際取引は活性化される。国家間協定とは、貿易をしやすくするための国家間の調整の一種である。

こうした構造は、取引量を増やす一方で、国内産業の空洞化をもたらす懸念がある。より賃金の低い開発途上国において特定の産業が有利となり、先進国では競争力の低下した産業、たとえば衣服、農業、製造業などが安価な輸入品に押されるようになる。また、企業は生産コストを最小限に抑えるため、海外に拠点を求めるようになる。こうして、先進国のブルーカラー層は、開発途上国の労働者と競合関係に陥る。従来型の産業に従事してきたブルーカラーの人々は、グローバリゼーションに

懐疑的となり、この動きがグローバリゼーションにおける**ナショナリズ**
ムの勃興要因の一つとなるのである。

　グローバリゼーションとナショナリズムの勃興は強く結びついている。**グッドハート**（Goodheart, D.）によれば、先進国の人々はAnywhere 族と Somewhere 族に分けられる[2]。Anywhere 族とは、どこでも仕事ができる、世界中を移動するグローバルな人材を指す。Somewhere 族は、地域に根差した移動度の低い人々である。前者は高学歴で収入が高く、さまざまな国で仕事をすることがあるため、多文化共生に理解が深い。他方で Somewhere 族は地域に密着して生きているが、グローバル競争から取り残されているため、排他的で郷土愛が強い。近年では中間層がなくなり、これらに二極化している点が特徴的である。こうした分断が、英国の EU 離脱やアメリカの TPP 離脱にみられる保護主義の台頭に表れている。

■4 グローバリゼーションと文化

　グローバリゼーションには、文化的な側面も含まれる。たとえば**アメリカナイゼーション**は、グローバルなレベルでアメリカの影響を強く受けるという概念で、政治・経済現象のみならず社会的・文化的側面も指す。「マクドナルド化」という言葉も、グローバルに広がるファストフードの展開と受容を意味するが、これは展開先の食生活や食習慣、経営のあり方、人々の印象や価値観に至るまで強い影響を及ぼす。ウォルト・ディズニーやハリウッドのような、メディアやファッションも同様である。これらは、特に開発途上国においては圧倒的な力となるため、「**文化帝国主義**」という指摘もされる。受容する人々の選択自体が否定されるわけではないが、このようなプロセスが地域の多様性を均質化する。ただし、そのプロセスにも、「クレオール化 (creolization)」「混交化 (hybritization)」が生じる。また、単に受け入れるのではなく、抵抗を受けることもある。ハンチントン（Huntington, S. P.）のいうところの「文明の衝突」は、その一つである[3]。

　IT (information technology) に目を向けると、プラットフォーマーと呼ばれる巨大 IT 企業の動向も、グローバリゼーションの一つの展開である。たとえば、グーグル、アップル、フェイスブック、アマゾンの頭文字をとって GAFA と呼ばれる企業群は、グローバルなレベルでサービスを安価で提供しつつ、膨大な個人情報を収集してマーケティングを行う。他方で、これらは個人情報保護も不十分で、独占的な地位に

あることから独占禁止法に抵触するおそれがあり、租税回避地（タックスヘイブン）を使った税金逃れも指摘されている。そのため、各国政府はプラットフォーマーに対して情報流出対策、課税強化、労働条件改善といった社会的責任をとるよう求めている。

5 人の移動の拡大

　人々の移動は、急速に盛んになってきた。日本のような先進国だけではなく、開発途上国もまた、経済発展を通じて国際的なツーリズムが容易となった。格安航空会社（LCC）が登場し、ビザなしの海外渡航が世界各地で緩和されたことも大きい。もはやパスポートを持って国境を越えることは、先進国の人々の特権ではなくなった。また、観光と医療を組み合わせた医療ツーリズムも盛んとなっている。アジアではタイ、シンガポールに加えて日本も力を入れている。

❶労働

　国境を越えて外国で働く人々の数も増えている。たとえば、クウェート、アラブ首長国連邦などの中東諸国では、労働者の70％以上が外国出身である。また、シンガポール、香港、ブルネイなどの国々でも、外国出身の労働者が30％を占めている。日本や韓国のような国々は、人口に占める外国人の割合は2～3％とまだ少ない。それでも日本における外国人人口は増加傾向にあり、製造や建築・農業などに限らず、コンビニや介護など対面型のサービス業、さらには専門職にも**外国人労働者**が従事している。外国人の雇用増加傾向はグローバルな傾向であり、労働市場も世界規模になっている。

　先進諸国では医療・福祉人材の受け入れが盛んである。経済協力開発機構（OECD）加盟国では、医師や看護師の受け入れは増加の一途をたどっており、2020年に180万人に達するとされる。また、高齢者や障害者介護に従事する家事労働者もアジア諸国を中心に受け入れが盛んで、そのニーズはますます高まっている。その反面、高額あっせん料などで苦しむ外国人労働者も多く、適切な人の国際移動が国際的な課題となっている。

❷学生

　留学などの学習経験を積極的に評価する国が増えたこともあり、学生の移動も盛んである。特に、アジア諸国からアメリカやヨーロッパ諸国への大学留学が大きく増えている一方で、日本からの留学は伸び悩んでいて、私費留学が減少した。これは、経済がバブル崩壊以降は停滞し、

所得の減少により私費留学が困難になったためである。また、日本企業が留学からの帰国者の採用をそれほど好まないという、日本的経営との不一致も指摘されている。

日本政府は留学生の受け入れや送り出しを促進しており、留学生30万人計画（2008（平成20）年から）にあるとおり、日本語学校から大学院に至るまで、留学生の受け入れも積極的に行うようになっている。こうした留学生も、将来的に日本で就労することが期待されている。

❸結婚・日系人など

国際結婚、日系人や中国残留孤児の帰国など家族・親族にかかわる移民も急速に増大している。これはグローバル化する親密圏の形成といってもよい。こうして複数の国につながる家族や子どもが多く誕生したが、言語や文化の違いを克服する支援や職業訓練といった制度の整備（社会統合政策）が課題となっている。

グローバルな人の移動とは、言語や文化が異なる人々の移動であり、多くの場合、政治や福祉などの権利の制限を受けながら暮らしている。こうした脆弱性に配慮したソーシャルワークが必要となる。

たとえば、2020（令和2）年に発生した新型コロナウイルス感染症だが、パンデミックは人々に平等に降りかかるのではない。パートタイムに従事することの多い移民、特に女性などは、最も早く解雇され経済的な打撃を受ける。グローバリゼーションは豊かさの源泉でもあるが、同時に脆弱な人々をも生み出す懸念がある。

2 ▶ 日本における医療・福祉部門の外国人

超高齢社会に対応すべく、近年、医療や福祉の現場でも外国人従事者や利用者がみられるようになった。日本での本格的な導入は2008（平成20）年の経済連携協定（EPA：Economic Partnership Agreement）だが、こうした動きは欧米をはじめアジア諸国でもみられるグローバルな現象である。高齢化や女性の労働力率が上昇するにつれ、育児や介護、障害者支援などのケアが不足しており、これがグローバルな人の移動の契機となっている。

1 福祉レジーム

福祉政策のあり方は多様だが、医療や福祉は共通してグローバル化し

ている。福祉の供給のあり方で「福祉レジーム論」という考え方がある。
これは福祉の供給主体が、必ずしも国家に縛られるのではなく、家族、
市場、コミュニティなど多様な供給主体から構成されており、その組み
合わせも多様であることを示す。たとえば、政府の役割が大きいのが北
欧諸国などの社会民主主義レジームである。このレジームの特徴は平等
を追求し、福祉が充実している高福祉・高負担の国々である。これらの
国々は外国人労働力を導入することは少ないものの、人道的な観点から
難民の受け入れが多く、こうした人々が職業訓練を受けた後、介護に従
事するケースも多い。

　ドイツやフランス、オーストリアなどの大陸ヨーロッパの国々は保守
主義レジームといわれる。このレジームにおいては家族による伝統的な
役割が重視される。家族役割が強いというのは女性の役割が大きいこと
を意味するため、性別役割分業が残っている。福祉の供給面で政府の役
割は中心的なものではない。介護については日本のような現物支給では
なく、現金給付が多く、現金給付のなかから外国人家事労働者の雇用も
多い。

　アメリカやイギリスは自由主義レジームともいわれる。競争型社会で
あり、福祉サービスは限定的である。高齢者ケアも市場からの調達が一
般的であるという点では、市場化が最も進展している。しかし、従事し
ているのは移民や外国人労働者が多く、階層化された社会である。

　アジア諸国は「自由主義的家族主義レジーム」と指摘されることもあ
る。福祉よりも経済開発を優先する国々である。シンガポール、香港、
台湾などでは外国人家事労働者の雇用を増大することで地元女性の就労
を促進している。その結果、これらの国々で女性の労働力率が近年上昇
している。家事労働者は近隣のアジア諸国の女性である。家族主義レ
ジームにおいては、政府の役割は限定的である。

　日本は、論者によって位置づけは異なっているが、保守主義レジーム
と自由主義レジームの中間といわれる。たしかに従来は性別役割分業に
基づく家族ケアが一般的であったが、介護保険制度の導入により、ジェ
ンダー平等を志向した介護の社会化が図られた側面もある。ただし、急
速な高齢化率の上昇もあり、今世紀に入って外国人介護従事者の受け入
れが盛んとなっており、市場化が進んでいる。

▌2 日本における医療・福祉人材の受け入れ

　日本においても医療・福祉人材の受け入れが進んでいる。受け入れの

ルートによっても人材育成のあり方が大きく異なるため、制度の仕組み
を理解する必要がある（図2-8）。

❶経済連携協定（EPA）

福祉・医療部門の外国人人材の受け入れは、自由貿易化を目指した東
南アジア諸国との経済連携協定が嚆矢で、経済のグローバル化の影響を
受けたものである。2008（平成20）年にインドネシアから、翌年にフィ
リピンから、さらに2012（平成24）年にベトナムから受け入れが始まっ
た。2019（令和元）年10月末までに3か国から5063名の介護福祉
士候補者が来日し、985名が国家資格を取得している。

介護従事者の受け入れは、日本人の介護福祉士と同様の制度のもとで
運用され、3年間の就労ののちに国家試験を受験することが定められ
た。経済連携協定は最も公的な支援が充実した受け入れ制度である。
フィリピンとインドネシアに対しては、来日前後合計1年の研修が課
されている。ベトナムからの受け入れは、1年以上の研修があり、
N3[★] を取得しなければ来日できない。

来日後の研修を終えると、介護現場で実務に従事することになる。介
護福祉士の国家試験受験資格は3年間の実務経験のあとでないと取得
できない。そのため、与えられた4年の滞在期間で、国家試験受験の
機会は原則1回しかない。

こうした公的な手厚い支援を通じた成果はいかなるものであろうか。
看護師国家試験においては苦戦しているが、介護福祉士国家試験に関し
ては、一定の結果を残しているといえる。特に研修期間が最も長く、来

★N3
日常的な場面で使われ
る日本語をある程度理
解することができるレ
ベルとされ、漢字400
字程度である。

図2-8 介護人材受け入れの枠組み

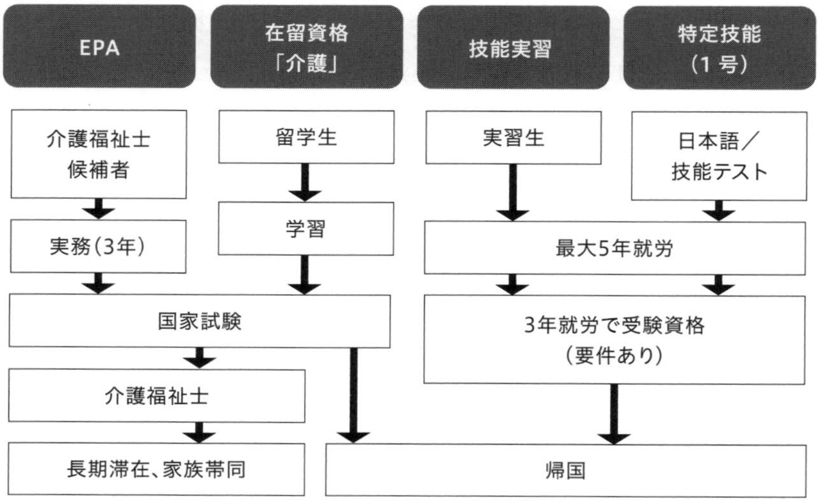

EPA	在留資格「介護」	技能実習	特定技能（1号）
介護福祉士候補者	留学生	実習生	日本語／技能テスト
実務（3年）	学習	最大5年就労	
国家試験		3年就労で受験資格（要件あり）	
介護福祉士			
長期滞在、家族帯同		帰国	

日要件がN3となっているベトナムの候補者の国家試験合格率は90％に達し、日本人受験者の合格率を超えた。また、国際厚生事業団の調査によると、「介護福祉士候補者が及ぼす介護の質は下がる」と回答した施設がほとんど存在しない。

この結果もあり、当初受け入れに反対してきた厚生労働省なども、その後の受け入れにおいては、積極的な姿勢を示すようになった。ただし、多額の支援がなされていることから、単に経済連携協定による受け入れを増やすことは困難である。そのため、在留資格「介護」（介護留学）、技能実習制度、さらには特定技能といった他のチャネルに期待が寄せられるようになった。

❷在留資格「介護」の創設

経済連携協定における介護職員の受け入れは、3年間の実務を経て国家資格を取得すれば、長期的に就労が可能となる制度であった。ところが、社会福祉などを学ぶ留学生は、仮に介護福祉士国家試験に合格しても、日本で介護業務に従事することはできないという制度的な矛盾を抱えていた。というのも、経済連携協定は特例だったからである。

その後、法務省が省令を改正し、専門学校や大学などの介護福祉士養成施設で介護福祉士の資格を取得した留学生は、引き続き就労が可能となった（2017（平成29）年9月1日施行）。ところが、介護留学は経済連携協定と違い、厳しい経済状況に学生を追い込む事例がみられる。留学生の多くは学費やあっせん料などをすべて個人で負担するが、留学生のアルバイトは週最大28時間の範囲の労働に収めなければならない。そのため、月の収入は10万円程度であり、ここからあっせん料、授業料、生活費を賄わなければならず、苦しい生活を強いられていることも多い。その他、留学のあっせん費用そのものが高額であることや、卒業後にお礼奉公を要請するなど不適切な事例もみられる。

❸技能実習の導入

現在の**外国人技能実習制度**（以下、技能実習制度）は1993（平成5）年に始まり、日本の技術、技能や知識を開発途上国に移転することを目的として行われている。そのため技能実習制度においては、国際貢献であるという見地から、対象者を「労働者」ではなく、「実習生」と呼ぶ。実習生は、来日から最大5年に及ぶオン・ザ・ジョブ・トレーニング（OJT）による実習を通じて、技能移転を図る。ところが、技能実習制度は、その目的とは裏腹に、「制度どおり実施されておらず人身取引の温床となっている」として、アメリカ国務省発行の『人身取引報告書』

において批判されている。厚生労働省によれば、労働法令違反が認められた受け入れ機関（実習実施者）は、監督指導を行ったうちの 70% 程度に推移している。これが意味するのは、過酷な労働と低賃金労働であり、実習生の失踪の原因となっている[4]。

　失踪の原因は低賃金と渡航のための借金に由来している。失踪者の最も多いベトナム人の場合、平均のあっせん費用は 103 万円、中国人は 84 万円と高額である。このあっせん構造の違いは、各国における法律の違いとも関係している。中国には、あっせん費用の上限を定めた法令がない。また、ベトナムの場合はあっせん料 3600 ドルと実費約 500 ドルの合計約 4100 ドルが上限とされている。しかし失踪者のケースでは、こうした上限を大幅に超える額が徴収されていることがままある。高額あっせん料は、実習生にとっても、受け入れの企業にとっても、最終的には日本経済にとってもよいものではなく、その適正化が強く求められる。

　この問題を解決すべく、日本政府は、外国人の技能実習の適正な実施及び技能実習生の保護に関する法律（技能実習法）を定め（2017（平成 29）年 11 月施行）、送り出し国政府との間には、協力覚書（Memorandum of Cooperation: MOC）を締結した。

❹技能実習「介護」

　2017（平成 29）年に、技能実習制度にも介護が加えられた。技能実習「介護」においては、経済連携協定では認められてこなかった、児童福祉法関係や障害者総合支援法関係の施設などにおける実習も認められた。

　介護職種の追加にあたっては、外国人の受け入れで介護の質を落とさないようにするため、あらかじめ要件が定められた。そのなかにはコミュニケーション能力の確保、適切な実習体制の確保、監理団体による監理の徹底などが含まれる。入国時の日本語能力は N4 程度とされており、入国時の講習を行うこと、技能実習指導者を配置すること、夜勤の業務のあり方などが細かく示されている。

　介護を開発途上国に移転する業務内容も定められた。業務は必須業務（入浴、食事、排泄等の介助などといった身体介護）、関連業務（掃除、洗濯、調理といった身体介護以外の業務）、それに間接業務（記録や申し送り）に分けられたうえで、計画に応じて実習が行われる。そのため、

★N4
基本的な日本語を理解することができるレベルであり、ひらがな、カタカナに加え、漢字 200 字以下の水準である。介護業務に従事するには十分でなく、継続的な学習が必要である。

---

i　技能実習生は転職が原則認められていないため、転職も失踪とカウントされる。

単に労働者として技能実習生を雇用することは不適切とされている。ほかの職種と同じく1年目の終わりと3年目の終わりには介護技能実習評価試験も実施される。

❺特定技能

2019（令和元）年、日本政府は労働者不足の解消を目的として、5年で最大34万5000人の外国人労働者を受け入れるとし、**特定技能制度**という新しい制度を創設した。特定技能は、すでに述べた三つの移動のチャネルとは全く異なる制度的な特徴を有する。

第一に、コンピュータによる日本語と実技のテストの実施であり、日本語の要件はN4となっている。ただし、技能実習を3年間終えたものについては、試験は免除のうえ特定技能で就労することが可能である。

第二に、特定技能労働者は、送り出し機関（あっせん業者）を通さないで就職活動ができ、受け入れ企業と直接雇用契約を結ぶことができる。つまり、第一の点と併せて考えると、教育費用のみならず、技能実習にみられるような高額あっせん料を大きく圧縮できる可能性がある。ところが、送り出し国は「労働者の保護が担保されない」としてこれに反発した。そのため実際には、送り出し機関を通して送り出しを行う国が多い。

第三に、技能実習では原則認められてこなかった転職が認められた。これも人権的な配慮によるものと考えられるが、受け入れ企業にとっては外国人労働者の転職が認められると人材の確保が困難である。さらに、日本人と同等の賃金という同等報酬の支払いも求められている。

3 グローバル化のソーシャルワーク

このように、グローバル時代においては、自由貿易化による経済的恩恵や空間を超えた人々のつながりの形成、あるいは気軽に国境を越え旅行、留学、就労ができるようになるといった便益が得られる。他方で、ジャイアント企業の登場、社会経済的格差の顕在化、ナショナリズムの台頭といった諸点もみられるようになる。人の移動に着目しても、多くの制度がつくられ多様な人々が移動する。超高齢社会を背景に、日本は介護だけでも四つの人材受け入れ制度が存在する。国費を投入した人材育成制度がある一方で、開発途上国の若者が借金漬けにされ、低賃金や失踪が問題となる制度もある。それぞれ異なる制度のもとで移動しており、受け入れの目的や要件も、あっせんや費用負担の方法も、そして必要となる支援も異なる。

Active Learning

ソーシャルワーカーもグローバル化に対応する必要があると思いますか。あるとしたら、どのような対応が必要だと思いますか。必要ないとしたら、それはなぜですか。

また、国際結婚、日系人やその子どもなど、多文化の家族・親族を構成する人々も増えている。そこでは言語や文化、生活習慣や宗教などが異なり、求められる支援も生活支援や日本語教育といったものだけではない。多文化から構成される家族も、ひとり親世帯、育児不安、DV、離婚、子の認知、失業と貧困などが顕著に現れてくることがある。本国の法律と関係することもあるため、高度で専門的な支援が求められることも多い。

　したがって、対人援助も従来どおりにはいかず、適切な直接・間接支援が求められる。言語やおかれた立場から搾取や虐待を受けても声を上げにくい人も多い。キャリアも限られ、就労が不安定な人々も少なくないが、行政サービスへのアクセスも限られている。さらに、日本は児童の権利に関する条約に批准している一方、文部科学省によると外国籍の子どもには就学義務はないとする。日本人との学力格差、進学率の格差も顕著であり、それが社会経済的な格差の一因となっている。人口減少社会においては、ジェンダー、年齢、出身地、障害の有無にかかわらず、多様な人々が活躍することを通じて、よりよい社会が形成されるあり方を徹底的に探求しなければならないだろう。

◇引用文献
　1）Steger, M. B., *Approaches to the study of globalization.*, Steger, M. B., Battersby, P. & Siracusa, J. M., Eds., *The SAGE Handbook of Globalization*, Sage Publications Inc., pp. 7-22, 2014.
　2）Goodheart, D., The Road to Somewhere : *The Populist Revolt and the Future of Politics*, C Hurst & Co, 2017.
　3）サミュエル P. ハンチントン『文明の衝突』集英社，1998.
　4）厚生労働省「技能実習生の実習実施者に対する監督指導、送検等の状況」各年

第5節 社会変動

学習のポイント

● 社会学者による社会変動の捉え方を学ぶ

● 要因から社会変動の進行について理解する

● 変動する社会における社会福祉の方向性について把握する

1 社会変動とは何か

　社会変動とは、文字どおりにいえば、社会の歴史的な変化である。

　では、社会の何が変化するのだろうか。日本の社会学者である富永健一によれば、社会構造である。社会変動は社会構造の変化を指しており、社会構造は個人、集団、制度などといった要素が結びつき合った総合的な形態であり、ある時点（時代）におけるその社会の標準的で平常な状態・特徴を表している。この社会構造が変化することをもって、社会変動が生じたとするわけである。

　しかしながら、社会構造は時代に応じて常に変化してしまうものなので、社会構造を捉えることは難しい。したがって、歴史のなかで社会に重大な影響を与えるような社会的な要因や出来事が社会のあり方に転換を促して、それを境にして時代の前後で社会構造がどのように変容したのかを検証することに焦点が当てられることになる。

　我々の社会は、常に変化の途上にある。これまでも近代化、産業化、都市化、情報化、グローバル化などといったさまざまな要因から社会が変化した結果、現在の人々の暮らしがあり、さらに次の時代・社会の暮らしへと移り変わっていくわけである。

　ところで「なぜ社会は同じ状態にとどまらないのか」には、次の二つの要因が考えられる。一つは、その時代の社会で生きる人々が社会を変えたいという意欲をもっていることである。つまり、よりよい社会に変えることによって、自分たちの生活を向上させたいといった欲求が生じ

Active Learning

日本社会をどのように変えるのが望ましいかを考えてみましょう。

---

i　富永健一　1923-2019. 日本を代表する社会学者。第二次世界大戦後の日本の社会変動を理論的に研究した。また、その理論を実証するために社会階層や組織に関する調査も行った。主著に『社会変動の理論』（1965年）などがある。

るためである。もう一つは、自然災害などといった人間の力の及ばない超越的な出来事によって、否応なく社会や生活が変わってしまうことである。社会学では、主に前者に焦点を当てることで、社会変動を捉えている。ただし、歴史的にみると、自然災害による飢饉が市民革命の遠因になるなど、社会変動には後者も影響を与えている。

本節では、まずこれまで社会学者による社会変動論がどのように展開してきたのかについて、前近代社会から近代社会へという歴史的な方向から述べる。さらに、主に日本のなかで社会変動がどのように進行してきたのか、そして今後どのように進行していくのかについて、ここでは主に産業化、情報化、流動化を取り上げて、社会変動の要因と諸相を解説する。最後に、近代社会からポスト近代社会へと変化する社会のなかでの社会福祉の方向性について展望しておきたい。

2 前近代社会から近代社会へ

1 社会変動論の源流

社会学は、まさに社会変動に対する研究を起源として始まり、時代に応じた**社会秩序のあり方**をどのように捉えるのかを主な研究テーマとしている。

近代社会の到来は、市民革命から始まった。それは、国王による絶対王政であった封建社会が崩壊して、国民が政治を行う市民社会の登場を意味したのである。とりわけ**フランス革命**（1789 〜 1799 年）は王族を処刑する急進的な市民革命であり、近代の民主的な市民社会の契機となった。しかし、その後に恐怖政治と呼ばれるような壮絶な権力争いが起きて、無政府状態となり、社会秩序に大きな混乱が生じた。フランスでは 19 世紀に入っても、ナポレオンの独裁政治、そして王政復古などを経て、市民社会としての新しい社会秩序の構築が大きな課題となっていた。

世界史上初めての社会学者であるフランスのコント（Comte, A.）が生きた時代は、フランス社会では秩序の混乱のなかにあった。コントは、著書『実証哲学講義』の第 4 巻（1839 年）のなかで「社会学（Sociologie）」

---

ii 〔Auguste Comte〕1798-1857. フランスの実証主義的哲学者・社会学者。社会学の創始者である。主著に『社会再組織のための科学的作業のプラン』（1822 年）、『実証哲学講義』全 6 巻（1830 〜 1842 年）などがある。

という言葉を示して、社会学を実証哲学と位置づけている。実証哲学とは、経験的事実に基づいて実証できる認識のみを肯定する実証主義の考え方である。彼は、社会学の立場から、社会に道徳的で政治的な秩序を取り戻すためのプランを探求して、社会変動の方向性を「**三状態（段階）の法則**」として定式化した。三状態（段階）の法則とは、人間の精神の発達段階を**神学的・形而上学的・実証的**な態度と捉えて、その精神の発達段階に対応して社会組織が**軍事型・法律型・産業型**へと発展することを提示したものである。つまり、実証的な観点から産業による社会組織の再生が、安定的な社会秩序の確立をもたらすと考えたわけである。

一方でイギリスでは、名誉革命（1688 年）以後に市民社会の形成を成し遂げて、18 世紀後半からの産業革命によって資本主義の発達がみられた。イギリスの社会学者である**スペンサー**（Spencer, H.）[iii]は、ダーウィンの生物進化論を社会に当てはめた社会進化論の立場に立ち、さらに利潤追求を目的にした功利主義的な個人主義の視点から、**軍事型社会**から**産業型社会**へと移行すると説いたのである。そして、社会は単純な同質的な構造から、複雑な有機体の構造へと変化するとした。

しかしながらイギリス社会では、工場労働者となった人々が都市で急増し、19 世紀には貧困や失業などの社会問題が数多く生じていた。その後、同様の社会問題は、ヨーロッパ中に波及していき、資本家階級と労働者階級の対立は激化していくことになる。ドイツの経済学者である**マルクス**（Marx, K. H.）[iv]は、社会構造やその歴史的発展の基本的な要因を物質的生産（労働）の観点から把握するという**史的唯物論**を説いて、両階級の対立の結果、資本主義社会から、労働者階級による共産主義社会へと移行すると主張した。

◼️2 社会変動論の進展

19 世紀末から 20 世紀半ばにわたって、集団、社会関係、社会意識の変化に焦点を当てた社会変動論が数多く提示されるにしたがって、社会学は学問的に確立されていくことになったのである。

コント以来のフランスの偉大な社会学者で、「社会学の父」と呼ばれる**デュルケム**（Durkheim, É.）[v]は、「社会は分業の体系である」という

---

iii 〔Herbert Spencer〕1820-1903. イギリス社会学の創始者。主著に『社会学原理』（1876 ～ 1896 年）などがある。

iv 〔Karl Heinrich Marx〕1818-1883. ドイツの経済学者・社会主義者。マルクス主義の創始者である。主著に『資本論』（1867 ～ 1894 年）などがある。

社会分化論の立場に立ち、前近代社会から近代社会への変化について、同質な人々の結びつきである機械的連帯から、異質な人々の結びつきである有機的連帯への移行として示した。さらに、近代社会が進行すると、社会的連帯が緩んで、社会秩序が維持できなくなるアノミー（無規制）状態に陥ると指摘したのである。またデュルケムは、著書『自殺論』（1897 年）のなかで、人生や生活の指針となるような規範が喪失した社会状況で、生きる気力をなくして起きる自殺をアノミー的自殺として捉えた。

　デュルケムと同時代に活躍したドイツの社会学者であるジンメル（Simmel, G.）は、何でも研究対象としてしまうような総合科学を批判して、社会現象のなかでも社会的なものを対象とするという固有の方法をもつ特殊専門科学（形式社会学）を提唱した。ジンメルによれば、社会は、人々の間で行われる社会的な心的相互作用によって形成されており、近代社会のなかで異質で多様なものに分化していく傾向がある。

　ドイツの社会学者であるテンニース（Tönnies, F.）は、人間の意志の結果として社会関係を把握して、本質意志によるゲマインシャフト（家族や村落共同体など）から選択意志によるゲゼルシャフト（企業や工場など）へという集団類型の変化から社会変動を捉えた。近代社会では、前近代社会では中心的な社会関係であった身近で親密な関係で結ばれた集団よりも、利害関係といった合理的な目的で結ばれた集団が重視される社会になっていくことを示した。また、アメリカの社会学者であるクーリー（Cooley, C. H.）は、第一次集団（家族、親族、近隣など）から第二次集団（学校、組合、政党など）へという集団類型の変化によって、近代社会の特徴を捉えている。

　とりわけドイツの社会学者であるウェーバー（Weber, M.）は、社会変動に対する社会学的研究を進展させた。ウェーバーは、支配と被支

---

v　〔Émile Durkheim〕1858-1917. フランスの社会学者。社会学の方法を定式化して、社会学の発展に貢献した。主著に『社会分業論』（1893 年）、『社会学的方法の規準』（1895 年）、『自殺論』（1897 年）などがある。

vi　〔Georg Simmel〕1858-1918. ドイツの哲学者・社会学者。生の哲学者として、文化への深い考察も行った。主著に『社会分化論』（1890 年）、『社会学の根本問題』（1917 年）、『現代文化の葛藤』（1918 年）などがある。

vii　〔Ferdinand Tönnies〕1855-1936. ドイツの社会学者。主著に『ゲマインシャフトとゲゼルシャフト』（1887 年）などがある。

viii　〔Charles Horton Cooley〕1864-1929. アメリカの社会学者。他者という「鏡に映った自己」の概念を提示したことでも有名である。主著に『社会組織論』などがある。

ix　〔Max Weber〕1868-1958. ドイツの代表的な社会学者。独自の社会科学方法論を確立して、社会学の発展に貢献した。主著に『支配の諸類型』（1922 年）、『プロテスタンティズムの倫理と資本主義の精神』（1904 〜 1905 年）などがある。

配といった社会関係に焦点を当てて、正当的根拠に基づく社会秩序のあり方（正当的秩序）を提示した。正当的根拠とは、支配と服従という関係が安定して継続しているとき、支配する側も支配される側も暗黙のうちに、その関係を正当化している権威の根拠である。ウェーバーは、血統などで継続している指導者による伝統的支配、人々を引きつける魅力をもった指導者によるカリスマ的支配、法に基づいた合法的支配という三つに分類して、近代社会では法を主要な正当的根拠として合法的支配が社会秩序を維持していくことを示したわけである。

　アメリカの社会学者であるパーソンズ（Parsons, T.）は、ウェーバーの理論を継承しながら、どのようにすれば社会秩序が可能になるのかということを「ホッブズ問題」と名づけ、資本主義における功利主義の行き着く先について、17 世紀にイギリスの哲学者であるホッブズ（Hobbes, T.）が見出した「万人の万人に対する闘争」に陥ってしまい、結局は社会秩序の維持が不可能になるであろうと問題提起した。ホッブズは、人間が社会契約を結びあうことによって社会秩序が形成されると考えたが、パーソンズは、その解決方法として、社会で人々が共有する価値規範である共通価値に着目したのである。人々は、道徳やマナーなどのような共通価値を内面化する（身につける）ことによって、個人の行為の目的や手段を制限させることになるとした。つまり、実現不可能な目的をもって、そのために極端な方法を選択するということは、共有する価値規範によって目的と方法が合理的ではないと判断されて抑制されるというものである。

　以上、欧米社会における前近代から近代への変化に関する社会学者の学説を社会変動論として述べた。次に、第二次世界大戦以降から現在までに日本や欧米諸国に対して社会変動を生じさせた要因と諸相に焦点を当てて、社会の内部における変容をみたい。

Active Learning

あなたの考える「共通価値」のあり方について、具体的に書いてみましょう。

---

x　〔Talcott Parsons〕1902-1979. アメリカの社会学者。理論社会学だけでなく、家族社会学や政治社会学などの広範囲に影響を及ぼした。主著に『社会的行為の構造』（1937 年）、『社会体系論』（1951 年）などがある。

xi　〔Thomas Hobbes〕1588-1679. イギリスの哲学者・法学者。人の暮らす自然状態を「万人に対する万人の闘争」として捉えて、それを避けるために社会契約による国家の形成が行われたという社会契約説を提唱した。主著に『リヴァイアサン』（1651 年）などがある。

社会変動の要因と諸相

1 産業化と社会福祉

　社会の産業化は、近代の社会変動を捉えるのに、最も重要な要因であるとされている。産業を大別すると、農林水産業を意味する第一次産業、製造業・建築業・鉱業などといった工業を意味する第二次産業、サービス業・情報産業などを意味する第三次産業がある。産業化とは、その社会の主要な産業が第一次産業から第二次産業へ、そして第三次産業へと移行することを意味している。

　図2-9は、日本で第1回の国勢調査が行われた1920（大正9）年から2000（平成12）年までの産業別就業者数（15歳以上）の割合の推移を示したものである。これをみると明らかなように、農業を中心にした第一次産業の従事者は急減して、工業を中心にした第二次産業の従事者が増加し、さらにはサービス業・情報産業を中心にした第三次産業は急増している。日本が高度経済成長期の1960（昭和35）年前後に、工業とサービス業・情報産業の就業者の割合が農林水産業の就業者の割合を相次いで上回ったことが示されて、1950〜1960年代に日本が産業化を成し遂げたことがわかる。

　日本に限らず、産業化の進展した社会の内部では、家庭と職場の分離、都市への人口集中、科学技術の発達といった変化が生じた。産業化以前

図2-9　産業別就業者数の割合の推移

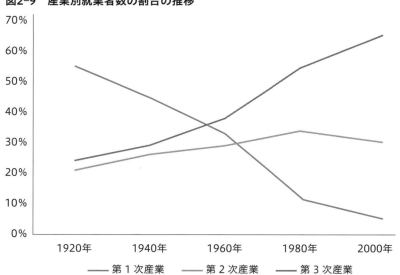

資料：総務省統計局「国勢調査（1920〜2000年）」より作成

の農林水産業中心の社会では、家族、親族、近隣で協力して生産をしていた。しかし産業化以後の社会では、個人が会社から給料をもらうサラリーマン家庭が急増したことにより、いわゆる職住分離となって家族や地域は職場と分離されることになった。産業化によって、日常生活における公私の分離が明確になったわけである（第4章第1節を参照）。会社や工場が都市に集中していることもあり、地方から都市への人口の大移動による過疎化と過密化が現われ、個人の間で相互に匿名化を守りあうような都市独特の生活様式が普及した。さらに工業や情報産業の発達につれて、当然ながら科学技術が向上することになり、人々の生活水準も上昇することになった。

　アメリカの社会学者であるオグバーン（Ogburn, W. F.）[xii]は、文化遅滞説を唱えて、科学技術の発達によって物質文化が急速に進行して社会生活に不適応や混乱をもたらした結果、非物質（精神的・思想的）文化との間にずれを引き起こすが、やがてこのずれが調整されて社会全体の変動をもたらすとした。

　産業化した社会では、主に自給自足と相互扶助（家族、親族、近隣などの助けあい）によって人々の暮らしが支えられていた農林水産業中心の社会と異なり、都市にある会社や工場などで労働し給料をもらい、市場経済のなかで商品を金銭で購入して暮らすことになる。したがって、失業によって経済的に困窮状態になると、市場から商品を購入できなくなり、貧困状態に陥り暮らしていけなくなる。そこで、産業化した欧米の各国では政府による所得保障を整えて、失業や貧困に対してさまざまな社会保障政策が行われることになった。日本でも、第二次世界大戦後、生活保護制度のような公的扶助の仕組みがつくられて、現在でも福祉政策の中心的な部分を担っている。

　他方で、先に述べたように産業革命以後には、資本家に富が集中することになり、資本家と労働者との階級的な対立が深まることになった。両者の対立の激化は、社会を分断させて、社会秩序の不安定を招いた。そのため政府は、一部の人々に富が集中することを是正し、所得の再分配を行うような社会保障・社会福祉の政策の導入によって、社会秩序の安定化を図る必要性が生じた。前近代社会において家族・親族、近隣で行われてきた相互扶助の機能を政府が代替して、社会保障・社会福祉として行う福祉政策が求められたのである。

---

xii 〔William Fielding Ogburn〕1886-1959. アメリカの社会学者。初めて社会変動を文化の進化として考察した。主著に『社会変動論』（1922年）などがある。

産業化の進行した国は、福祉国家へと変貌して社会秩序の安定性を維持することになり、結果として社会の産業化は、社会福祉の必要性を促すことになった。

■2 工業社会から情報社会・大衆消費社会へ

　20世紀の半ば以降、産業化の最先端にいたアメリカ社会では、科学技術の発達のなかで、テレビなどのメディア（情報機器）やコンピュータの発達と普及が起きて、工業社会から情報社会へ転換が顕著となってきた。高度に発達した資本主義社会のなかで、市場経済で情報が商品として浸透していき、情報化が進行することになる。

　カナダの英文学者・文明批評家であるマクルーハン（McLuhan, H. M.）は、1950年代におけるテレビの普及に注目して、それによって人々の間のコミュニケーション、そして文化のあり方が大きく変化していくことを指摘した。マクルーハンは、「メディアはメッセージである」という有名な言葉で表現して、テレビの社会的な影響力について独自の見解を示した。つまり、テレビのようなメディアが人間の感覚の拡大と延長（たとえば遠い国の祭りを画面で疑似体験すること）を促進し、メッセージ（情報）の内容だけでなく、それを伝えるメディアの形式自体が人間の経験や社会関係のあり方、さらには社会自体を根本的に変えてしまうことになると考えたのである。

　一方、アメリカの社会学者であるベル（Bell, D.）は、1970年頃から脱工業社会論を提唱した。ベルは、コンピュータの普及に注目することで、高度な物質的な生産を基盤としながら、物質的な生産を主力とする工業社会から、知識や技術といった情報を商品として扱う情報産業が主力となる脱工業社会へ移行していくといった図式で、社会変動を把握した。

　以上のような工業社会から情報社会への変化を踏まえて、アメリカの未来学者・社会評論家であるトフラー（Toffler, A.）は、ベルの脱工業社会論を発展させ、1980年代以降では世界中で「第三の波」が押し

---

xiii〔Herbert Marshall McLuhan〕1911-80. カナダの英文学者・文明批評家・コミュニケーション理論家。メディアが人間の諸感覚の拡張であるというメディア論は、1960年代後半に大きな反響を呼んだ。主著に『人間拡張の原理』（1964年）などがある。

xiv〔Daniel Bell〕1919-2011. アメリカの社会学者。1950〜1960年代に「イデオロギーの終焉」、1970年代に「脱工業社会」を提示して、アメリカ社会学に大きな影響を与えた。主著に『イデオロギーの終焉』（1960年）、『脱工業社会の到来』（1973〜1974年）などがある。

寄せて、工業社会を変貌させていくと考えた。第三の波の社会では、工業社会で生じた生産と消費の分離が統合に向かい、商業主義や人間疎外などが解消されると予測していた。

　日本や欧米諸国のような工業・情報産業が発達した先進資本主義国では、大量生産と大量消費を基盤とするこうした**大衆消費社会**が到来した。社会学では、自分自身の意志で自律的で能動的に行為する市民を**公衆**と呼び、逆に他人の意志や行為を基準にした他律的で受動的に行為する市民を**大衆**と呼んで区別している。アメリカの社会学者である**リースマン**（Riesman, D.）[xvi]は、個人的性格を超えた、人々がその時代や社会に共有している**社会的性格**の視点から、大衆消費社会における社会的性格を**他人指向型**として捉えた。リースマンによれば、他人指向型とは、行為の基準が常に自分の外部にあるという、現代人の社会的性格である。

　日本では、1960年代の高度経済成長期において、東海道新幹線が開通して東京オリンピック（1964年大会）が開催され、1950年代に「三種の神器」と呼ばれた白黒テレビ、冷蔵庫、洗濯機が急速に普及した。さらには1970〜80年代にかけて、クーラー、カラーテレビ、自家用車、電話も一家に1台の時代を経て、数台持つことも珍しくなくなっていった。これは、「隣の家が買ったので、自分も買わないといけない」という他人指向型の行為の結果であるといえる。もちろん、日本社会における貧富の格差が解消されて、貧困問題が解決されたわけではない。人々が耐久消費財に囲まれた暮らしを「人並（中産階級）の暮らし」として捉えて、そうした生活を標準的なものとすることで中流意識が全国的に拡がり、社会全体が豊かになったように理解してしまうことによって、一時的に貧困問題が表面化しにくくなっただけであった。その後の経済状況の悪化や非正規雇用の増加などに伴って、現在では国民の中流意識は薄れて、失業や貧困は身近な社会問題となっている。

Active Learning
貧富の格差が解消されれば、貧困問題や社会福祉の問題も解消されると思いますか。

Active Learning
貧しさの解決とは、具体的にどのようなものだと思いますか。それは貧困問題の解決と同じですか、それとも違いますか。

Active Learning
貧困問題と格差問題とは、同じようで違います。どこが違いますか。具体的に考えてみましょう。

---

xv 〔Alvin Toffler〕1928-2016. アメリカの未来学者・文明評論家。独自の視点から社会変動を分析して、未来を予測した。主著に『第三の波』（1980年）などがある。

xvi 〔David Riesman〕1909-2002. アメリカの社会学者・法学者。アメリカの中産階層の社会的性格を「他人指向型」として捉え、さらに新しい個人主義も見出した。主著に『孤独な群衆』（1950年）、『個人主義の再検討』（1954年）、『何のための豊かさ』（1964年）などがある。

　1990年代以降から現在に至るまで、大衆消費社会の終焉が叫ばれて、情報化の定着もあり、長年続いてきた近代社会が行き詰まりをみせており、現代社会をどのように捉え直して理解するのかという議論が社会学者の間で続いている。

　そうした議論のなかで、社会福祉との関連で現代の社会状況を捉えたのが、バウマン（Bauman, Z.）である。バウマンは、欧米社会や日本などの先進資本主義国において、国や文化に関係なく同じように「液状化した（リキッド・モダニティ）社会」が拡がっていると提唱したのである。社会の「液状化」とは、人が自分自身の存在を唯一の絶対的な価値とする後期近代社会（現代社会）において、家族や地域はもちろん、階級や職場などが行為の基準とはならず、すべてを自分が判断して行為するように求められている現状を指している。

　すでに述べたように、産業化した近代社会は、失業や貧困による社会秩序の不安定化を避けるために、福祉国家化を目指してきた。そのために、社会保障や社会福祉が充実するにつれて、伝統的な共同体である家族・親族や村落の人々との結びつきに依存しなくても、一人でも生活することが可能となった。しかしながら、そうした個人化の反面で、すべてのリスクを個人で負わなければならないことにもなった。バウマンは、個人がリスクを避けるためには、自分自身を管理する自己コントロール能力が重要視されるので、常に自己を点検して、自己を省みて評価して、自分とは何者かということを把握していなければならない状況におかれてしまうと説明した。

　人が完全に自分を管理することは困難なので、やはり人間関係、知識、経済的な豊かさなどといった社会的資源を多くもっているような強い個人は対処できるが、社会的資源をあまりもたない弱い個人は破綻してしまうことになる。よりどころをなくした自殺、あるいは孤立した人間が追い詰められた結果とみられる凶悪な事件も起きている。もちろん犯罪は、絶対に許されない行為である。だからこそ、犯罪をするまで追い詰

Active Learning

「液状化した社会」のなかで、社会的資源をもたない人々に対してのソーシャルワーカーの役割を具体的に考えてみましょう。

---

xvii〔Zygmunt Bauman〕1925-2017．ポーランド出身のイギリスの社会学者。近代社会の行き詰まりを検討して、現在のポスト近代社会に対する多数の論考を提示した。主著に『リキッド・モダニティ』（2000年）、『コミュニティ』（2001年）などがある。

めS れないように、事前に支援をしていくことが不可欠となる。ばらば
らの個として社会に生きなければならない孤立した弱者を支援すること
こそ、まさにソーシャルワーカーの役割なのである。

　ソーシャルワーカーの役割は、社会変動論の視点からみて、現代社会
に至ってますます重大になってきている。

◇**参考文献**
・見田宗介・上野千鶴子・内田隆三・佐藤健二・吉見俊哉・大澤真幸編『社会学文献事典』弘文堂，
　1998.
・総務省統計局「国勢調査（1920 〜 2000年）」
・富永健一『戦後日本の社会学──一つの同時代学史』東京大学出版会，2004年.
・Bauman, Z., *Liquid Modernity*, Polity Press, 2000.（Z. バウマン，森田典正訳『リキッド・モ
　ダニティ──液状化する社会』大月書房，2001.）
・濱島朗・竹内郁郎・石川晃弘編『社会学小辞典』（新版増補版）有斐閣，2005.
・安田三郎『原典による社会学の歩み』講談社，1974.
・Riesman, D. in collaboration with Glazer, N. and Denny, R., *The Lonely Crowd : A Study
　of the Changing American Character*, Yale University Press, 1950.（D. リースマン，加藤秀
　俊訳『孤独な群衆』みすず書房，1964.）

学習のポイント

● 地域という枠組みの意味・意義を学ぶ
● コミュニティをめぐる社会的背景を理解する
● 地域コミュニティのアクター（主体）としてのソーシャルワーカーの役割を考える

1 地域とコミュニティ

　1995（平成7）年1月17日、阪神・淡路大震災が起きた。震災直後からの救援活動、復旧・復興活動を契機に市民活動の重要性が認識され、1995（平成7）年は後に「ボランティア元年」といわれるようになる。そして、ボランティアによる2種類の社会の担い手組織が見直されることとなった。一つは、ネットワーク的に形成されたボランティアとその活動を支える市民団体や NPO（Nonprofit Organization：非営利組織）である。そしてもう一つは、地縁的に形成され、歴史的に地域住民のボランティア活動によって支えられてきた町内会・自治会（以下、町内会）などの地域住民組織である。その後も、災害が頻発する現代日本において、両者は、運営上の課題を抱えつつも、その重要性を失わないまま現在に至っている。NPO については他節で解説し、本節では主に地域住民組織を扱う。

　当然のことながら、個人・家族だけではどうにもならない危機が訪れたとき、第一次的に声をかけあうのは物理的に近い場所にいる近隣住民である。そうはいうものの、孤独死の増加をどう考えたらよいだろうか。単身世帯が増えていると知っていても、見えない隣人になっているのである。それは、都市でも農山漁村でも変わらない。地域住民の紐帯は、想像以上に弱くなっている。

　そのような状況にあるからこそ、地域住民のウェルビーイングを担う専門職者であるソーシャルワーカーが中心となり、上記の2種類の活動組織（における地域住民）を地域資源とし、新たな地域福祉の仕組みを創造していくこと、つまり福祉コミュニティを構築しなければならないのである。では、どうしたらそれが可能となるのだろうか。それは、

当該地域社会の歴史的成り立ちを理解し、現状を分析的に認識できる地域アクターの存在によって可能になると、今はいっておこう。もちろん、地域アクターとは、住民のみならず、専門職者であるソーシャルワーカーもその一人である。

まずは、地域について社会学が考えてきたことを確認することから始めたい。

◼1 地域とは何か

地域とは何か。この問いに答えるのは、意外に難しいのではないだろうか。なぜなら、地域が何かをしているわけではないからである。町内会やNPOで活動している人を知ることもないアパート住まいの学生や、寝に帰るだけのサラリーマンの日常生活において、地域は意識されないばかりか、どうでもよいものになっているのかもしれない。

そのような地域を、大きく二つの意味で捉えることができる。一つは、一定の土地・空間を想定した地理的な範囲を表現する意味での地域である。そしてもう一つは、そこに複数の人々がいることを想定した社会的な枠組みを意味する地域である。いずれにしろ、社会学では生活空間であることを前提として地域という言葉を使っている。

会話のなかでは、地域社会の意味で「地域」と表現することも多い。厳密に考えると、地域社会という用語には（狭義の）社会*が含意されていなければならない。したがって、学術上は地域と地域社会とを使い分けたいものである。

地域社会とは何なのかを考えようとするときには、コミュニティという概念が手がかりとなる。実際に、地方自治体の職員が地域社会を意味する用語として、当たり前のように「コミュニティ」と表現している場面に出会うことがある。また、ある地域を指して、「あそこには、コミュニティがある／ない」といった言葉を聞くこともある。そしてたいていの場合、コミュニティがあることが評価されていたりする。ときには、コミュニティをつくることが試みられることさえある。

★（狭義の）社会
「複数の人びとのあいだに持続的な相互行為の集積があることによって社会関係のシステムが形成されており、彼等によって内と外とを区別する共属感情が共有されている状態」（富永 1986：3）である。

◼2 コミュニティとは何か

それでは、コミュニティとは何か。インターネットを通した交流の場としてのコミュニティサイトが、日常生活に溶け込んでいるデジタルネイティブ世代にとって、地域よりもイメージしやすいかもしれない。

SNS（Social Networking Service）や動画共有サイトに集う人々

によるWEBコミュニティ、あるいはネットコミュニティは、会員制をとっている場合もあるが、必ずしも持続性をもったメンバーシップが確立しているわけではない。メンバーの帰属性も強固とは限らず、そこに実体を伴った集団や組織をみることが難しい場合がほとんどである。バーチャルコミュニティたる所以である。それでもコミュニティと称するときイメージされるのは、たとえインターネットを通してであるとしても、そこに人々が集い、コミュニケーションあるいは交流があることをはじめ、情報や意見が共有されていること、お互いの関心が近いことなどだろう。もちろんそこに、地域性は含意されていない。

　ネットを介した関係は、顔も名前も知らないという点では近所の住民と同じである。ところが、ハンドルネームで呼びあうつながりがリアルなつながりよりも強いと感じる人々がいるのが現代社会である。本棚の下敷きになったときに、アバターが引っ張り出してくれるはずがないにもかかわらずである。まずは、コミュニティをこのように捉える世代があることを認識しておく必要がある。

　それでは、ネットコミュニティといった表現より以前に、コミュニティは、どのような意味で使われてきたのだろうか。

　アメリカの社会学者であるヒラリー（Hillery, G. A.）は、一般的コミュニティに関する79個と農村コミュニティに関する15個の計94個の定義を整理し、コミュニティの主な要素として、自己充足性、共同生活、同類意識、共通の目的・規範・手段の所有、地域性集団などを析出した。そして最終的に、❶社会的相互作用、❷共通の絆・結合、❸地理的領域、の三つが大部分の定義に含まれていることを見出した。このことから（狭義の）社会的性格をもった地域、つまり「地域社会＝コミュニティ」と位置づけることもできるわけである。

　他方で、研究者によっては地域社会とコミュニティとを別概念として使っている場合もある。また、前述したネットコミュニティという使い方のように、地理的領域性から地理的性格を除いた領域性を定めることさえできれば、地域社会とは異なる意味でのコミュニティを位置づけることも可能となる。

　ラテン語に由来する言葉の原義には地域性は含まれておらず、訳語として共同体を当てることもあった。その共同体の地域性を明確に示したいとき、村落共同体、都市共同体という表現が使われることもある。ま

---

i　ほかに「共同態」と表記したものもあるが、ほぼ同意と考えてよい。

た、共同体という用語を使うときには、前近代的な位置づけにあるものという意味が込められている場合もある。地域共同体という言い方は最近ではほとんどなされず、地域社会を意味するコミュニティをいうときには、地域コミュニティと称することが多い。それは、コミュニティをめぐる議論の流れが、土地と人間との関係の歴史的ありように基づく、生活の必然から発生した共同体の議論から、都市政策を念頭においた、生活の必要から地域に形成すべきコミュニティの議論の文脈へと変化したことに由来している。

2 日本におけるコミュニティ

1 行政によるコミュニティづくり

　地域に形成すべきコミュニティの議論の契機となったのは、日本におけるコミュニティ論において必ずといってよいほど触れられる、国民生活審議会調査部会コミュニティ問題小委員会による報告書「コミュニティ──生活の場における人間性の回復」（1969（昭和44）年9月29日）である。また、中央社会福祉審議会コミュニティ問題専門分科会答申「コミュニティ形成と社会福祉」（1971（昭和46）年12月11日）もある。これらによって、コミュニティづくりが時代の課題となっていく。特に後者では、コミュニティケアの重要性が指摘され、コミュニティ形成と社会福祉とがセットのものとして位置づけられている。

　こうして、国のみならず都道府県、市町村によってコミュニティ施策が展開されていくのである。生活共同上の必然を契機として生まれるというコミュニティの原義をたどれば、コミュニティを「形成する」という表現も実践もそぐわない。生活している以上、生まれるべくして生まれるという含意がコミュニティ概念にはあるからである。しかしながら、あえてコミュニティをつくることを眼目としなければならない地域社会の変容が、背景にあったのである。

　その背景とは、いわずもがなの高度経済成長による日本社会の都市化である。工業化の進展とともに農山漁村から都市への人＝労働力の移動によって日本社会に過疎・過密問題が生じた。農家の次・三男だけではなく、後継ぎとして目されていた長男までもが離農・離村するほどの人口大移動である。第一次産業の衰退、兼業農家率の上昇などの産業構造、就業構造の変動のみならず、サラリーマンとなった住民のライフスタイ

Active Learning
コミュニティは自然にできるものでしょうか。それとも意識的につくらなければならないものでしょうか。

Active Learning
コミュニティのある地域と、コミュニティのない地域と、どこがどう違うでしょうか。具体的に考えてみましょう。

ルも変容し、昼夜間人口の差により地域社会のあり方も変化した。農山漁村に残った次世代は、役場や農協（農業協同組合）、学校に勤めるわずかな長男子とパート労働するその妻たちである。昼間、田畑のなかに見えるのはお年寄りだけになった。他方で、都市はお互いに知らない者同士が集住することになる。そして、都市郊外のベッドタウンにあるマンションの住民は、そのマンションの建つ丘が集落の里山だったという土地の歴史も知らないままに、新たな地域の歴史を重ねていく。

　先の報告書『コミュニティ』では、地域共同体（既存の町内会等を指している）を批判的に相対化し、そのしがらみから解放された個の確立を前提とする市民社会に適合的な新しいコミュニティが構想されていた。しがらみ、つまり住民同士が結びつく生活の必然がないならば、そこにコミュニティは生まれない。行政がコミュニティづくりを施策としたのは、個がばらばらなままでいる状況に危機感があったからであろう。住民同士の社会関係のなかに、相互扶助・相互支援を埋め込む体制づくりは、当時から約50年が過ぎた今に至る課題である。

　このように新しいコミュニティづくりが謳われるなかにあっても、「町内会、部落会は確かに組織率の低下やリーダーの後継者不足に悩んでいたが、決して消滅してしまったわけではなく、むしろ例外的な都市や地域をのぞいて、町内会、部落会が存続していることが一般的であった[2]」ことから、コミュニティ施策を展開するにあたって、（旧来からある）町内会をどう位置づけるかという課題も生じることになったのである。

　新しいコミュニティづくりは、形を変えながらも課題として残り続けている。それは地域社会が変容し続けているからでもあるが、モデルとして取り上げられた新しいコミュニティの形に持続性がなかったからだともいえる。その要因を探るために、既存の地域共同体的な町内会を払拭できなかったからなのか、なくならない町内会をうまく位置づけることができなかったからなのかという視点で考えることも、一つの方法であろう。福祉コミュニティづくりにとっても、それは必要な作業である。

▌2 コミュニティとアソシエーション

　阪神・淡路大震災によって見直されたからといっても、あれから四半

ⅱ　都市部における町内に対して、農山漁村におけるそれに相当する範囲は部落と呼ばれることが多かった。現在でも、農村部にいくと集落の範囲を指して「うちの部落では」という語りに出会うことがある。制度的には、被差別部落と区別するために部落という言い方をしなくなっており、部落会も自治会や町内会と称するようになっている。

世紀が過ぎている。それでも町内会はなくなっていない。町内会は、な
ぜこれほど強固に残存しているのだろうか。それは、町内会がもつコ
ミュニティ的側面とアソシエーション的側面との二つの性格によるので
はないかと考えられる。

　コミュニティ論において、コミュニティとアソシエーションとを区別
することを重視したのは、マッキーヴァー（MacIver, R. M.）であ
る[iii]。コミュニティを「村とか町、あるいは地方や国とかもっと広い範囲
の共同生活のいずれかの領域を指すのに用い」、共同生活の標識・結果
として「独自な共通の諸特徴——風習、伝統、言葉使いそのほか」を挙
げている（訳書：46）。そして地域的近接が共同関心を生み、コミュニ
ティは「地域の境界によってたやすく決定」されるものなのであるとい
う（訳書：135）。また、「あるコミュニティがより広いコミュニティの
一部」となることも述べており、「英国人で外国の首都に住むものは、
その首都の広いコミュニティと同時に彼らだけの親密なコミュニティ内
で生活を送る」（訳書：46）という。実際の暮らしのなかでは、このよ
うなサブ・コミュニティが身近であることはいうまでもない。

　他方でアソシエーションは、共同関心や共同利害を追求するための組
織体（結社態）である（訳書：46）。

　このマッキーヴァーのコミュニティとアソシエーションの考え方が、
日本においては町内会の位置づけを議論するにあたって効力を発揮した
のである。とりわけ都市社会における（地域）コミュニティ研究に影響
し、町内会に相当する地域住民組織をコミュニティと位置づける研究も
あれば、アソシエーションと位置づける研究もあった。地域社会におけ
る共同生活体として町内会を捉えれば、それをコミュニティということ
ができるし、いや目的的につくられた組織なのだと捉えればアソシエー
ションとなる。町内会がたどってきた歴史と、それに規定された町内会
の性格のどこを切り取るかによって、コミュニティかアソシエーション
かという二者択一的な議論になっているのである。しかし、今ある町内
会の性格を捉えるときには、両者の性格を同時に含むものとするほう
が、町内会自体を新しいコミュニティ＝福祉コミュニティの形成のため
の地域資源の一つとして位置づけやすいのではないだろうか。

　コミュニティとしてあった地縁集団に、（行政が）アソシエーション

---

iii　日本において、とりわけ社会学者が共同性のみならず地域性を含意してコミュニ
　　ティ概念を使うようになったのは、このマッキーヴァーのコミュニティ論の影響に
　　よるといっても過言でない。

的性格をもたせたのが、今の町内会であり、新しくつくったアソシエーションに、（住民の市民的主体性によって）コミュニティ的性格をもたせたかったのが、新しいコミュニティづくりだといえる。日本の地域コミュニティを考えるときには、この両義的性格がポイントとなる。そのことを確認するために、町内会について詳しくみていこう。

3 町内会とは何か

1 町内会の範域

　町内会は、明治期、なかには近世、中世にまで起源をたどろうとする研究[4][5]もあるほど長い歴史をもつが、第二次世界大戦時においてファシズムの末端的機能を果たしたことから、戦後にいったん廃止されている。その後、任意団体として復活して以降も、政治的支持調達や利益誘導の母体となっているなどと批判されてきた。阪神・淡路大震災後にその存在に対する批判の声が消えたのは、住民の安否確認、避難所の運営、復興まちづくりなどの各局面において、地域住民を面的に把握し、地域を代表して意思決定できる地縁組織がある地域とない地域とで格差が生じたからである。このことは、生活（命）の必然としての町内会の機能が顕在化したことを意味する。

　地域社会の福祉コミュニティ化を考えるうえで重要なのは、町内会のもつ範域性である。町内会[iv]と同じ範域で老人会、婦人会（女性会）、子ども会、青年団や消防団がある。また、お年寄りたちによってかろうじて守られている地元神社の氏子組織や寺の檀家組織も同じ範域であることが多い。農山漁村地域には、田の神や山の神、海の神などを祀る集落の祠（ほこら）を拠点に講（こう）集団があった。どの組織・集団においても会合のあとの直会（なおらい）（食事会）が住民の交流の場であるとともに、情報共有の場でもあった。農業地域における水利組合にしろ町（まち）の商店会にしろ、町内会と同じ範域であることが多いのは、歴史的な生活共同の領域を町内会の範域としているからである。ここに町内会のコミュニティ的側面が現れている。

　しかしながら最近では、少子化により子ども会がなくなったり、多いはずの高齢者による老人会でさえ消滅の危機にある。共働き世帯の増加、勤務の長時間化、核家族内での育児・介護の必要など地域住民のラ

---

iv　町内会には、自治会という呼称以外に、農村部における通称としての部落会のほか、区や振興会、字会などさまざまな呼び名がある。

イフスタイルの変容により活動可能な住民が少なくなり、地域組織は小学校区や市町村全体で統合することによって、かろうじて維持されるようになっている。

町内会でさえ体力がなくなってきて、小学校区や平成の大合併前の旧町村を範域とする連合町内会や、まちづくり協議会、コミュニティ協議会（以下、まち協）などがつくられるようになった。もはや生活共同があったという歴史性を超えた範域設定となっているが、これを地域コミュニティとして、地区公民館に代えてコミュニティセンターを設置していたりする。小学校区も自治的な地域の範域であったという歴史にさかのぼれば、あながち無理な範域設定ではない。しかし、まち協の構成メンバーは、町内会および町内会を母体とした地域組織の代表者であることが多い。範域がコミュニティ的であったとしても、ほとんどがまち協に複数の町内会をアソシエーションとして配置したに終わり、新たなコミュニティの姿をそこにみることは難しい。

この状況に鑑みれば、町内会のコミュニティ的性格が弱体化したところで、町内会のアソシエーション化が進んだとも捉えることができる。これが官製のコミュニティ再編だとしても、地域社会という枠組みの見える化に町内会が機能したともいえるのではないだろうか。地域を面的におおう組織がありさえすれば、ソーシャルワーカーなどが外から地域住民に働きかける際に効率的な手がかりとなるという点は重要である。

2 町内会の役割と特徴

そんな町内会の役割として、大きく二つを挙げることができる。

一つは、自主的・自立的・自律的（＝自治的）な地域の管理・運営母体としての役割である。当該地域の行事を主催することとともに、地域財産や水路・道路、ごみの集積所の管理などをしている。近年では外部化が進んできた葬儀や法要の取り仕切りを、町内会内の近隣組織で行っている地域もある。また、寄り合い（集会）をして地域の意思決定を行ってもいる。暮らしとともにあるコミュニティ的性格がここにみえるといってよいだろう。

その暮らしは、歴史的な蓄積とともに今に至っている。その自負と責任を感じている地元住民は、時としてよそ者には壁となって立ちはだかることもある。彼やその妻たちによる地域を守る術が町内会運営なのだ

---

v 地域によって葬式組、契約講、リンポ（隣保）、キンジョ（近所）、班、組などさまざまな呼称がある。

としたら、地域を守る新たな術が提示されない限り、壁を崩すことは難しいだろう。しかし、ソーシャルワーカーのもっている専門職者としての術が、現在の地域社会に欠かせない新たな術だとしたら、壁を乗り越えることは難しくはないと考えられる。それは地元住民とて、地域社会の危機的状況を共有しているからである。

　そして町内会のもう一つの役割は、アソシエーションとしての役割である。行政が地域に働きかけるとき、前述したような地域社会を見える化する町内会等の地域組織は重要である。行政も体力が低下している近年、町内会のみならずNPOとも協働していかないと立ち行かないという状況にある。

　ここで町内会の特徴を確認しておこう。❶地域区画性（一定の区画が相互に重ならない）、❷世帯単位（想定する構成員は全住民であるが、生活のまとまりとして世帯を単位としている）、❸全世帯（戸）加入原則（地域では他者と関係しない個人はいないという前提による）、❹包括性（地域の公共私の全体にわたる諸課題に関与する（地域共同管理性））、❺地域代表性（行政や外部の第三者に対して地域を代表する）、の5点が挙げられる。

　町内会が、地域を物理的にも機能的にも面的におおう組織だということがわかる。先に、町内会の起源として近世や中世にまでさかのぼる議論があると述べたように、これらの特徴の歴史的背景として、具体的には農民による農地・水利の共同管理・利用とともに、年貢の村請制を想定できる。このことから、町内会のコミュニティ的側面とアソシエーション的側面は、今に始まったことではないといえる。そのような歴史をたどることができる町内会だからこそ、行政が協働相手として町内会を捉えることはあながち突拍子もないことではない。町内会の推薦によって民生委員・児童委員や福祉委員のほか、さまざまな委員が選出されている。行政末端機構と呼ばれる所以である。近年は少なくなったが、町内会が地方議会議員の推薦母体となることもよくあった。

　そして、上記の特徴のうち❶❹❺の指標を使ってみると、海外にも同様の住民組織があることが明らかとなっている。行政が必要としているから町内会が残存しているというのみならず、住民の生活にとっても必要な組織として町内会はあると考えてよいだろう。

■3 町内会の課題

　住民生活に必要な町内会にも運営上の課題がのしかかっている。主な

課題の一つは、先に示した行政の協働相手となっている点である。この協働という言葉は、地方政府が担いきれないことを地域社会に補完させるという方向で使われており、必ずしも対等なパートナーシップ性を意味しているわけではない。行政の協働相手という役割が肥大化していくと、地域における自治母体としての側面が後退してしまう。実際に町内会長からは、「行政から頼まれる仕事が多くて、独自の活動をする余裕がない」といった嘆きの声ばかりが聞こえる。

　加えて、住民の絶対数が減少傾向にあることも大きな課題である。さらに、都市部にあっては共働き世帯の増加とともに、地域に女性の姿も見えなくなっている。住民の移動が激しくなっている状況のなか、加入率の低さは喫緊の課題である。そして、役員の高齢化が課題であると同時に、世帯を単位としていることがマイナスに作用し、女性の町内会長のみならず地域役職者が少ないという点も課題となっている[8]。地域社会における男女共同参画の道は遠い。

　このような町内会をめぐる課題が尖鋭化した契機となったのが、平成の大合併である。

4　地域社会をめぐる課題の背景

1 平成の大合併とは何だったのか

　高度経済成長期の次に地域社会が大きく変化したのは、平成の大合併時である。平成の大合併は、地方分権改革の一環として推進されたが、大きな目的は行財政の効率化であった。

　市町村の合併の特例に関する法律（昭和40年法律第6号、旧・合併特例法）が、1995（平成7）年の改正を経て、さらに1999（平成11）年に、地方分権の推進を図るための関係法律の整備等に関する法律によって改正されたことにより平成の大合併が加速し、そのピークを迎えたのが2005（平成17）～ 2006（平成18）年である。市町村は1999（平成11）年の3232（市670、町1994、村568）から2010（平成22）年には1727（市786、町757、村184）になった[9]。当然、合併自治体は広域化し、周辺におかれた旧町村域の住民は行政サービスの

---

vi　これは、より小さな単位の自治を尊重したうえで、小さな単位が担えないことは大きな単位が補完するという「補完性の原理」（principle of subsidiarity）とは、逆の方向になっていることを意味する。

低下を心配した。かつての役場は支所として位置づけられ、なかには出張所となったところもある。用件によっては中心部の本所まで出かけなくてはならない。後に、周辺部の人口減少率は中心部の減少率よりも高くなった。

こういった自治体内地域間格差を補うことと、縮小化する既存の地域住民組織の再編を目的に、先述したように合併前の旧町村や小学校区、あるいは大字の範域で、まち協などの地域住民組織がつくられるようになったのである。内部に福祉部会や活性化委員会等をもっており、地域づくりの活動拠点となっているところもある。行政の広域化とともに、福祉施策も効率化が目指されてきたなかにあって、必要な支援をどう届けるか、アプローチする地域社会の単位は重要である。地域の社会関係のなかに、相互扶助・相互支援を埋め込むならばなおさらである。

こうした地域住民組織の範域拡大のほかに、もう一つの地域コミュニティづくりの潮流が生まれている。2005（平成17）年7月の国民生活審議会総合企画部会の報告「コミュニティ再興と市民活動の展開」において示された、これまでとは異なるコミュニティの捉え方である。NPOのように、「特定のテーマの下に有志が集まって形成されるテーマ型コミュニティ」と、停滞している「同じ生活圏域に居住する住民の間でつくられるエリア型コミュニティ」とが「補完的・複層的に融合し、多様な個人の参加や多くの団体の協働を促していく形」が考えられており、「コミュニティ内外にネットワークを拡大・融合しうる市民活動団体の役割が期待」されている（p.3）。この市民活動団体をコミュニティと呼ぶのではなく、「それらの団体の取組みを通じて形成される市民のつながりをコミュニティと整理」しているのである（p.6）。

興味深いのは、多様な主体間が交流するフォーラム型組織の事例である。その組織には、市民、地縁型組織や市民活動団体のほか、福祉施設、病院、企業、学校、農業協同組合、商工会が含まれている。このフォーラム型組織と地方公共団体とは「対等な協働体制」をつくっており、地方公共団体からは情報提供と助言が、フォーラム型組織からは事業提案と行政評価がなされる図式となっている（p.30）。この形は、5年後の2010（平成22）年に内閣府によって出された「新しい公共」宣言の内容に相当している。

前述のまち協が、町内会等の地縁組織に基づく面的な組織であるのに対して、「新しい公共」は、NPOやボランティア団体などの市民団体を中心としたネットワーク的、あるいは組織間リンケージ的な性格を

もっている。いくつかのモデルが示されたが、新しい公共の理念に基づいた新しいコミュニティづくりは、各主体をつなぐメディア（媒体）的機能を果たしプラットホームとなる組織の有無、そしてその組織にコーディネート能力をもった担い手がいる／いないに左右された。そもそも主体と目された組織・団体や各種の機関等に体力がなくなっている現在、強力な地域アクターとともに、フォーラム型のコミュニティを実践活動団体化する働きかけが必要となっている。

2 限界集落化する中山間地域

　町内会の課題は、中山間地域や島嶼部等の条件不利地域では、より重みを増す。そこでは、限界集落化が起こったからである。集落の実態を把握する方法論である「集落の状態区分」の一つが限界集落である。「限界集落」概念は、1991（平成3）年に大野晃によって家族循環の可能性、つまり集落の担い手の再生産の可能性の観点から発想されている。限界集落とは、「65歳以上の高齢者が集落人口の50％を超え、独居老人世帯が増加し、このため集落の共同生活の機能が低下し、社会的共同生活の維持が困難な状態にある集落」をいう。社会的共同生活とは、「田役、道役などによる農道、生活道の維持・管理、冠婚葬祭の実施、集落運営の中枢を担う区長、副区長、会計などの役職者の確保など」を指す[10]。人口に基づく過疎とは異なり、集落のありように注目した概念である。

　集落の範域は、歴史的・文化的成り立ちによって異なっており、市町村内の区画を表す大字と一致している地域もあれば、一大字に複数集落を含む地域もある。また、一集落内を「組」「班」などの末端単位に分けている地域もあれば、「組」「班」に相当する範域を集落と称している地域もある。さらに、行政区の基本単位となっている集落においては、その戸数の増減に即して分合を行っている場合もある。したがって、一集落における戸数等をいちがいに包括的に比較することは現実的ではない。集落の範域は、地域の歴史・文化に規定されているのである。いくら集落人口が減少しているとしても、たとえば、「隣の集落と一緒になれないのは神社が違うから」という言葉を聞いたことがある。

　これほどの危機的状況にある集落であっても、新参者が入り込めない

★中山間地域
農業地域類型のうち中間農業地域と山間農業地域とを合わせた地域である。ほかに都市的地域、平地農業地域がある。

---

vii 限界集落のほかに、「存続集落」「準限界集落」「消滅集落」がある。定義上「限界集落」にあたる地域の住民から「限界」という表現の厳しさを指摘する声が上がったことから、行政は「小規模・高齢化集落」というように言い換えるようになった。集落規模について、農林水産省や自治体のなかには19戸以下を小規模としているところもあるが、自治体によっては15戸以下とするなどさまざまである。

領域がある。それがみてとれるのが地域住民組織の二重構造である。農村にある字や区といった伝統的な地縁組織（コミュニティ）のうえに、町内会（アソシエーション）を被せている場合である。どちらも範域を同じくする面的組織であるが、構成員は同一でない。字や区では、共有財産として山をもっていることがある。この共有財産の権利を移住者にもたせるわけにはいかず、かといって集落の担い手は必要であるという場合、先祖代々居住している住民で成り立っている地縁組織と、移住者も含めた町内会との二重構造をとっているのである。[11] コミュニティにアソシエーションを被せた典型といってもよいだろう。外から地域社会にアプローチする場合には、アソシエーションとしての町内会を対象としたほうがよいことは、いうまでもない。

5 地域コミュニティと福祉コミュニティ

1 ソーシャルキャピタル

　実体こそあれ地域社会が何かをするわけではなく、何かをするのは人である。行動実践がなければ、地域という枠組みは生きてこない。

　現代社会においては、地域社会にはどのような人がいるかと問われても、かつての地域共同体における成員のような、そこで生まれた定住者のみを想定できなくなっている。二地域居住者もいれば、他出者・他出子のような二地域間移動者もいる。また、「地域おこし協力隊」のような制度的移住者が、集落の担い手として定着してきている。近年は、高齢化によって地域のお祭りもできなくなるということから、単なる見学ではなく祭りの担い手として外から参加者を募る場合もある。さらに、ときどきやって来て地域とかかわるリピーター的なよそ者を関係人口として位置づけ、地域社会の担い手不足解消を期待するようにもなっているのである。

　このようにさまざまな人々が地域にはいる。人口が減少し、全体として高齢化していることは確かである。しかし、これまで地域社会の担い手として射程に入っていなかった人々にも目を向けたとき、地域コミュニティ再生への道が開けるだろう。では、そういった人々をどうつないでいったらよいだろうか。

　地域コミュニティが人と人とのつながり、つまりネットワークで成り立っていることを重視した概念が、ソーシャルキャピタル（社会関係資

★他出子
親世代や祖父母世代の住む世帯・地域を離れて新しく世帯を構成している子どもを指す。農繁期や盆・正月のみならず帰省し、地域の共同清掃や葬儀の手伝いに参加したり、なかには介護のために毎週末通ってきている子ども世代もいる。

★地域おこし協力隊
「地方への人の流れを創ることを目指し、地方自治体が、都市部の人材を過疎地域や離島などの新たな担い手として受け入れ、地域力の充実・強化を図る」総務省の政策に基づく取り組みである。

本）である。ソーシャルキャピタルは、社会における「心の外部性」を伴った「信頼」「互酬性の規範」「絆（ネットワーク）」を意味している[12]。これらは、人と人とのつながりに必要なものを表しており、コミュニティの要素ともいえよう。弱い紐帯に注目したグラノベッター（Granovetter, M.）[viii]や代表的なソーシャルキャピタル論者のパットナム（Putnam, R. D.）[ix]の見解を踏まえたコミュニティ科学の文脈において、ソーシャルキャピタルは次のような性格をもつという[13]。

❶単位はコミュニティであること、❷社会の生産性を高めることを重要だとする考え方に立脚すること、❸意図的な投資や政策、コミュニティの成員の協働によって高めるという視点をとること、❹循環的特性を内包しており、ソーシャルキャピタルの蓄積のあるコミュニティを出発点にして、そこに複合型コミュニティモデルが適用され、コミュニティ社会基盤に沿った手順が踏まれることで、時間経過とともにソーシャルキャピタルが向上するプロセスを考えるということである。

町内会とソーシャルキャピタルとの関係を述べると、町内会がNPOなどとの情報共有に始まる「弱い紐帯」にあっても、テーマ型組織とネットワークをつくるにはブリッジング（橋渡し）が不可欠であり、他方で、町内会はもともとボンディング（結合）機能を担ってきている[14]。ソーシャルキャピタルの根底にあるのが「信頼」などの心理的要素であるとすると、顔の見える地域社会を構築することが重要だということが浮かび上がってくる。地域社会において顔の見える関係を構築しているのが、ボンディング機能を担っている町内会やNPOなどである。それらのブリッジングが新しいコミュニティづくりには重要である。そのとき、ソーシャルワーカーのような専門職者はキーパーソンとなる。なぜなら、ソーシャルワーカーをはじめ、学校教員や士業についている「先生」と呼ばれるような国家資格に基づく専門職者に対する地域住民の信頼は厚いからである。この地位を活かす必要がある。

Active Learning

ソーシャルワーカーはコミュニティづくりに、どのような役割を果たせるでしょうか。ソーシャルワークの仕事を通じてコミュニティづくりに貢献できると思いますか。

Active Learning

コミュニティができていない地域では、ソーシャルワーカーはどうしたらよいでしょうか。コミュニティづくりにどうしたら貢献できると思いますか。

---

viii 〔Mark Granovetter〕1943- "The Strength of Weak Ties", *American Journal of Sociology*, Vol.78, Issue 6, pp.1360-1380, 1973.（大岡栄美訳「弱い紐帯の強さ」野沢慎司編・監訳『リーディングス ネットワーク論——家族・コミュニティ・社会関係資本』勁草書房，pp.123-158, 2006.）が代表作である。

ix 〔Robert D. Putnam〕1941- *Bowling Alone; The Collapse and Revival of American Community*, Simon & Schuster, 2000（柴内康文訳『孤独なボウリング——米国コミュニティの崩壊と再生』柏書房，2006）が代表作である。ほかにソーシャルキャピタル論で著名なのは、Nan Lin, *Social Capital; A Theory of Social Structure and Action,* Cambridge University, 2001（筒井淳也・石田光規ほか訳『ソーシャル・キャピタル——社会構造と行為の理論』ミネルヴァ書房，2008）である。

■2 福祉コミュニティづくりに向けて

　福祉コミュニティづくりに必要なのは、前提となる自治的な社会基盤、つまり地域コミュニティである。まちづくりで有名な兵庫県長田区真野地区では住民自治協議会が「福祉コミュニティ」の実現を目指せるほどの地域力をもっていた。その基盤があったからこそ、阪神・淡路大震災時には初期消火をはじめ、避難所運営、その後の（行政主導ではない）地区主導のまちづくりを成し遂げることができたといえるだろう。

　では、このようなモデル地区になるぐらいの基盤がないところには、福祉コミュニティを形成することはできないのだろうか。先に示した地域社会の二重構造の事例は、地域を実感できなくなっている住民に、地域の見える化をはかるヒントになっている。つまり、面的な地縁組織の網を地域に被せることの重要性を示しているのである。コミュニティとアソシエーションは、コミュニティあってのアソシエーションという関係になっている。しかし、アソシエーションがコミュニティ化することもあるのではないだろうか。それが新しいコミュニティづくりが目指すところでもあった。もちろん、いくら枠組みが重要だといっても、組織が形骸化してはいけない。

　アソシエーションを実質的に動かすには、地域アクターが必要である。定住民が減少している現在、先に示したように多様な住民を人的資源として開発していく必要がある。その際に専門能力をもったソーシャルワーカーはコア・アクターの一人となる。道で生き倒れる人を社会学者は救えないが、ソーシャルワーカーは、生き倒れている人を救うとともに、社会学者と同様に、課題が深刻になる前に予防することを考える役目を担っている。

　おそらく今後、町内会は消滅の危機に瀕するであろう。すでに行政との協働を行政協力員という形で、有償ボランティアとして制度化している自治体も増えている。社会解体的危機に瀕している今、すべての地域コミュニティは福祉的でなければならない。だからこそソーシャルワーカーは、専門能力をもった地域アクターとして、新しいコミュニティ＝福祉コミュニティづくりに向けて行動することを期待されるのである。

第
2
章

社会構造と変動

◇引用文献

1）Hillery, George A., Jr., "Definitions of community: Areas of Agreement", *Rural Sociology*, Vol.20（2）, pp.111-123, 1955.（G. A. ヒラリー, 山口弘光訳「ヒラリー／コミュニティの定義──合意の範囲をめぐって」鈴木広編『都市化の社会学 増補』誠信書房, pp.303-321, 1978.）.

2）中田実「コミュニティ政策再考：課題と展望」『愛知学泉大学コミュニティ政策学部紀要』第5号, p.4, 2002.

3）MacIver, Robert Morrison, *Community: A Sociological Study; Being an Attempt to Set Out the Nature and Fundamental Laws of Social Life*, Macmillan and Co., Limited, 1917; 3 rd ed., 1924.（R. M. マッキーヴァー, 中久郎・松本通晴訳代表『コミュニティ』ミネルヴァ書房, 1975.）

4）鳥越皓之『地域自治会の研究 ──部落会・町内会・自治会の展開過程』ミネルヴァ書房, pp.10-18, 1994.

5）岩崎信彦「歴史のなかの町内会」岩崎信彦・鯵坂学ほか『町内会の研究 増補』御茶の水書房, pp.4-8, 2013.

6）中田実『地域分権時代の町内会・自治会』自治体研究社, p.12, 2007.

7）中田実編著『世界の住民組織──アジアと欧米の国際比較』自治体研究社, 2000.

8）一般社団法人第一生命財団「特集 地域の中の男女協働」『The Community』158号, pp.11-64, 2017.

9）総務省ホームページ内市町村合併資料集より「『平成の合併』による市町村数の変化」 https://www.soumu.go.jp/gapei/pdf/090416_09.pdf

10）大野晃『山村環境社会学序説──現代山村の限界集落化と流域共同管理』農山漁村文化協会, pp.21-23, 2005.

11）藤井和佐「村落的共同性と地域社会」藤井和佐・杉本久未子編著『成熟地方都市の形成──丹波篠山にみる「地域力」』福村出版, pp.33-66, 2015.

12）稲葉陽二『ソーシャル・キャピタル──「信頼の絆」で解く現代経済・社会の諸問題』生産性出版, p.4, 2007.

13）金子郁容「コミュニティ科学とは何か」金子郁容・玉村雅敏・宮垣元編著『コミュニティ科学──技術と社会のイノベーション』勁草書房, pp.17-18, 2009.

14）小浜ふみ子「あるけど、ないコミュニティ」吉原直樹・近森高明『都市のリアル』有斐閣, p.118, 2013.

15）奥田道大『都市と地域の文脈を求めて──21世紀システムとしての都市社会学』有信堂, p.161, 1993.

◇参考文献

・青西靖夫「島根県における地縁型住民組織の現状と課題」『島根県中山間地域研究センター研究報告』第15号, pp.21-32, 2019.

・Gerard, D., *Community*, Routledge, 2003.（ジェラード・ディランティ, 山之内靖・伊藤茂訳『コミュニティ──グローバル化と社会理論の変容』NTT出版, 2006.）

・広原盛明『日本型コミュニティ政策──東京・横浜・武蔵野の経験』晃洋書房, 2011.

・神谷国弘・中道實『都市的共同性の社会学──コミュニティ形成の主体要件』ナカニシヤ出版, 1997.

・国民生活センター編『現代日本のコミュニティ』川島書店, 1975.

・総務省「地域おこし協力隊」総務省ホームページ内「地域力の創造・地方の再生」 https://www.soumu.go.jp/main_sosiki/jichi_gyousei/c-gyousei/index.html

・田中逸郎「地域コミュニティの変遷と再構築の視点──大阪府豊中市における取組みから」『コミュニティ政策』第17号, pp.87-117, 2019.

・富永健一『社会学原理』岩波書店, 1986.

・山崎仁朗『日本コミュニティ政策の検証──自治体内分権と地域自治へ向けて』東信堂, 2014.

・山崎丈夫『地域コミュニティ論──地域分権への協働の構図 改訂版』自治体研究社, 2006.

●おすすめ

・船津衛・浅川達人『現代コミュニティとは何か──「現代コミュニティの社会学」入門』恒星社厚生閣, 2014.

・橋本和孝『縁の社会学──福祉社会学の視点から』ハーベスト社, 2013.

・細田守監督・脚本・原作『おおかみこどもの雨と雪』（アニメーション映画）スタジオ地図, 2012.

・石田光規『つながりづくりの隘路──地域社会は再生するのか』勁草書房, 2015.

・三浦典子・横田尚俊・速水聖子編著『地域再生の社会学』学文社, 2017.

・森岡清志編『地域の社会学』有斐閣, 2008.

・高橋勇悦・内藤辰美編著『地域社会の新しい〈共同〉とリーダー』恒星社厚生閣, 2009.

環境

学習のポイント

● 環境問題をめぐる歴史的経緯について学ぶ

● 環境社会学の基礎概念を理解する

● 環境と社会の関係を読み解く視点を学ぶ

1 環境社会学の対象領域

　現代社会は、高度に産業化・消費化・大衆化・情報化の進んだ社会である一方、自らが生み出した公害や環境をめぐる問題への対応を制度や政策として内部に埋め込んだ「環境社会」である。環境社会学は、そのような「再帰的近代」としての現代社会における「人間」と「環境」の相互関係を対象とする社会学の一分野である。「環境」は、身近なローカルな問題からグローバルな地球環境問題まで幅広い領域を含んでいる。

★再帰的近代
社会の生み出した結果が、社会の内部に影響を与え、制度や政策として社会に埋め込まれていくという近代社会の特徴。環境問題はその典型的な領域である。

2 環境破壊
——公害から気候変動問題へ

1 公害

　環境破壊の歴史は、森林破壊や鉱物の採掘に伴う環境汚染など近代以前からたどることができるが、環境問題は、大気や水、土壌などの環境汚染によって健康被害が引き起こされる公害をめぐる問題として、人類共通の課題となった。明治時代の足尾銅山開発による渡良瀬川流域での水質・土壌汚染、いわゆる、足尾鉱毒事件が代表的なものである。

　第二次世界大戦後に急速な高度経済成長を遂げた日本は、四大公害とされる水俣病、新潟水俣病、イタイイタイ病、四日市ぜんそくなど、世界で最も激烈な公害被害を経験している。水俣病は、発生当初は原因不明の「奇病」として扱われていたが、1956（昭和31）年5月に公式確認され、その後、原因物質として工場廃水中の有機水銀が特定され、患者団体や漁民による被害者救済を求める運動と世論による社会的認知の高まりによって、国レベルでの制度化が進んだのは1960年代以降で

★公害
多様な人間活動によって環境が悪化し、大気、水、土壌の汚染、騒音、振動、地盤低下、悪臭などにより、人々の健康や生活に被害が生じること。

表2-1 公害と地球環境問題をめぐる年表

年	出来事	
1956（昭和31）	5月、水俣病の公式確認	
1967（昭和42）	8月、公害対策基本法の公布・施行	
1970（昭和45）	11月、公害国会が開催される。	
1971（昭和46）	7月、環境庁発足（2001（平成13）年1月に環境省に改組）	
1972（昭和47）	6月、国連人間環境会議がストックホルムで開催され、公害が主要テーマとして議論される。	
1973（昭和48）	10月、公害健康被害の補償等に関する法律の制定	
1992（平成4）	6月、リオデジャネイロで地球サミット（環境と開発に関する国際連合会議）が開催される。「持続可能な開発」を理念とする「リオ宣言」が採択される。アジェンダ21合意、生物多様性条約が採択される。	
1993（平成5）	11月、環境基本法の制定	
1997（平成9）	12月、第3回気候変動枠組条約締約国会議（COP3）で、京都議定書が採択される。	
2004（平成16）	6月、特定外来生物による生態系等に係る被害の防止に関する法律の制定	
2015（平成27）	5月、国連サミットで、SDGs「持続可能な開発目標」が提唱される。 12月、第21回気候変動枠組条約締約国会議（COP21）でパリ協定が採択される。	

第**2**章 社会構造と変動

あった。

1967（昭和42）年8月に、公害対策基本法が公布・施行され、1970（昭和45）年11月の「公害国会」では、公害関連14法案が成立した。1971（昭和46）年7月には環境庁が設置され、1973（昭和48）年に、公害健康被害の補償等に関する法律が制定された。

2 環境問題と気候変動問題

高度経済成長期には、多様な環境問題が社会問題化してきた。自動車交通による大気汚染や騒音、廃棄物の処分をめぐる問題、また、自然環境の破壊だけでなく、われわれの生活環境の質、アメニティ、景観や町並みなどの歴史的環境の破壊など多様な環境問題が引き起こされてきた。

1980年代後半には、人類自身が人類の将来の環境を破壊するという地球環境問題が、国際社会の主要課題となった。典型的な問題が、二酸化炭素などの温暖化効果ガスの排出増加による気候変動問題である。1992年にブラジルで開催された地球サミット（環境と開発に関する国際連合会議）の主題は、地球規模の環境破壊であり、地球温暖化（気候変動）、生物多様性、海洋汚染、砂漠化などのテーマが議論された。

3 受益圏／受苦圏

特定の問題において、便益を受ける社会的まとまり（集団・組織や地域）を受益圏、被害を受ける社会的まとまりを受苦圏と表現する。公害においては、加害主体である企業などと被害者の関係が比較的明確であり、受益圏と受苦圏の関係が「分離型」と位置づけられる。一方、環境問題や気候変動問題においては、我々自身の生活——大量生産と大量消費が、我々自身の環境を破壊するという受益圏と受苦圏の関係は「重なり型」と位置づけられる。

4 持続可能性

★持続可能性
地球レベル、地域レベルの人間活動が、将来も持続できるかどうかを表す概念であり、環境、経済、社会という三つの側面から捉えられる。

1992 年の地球サミットでは、開発と持続可能性*の両立が掲げられ「持続可能な開発」の理念を中心とする「環境と開発に関するリオデジャネイロ宣言」が採択された。2000 年には、2015 年までに世界の貧困率の半減を目標とする MDGs（ミレニアム開発目標）が合意された。MDGs の「人間の安全保障」という考え方を発展させ、2015 年 9 月の国連サミットでは、2030 年までの持続可能でよりよい世界を目指す国際目標として、17 のゴール、169 のターゲットから構成される国際目標としての SDGs（持続可能な開発目標）が掲げられた。

持続可能性は、人類にとって共通の課題となってきたが、ローカルなレベルでの持続可能性とグローバルなレベルでの持続可能性が対立することがあるなど総合的、複合的な問題領域である。

3 自然環境の破壊と再生・保全
——琵琶湖の水環境をめぐって

1 琵琶湖の水質悪化

自然環境の破壊とその再生・保全をめぐる環境問題の例として、琵琶湖の水環境問題をとりあげ、「受益圏／受苦圏」をもとに考えてみよう。

日本最大の湖である琵琶湖では、昭和 40 年代から水質の悪化が進み、1977（昭和 52）年に、琵琶湖に赤潮が大量に発生し、1983（昭和 58）年にはアオコが発生した。赤潮やアオコは、植物プランクトンの異常増殖によって水面が変色する現象であり、原因は、植物プランクトンを増殖させる富栄養化物質である窒素やリンの琵琶湖への流入である。滋賀県の人口増加と経済活動の発展に伴って、富栄養化物質の琵琶湖への流入量が増大し、琵琶湖の富栄養化が進んだのである。

琵琶湖の水質悪化に危機感をもった滋賀県では、リンが含まれている合成洗剤ではなく、リンが含まれていない石けんの使用を呼びかける「石けん運動」が盛んとなり、1980（昭和55）年に「琵琶湖条例」（滋賀県琵琶湖の富栄養化の防止に関する条例）が施行された。琵琶湖条例では、滋賀県内のリンを含む合成洗剤の販売が禁止され、琵琶湖への排水に対して国の基準より厳しい基準が定められた。

2 滋賀県と下流府県

背景には、琵琶湖総合開発事業（1972（昭和47）年開始、1997（平成9）年終結）があった。下流府県と阪神工業地帯の水需要の増大に対応することを主な目的とする琵琶湖総合開発は、国家事業として進められ、下流府県・水道事業者は、下流負担金を事業費として支払うとともに、滋賀県内では、琵琶湖岸の堤防整備、下水道の整備、農業用水の近代化などが進められた。

琵琶湖には「近畿の水がめ」の役割を果たすことが期待されるようになった。「受益圏」である下流府県の水利用者にとって、琵琶湖は日常生活では意識することのない遠い存在となっている。一方、滋賀県では、下流府県の水道水源としての琵琶湖の水質保全のために、琵琶湖岸の自然生態系であるヨシ帯の保全を進める一方、琵琶湖へ流入する排水の水質への厳しい規制に継続的に取り組んでいる。

4 持続可能な地域社会
——京都市の歴史的環境保全と観光化をめぐって

1 京都市の景観行政の展開

歴史的環境の破壊とその再生・保全をめぐる環境問題の例として、京都市の景観問題を取り上げ、「持続可能性」をめぐる問題について考えてみよう。

京都市の都心部は、伝統的な木造建築である「京町家」が町並みを形成する歴史的環境の保たれた「職住共存地区」である。祇園祭の山鉾町とも重なり、祇園祭の担い手たちは「町衆」とも称され、地域に受け継がれてきた町家は、町衆たちの「張りと気概」によって維持されてきた。しかし、高度経済成長期以降、高層建築物による生活環境の悪化と「景観」破壊が問題とされ、町家の減少が訴えられてきた。

京都市は全国でも先進的な景観行政を展開してきた自治体である。

★歴史的環境
歴史のなかで形成されてきた建築物や建造物群による「景観・町並み」や地下に埋蔵されている文化財である「遺跡」などが空間的な広がりをもって保全されている状態。

1960年代の「第一次景観問題」では、京都駅前の「京都タワー」（高さ131m）の建設に対して、市民団体らの反対運動が起こり、1972（昭和47）年に、全国初の「市街地景観条例」が制定され、全市的に高さ規制が実施された。1980年代後半からの「第二次景観問題」では、JR京都駅と京都ホテルの二つの高層改築化計画が社会問題化し、1993（平成5）年3月に景観保全を基調とする「新京都市基本計画」が策定された。2004（平成16）年に制定された景観法をもとに、京都市は、2007（平成19）年に、より厳しい景観規制策である「新景観政策」を打ち出し、「屋外広告物」を厳しく規制するとともに、地域ごとに高さ規制を引き下げるというダウンゾーニングが導入された。

■2 観光化と地域の持続可能性

　歴史的環境の保全、町家の継承に取り組んできた京都市において、2000年代に入ると、4000万人程度で推移してきた年間観光客数は、外国人観光客の増加もあり、2008（平成20）年に5000万人を達成し、2014（平成26）年には5500万人を超えた。都心部でも、交通混雑や騒音などにより生活環境が悪化するなど、観光公害やオーバーツーリズム問題といわれる状況が生じた。

　観光による地域活性化は、都市のレベルでの経済的な持続可能性を高めることであるが、地域で暮らす町家住民や「町衆」、地域のコミュニティの立場から考えてみよう。宿泊施設の増加などによって生活環境が悪化し、また、地価高騰により住民の流出が危惧されている。都市中心部での町家の保全や継承も進まなくなり、また、国際情勢の変化や感染症の拡大による観光客の減少への対応など、文化的・社会的な持続可能性も維持できなくなってしまうかもしれない。

　都心部の地域社会の選択が問われている状況であり、コミュニティから政策形成が求められている。このように地域住民の価値観、社会的関係を重視して、生活者の立場から環境とのかかわりを探求する立場を生活環境主義という。

5 ▶ 環境構築の時代へ
── 地域社会とグローバルな問題をつなぐ

■1 「環境の構築」という視点

　現代社会において、「人間」と「環境」の相互関係をどのような視点

★観光公害
観光を原因として観光地周辺の地域環境や地域住民の生活に影響を与える多様な問題。過剰な観光客によりマイナスの影響が及ぶことをオーバーツーリズムという。

★生活環境主義
自然と生態系の保護を目標とする「自然環境主義」、科学技術による問題解決を図る「近代技術主義」に対して、当事者である地域のコミュニティ、生活システムの維持を重視する立場。

第2章 社会構造と変動

図2-10 環境と社会をめぐる三つの視点

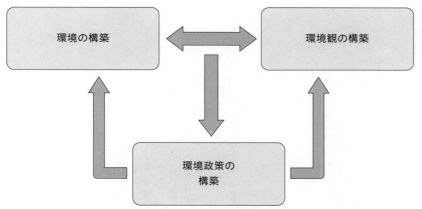

出典：野田浩資「地域環境の構築——環境史と地域社会の再編成」『京都府立大学学術報告（公共政策）』
10:131-140, p.136, 2018.

から読み解いていけばよいのであろうか。

　第一に、自然条件を背景としながらも、人間活動によって環境がつくられてきたことである（環境の構築）。科学技術の発達を含めた物理的条件についても目配りをしていかなければならない。第二に、「環境」によって、そこに暮らす人々の「環境観」が形成され、共有化され、多くの問題が異なる「環境観」の対立であることにも気づいておく必要がある（環境観の構築）。第三に、「環境政策」がつくられ、制度化されるプロセスを丁寧に理解していく必要がある（環境政策の構築）（図2-10）。

2 環境ガバナンスの時代へ

　近年、従来の政府や行政主体の規制型の環境政策から、政府・行政と市民・住民、NPOやボランティア団体が水平的な関係を形成し、より柔軟な参加・協働により問題解決を図っていくというガバナンス型への移行が進んでいる。受益圏と受苦圏の関係を一方的な関係のままにしておかないこと、また、コミュニティの視点を重視し、多面的に持続可能性の向上に努めることが、ローカルな問題だけでなく、グローバルな環境問題の解決にとっても有意義であろう。我々の世代の作り出した環境が、次世代にとっての「環境」となることを前提とした人類の将来の選択が求められている。

Active Learning
プラスチックゴミや、レジ袋の有料化は、環境ガバナンスとどうつながるでしょうか。あなたはどこにつながりがあると考えますか。

Active Learning
実は社会福祉と環境問題とは意外なつながりがある、と思うようなことはありませんか。身近な具体例から考えてみましょう。

◇**参考文献**
- 飯島伸子『環境社会学のすすめ』丸善，1995.
- 嘉田由紀子『生活環境主義でいこう！』岩波書店，2008.
- 鳥越皓之・嘉田由紀子編『水と人の環境史　琵琶湖報告書』御茶の水書房，1984.
- 片桐新自編『歴史的環境の社会学』（シリーズ環境社会学第 3 巻）新曜社，2000.
- 鳥越皓之・帯谷博明編『よくわかる環境社会学 第 2 版』ミネルヴァ書房，2017.
- 西城戸誠・舩戸修一編『ブックガイドシリーズ基本の30冊 環境と社会』人文書院，2012.
- 舩橋晴俊・古川彰編『環境社会学入門』文化書房博文社，1999.
- 舩橋晴俊・長谷川公一・畠中宗一・勝田晴美『新幹線公害 高速文明の社会問題』有斐閣，1985.
- 舩橋晴俊編『環境社会学』弘文堂，2011.
- 宮内泰介『歩く、見る、聞く 人びとの自然再生』岩波書店，2017.
- ジョン・A・ハニガン『環境社会学』ミネルヴァ書房，2007.
- ウルリッヒ・ベック『危険社会』法政大学出版局，1998.

第3章

市民社会と公共性

　近年、日本社会は大きく揺さぶられ続けている。たとえば 2008 年の世界金融危機、2011（平成 23）年の東日本大震災、2020 年の新型コロナウイルス感染症の拡大をめぐっては、さまざまな立場や観点から、公共性や正義にかかわるせめぎあいが展開されている。これらは、人々の幸福という観点からみれば、きわめて福祉的な課題である。そのなかで社会学は何ができるだろうか。社会学の領域は、「理論」と「調査」を大きな武器として、研究がなされてきた。しかし福祉分野に比べて、「実践」については、それほど重視されてこなかった。だが、社会学理論を基礎にした実践は、これからの時代に必要とされるものである。よりよい福祉社会の構築に向けて、「市民社会と公共性」と題するこの章を通じて考えてみよう。

第 1 節　社会的格差

学習のポイント

● 所得、雇用、教育、健康など、さまざまな社会的格差の特徴について学ぶ
● 日本の「中流崩壊」論争と格差拡大の経緯を学ぶ
● 社会的不平等や格差が再生産される論理を理解する

1 格差

1 「格差」はどのように登場したのか

　「格差」という言葉が日本に登場してきたのは、それほど昔のことではない。1990 年代後半の格差社会についての論争以降に広まり定着した。格差とはどういう意味だろうか？　格差と類似した言葉に「不平等」がある。不平等という言葉は「平等」の対義語だが、不平等であってはならないという規範的な意味も含まれる。他方で、格差には、数字上の違いがあるだけで、中立的なようにみえる。

　しかし、実際に格差社会が問題とされるときの格差は、ほとんど不平等と同じ意味で使われることが多い。格差の程度を知る指標としては、ジニ係数★が用いられることが多い。ジニ係数は、所得不平等の度合いを国際比較する際に用いられるもので、英語では inequality であることに変わりはない。一方、日本で「不平等」という言葉を使うことは周到に避けられ、より規範的な意味合いの低い「格差」を用いる論者が多い。現在では、たとえば「所得の不平等」よりも「所得格差」という表現のほうがよく使われるようになった。いわば「不平等」が「格差」という言葉に言い換えられたのである。

2 「中流崩壊」論争

　戦後の高度成長期から 1970 年代の石油危機までの間に、日本人のなかで「中流」意識が広まったといわれた。1966（昭和 41）年度版の『国民生活白書』には「中流階級意識の増大」という語が登場する。1970年代になると「一億総中流の時代」と呼ばれ、それを否定する論者との間で「新中間層論争」が生まれた。多くの日本人のなかで「中流」意識

Active Learning

身分制度の拘束が強かった前近代社会に比べて、近代社会や現代社会において社会的格差が問題になるのはなぜでしょうか。

★ジニ係数
イタリアの統計学者ジニ（Gini, C.）にちなんで名づけられた所得格差を表す指標で、0 に近いほど所得が均等に配分され、1 に近いほどより所得格差が大きくなる。

が広まったが、その後 1980 年代のバブル経済を経てなお日本人の中流意識は一定の高さを保っていた。

　格差という言葉が一般によく使われるようになったのは、2000 年代前後の「中流崩壊」論争である。1990 年代の後半では、バブル崩壊後の長期的な景気低迷のなかで、中流の崩壊と格差の拡大が指摘されるようになり、その是非をめぐって論争が交わされるようになった。それが「中流崩壊」論争と呼ばれるものである。

　「中流崩壊」論争とは、1998（平成 10）年に経済学者の橘木俊詔が『日本の経済格差──所得と資産から考える』で、日本は 1980 年代から不平等が拡大していると指摘したことに端を発する論争である。同書に対して、大竹文雄はこうした議論は根拠に乏しいとして批判した。橘木は、ジニ係数が 1980 年代後期のバブル期になって不平等化に向かっていると主張したが、大竹は、1979（昭和 54）年から 1994（平成 6）年にかけての所得格差が広がったようにみえたのは、全体として日本の人口が高齢化してそもそも所得の低い高齢者の割合が増えたからにすぎないというのである。

　また、社会学者のあいだでは、佐藤俊樹の『不平等社会日本』（2000年）に対して、盛山和夫が「中流崩壊は『物語』に過ぎない」と批判している。両者とも SSM 調査（社会階層と社会移動全国調査）という 1955（昭和 30）年から 10 年に一度実施している全国調査にかかわっており、いずれの見解もこの調査データの分析を基礎においているが、その解釈は大きく異なった。

　佐藤の「知識エリート閉鎖化」論では、「W 雇上」階層（ホワイトカラー被雇用者管理職・専門職）の父から息子への世代間の階層再生産傾向が、1955（昭和 30）年から 1985（昭和 60）年にかけて減少してきた後、1995（平成 7）年で急上昇した。この階層閉鎖化を分析する指標は、「オッズ比」（親がある職業についていたかどうかで、子どもがその職業に就きやすいかどうかを測る、つまり値が大きくなるほど親からの継承性が高い）である。この議論に対して、盛山は、中流の崩壊言説は常に繰り返されてきており、「中流」は現実に存在したものというよりもイメージとして構成されたものにすぎないと批判した。

3 格差と不安定の感覚

　盛山によれば、「中流崩壊」とは、大卒男子サラリーマンのように日本社会のなかで中核的な労働の位置を占めていた層が不安定化し、それ

が不安定感を拡大させたことによるものである。その後、白波瀬佐和子と竹内俊子は、「国民生活基礎調査所得票」（厚生労働省）のデータを分析し、1980年代半ば以降2000年代半ばまで所得格差は拡大したことを確認した。しかし、社会保障制度の充実によって高齢者無業世帯の経済状況が上昇したために、長期的には高齢者間の経済格差は縮小している。また、三世代世帯や独居世帯など高齢者の世帯構成の違いによる経済格差もかつてよりも縮小している。ただしほかの年齢層と比べると、全体として高齢者の所得格差は依然として大きいため、所得格差拡大は高齢化が進んできたという理由で説明できるのである。

　しかし、実態としての格差拡大に対して、生活の不安定感はより高まっている。白波瀬と竹内は、貧困率の上昇に伴い、全体的な生活困窮感が1995（平成7）年から2004（平成16）年にかけて上昇しており、それは実態としての貧困指標を上回っていたことを指摘している。このように、この時期には中核的正規労働者層の間の不安定感の広がりが実態以上に広がっていたのである。

　フランスの社会学者ポーガム（Paugam, S.）は、国際比較のデータ分析に基づき、貧困を「統合された貧困」「マージナルな貧困」「降格する貧困」の三つのタイプに分類している。ポーガムの「統合された貧困」とは、社会全体が貧しいため、貧困層が特に社会から排除されるわけでもなく、助け合いのなかで生活することが可能なタイプの貧困である。「マージナルな貧困」とは、経済成長の豊かさのなかで貧困が周縁化されると同時に不可視化されたタイプの貧困である。「降格する貧困」とは「社会的降格」のプロセス、つまり社会保障が一定整備され安定していた層ですら雇用不安定化などのリスクが高まり、全体として社会的排除への不安が高まっているタイプの貧困である。つまり、「降格する貧困」は、雇用社会の中核部分への不安定化の侵食、不安定の一般化を特徴としている。盛山、白波瀬・竹内が1980年代から2000年代初めまでのデータに基づき行った研究は、このポーガムの「降格する貧困」タイプが日本に登場してきたことを示唆している。そして、「中流崩壊」論争がその実態以上に大きく問題として取り上げられた背景には、人々の雇用不安の一般化があったと考えられる。

2 ▶ 格差と貧困

2000（平成12）年頃の格差社会論争として「格差」が社会問題化した背景には、これまでの日本社会の安定感が失われ、生活が不安定となる予兆と脅威があった。では20年後の現在では、それはどのように変化したのだろうか。

2008年のリーマンショックののち、民主党政権（2009（平成21）年〜2012（平成24）年）になると、厚生労働省は相対的貧困率を公表した。分析可能なデータが増えたことで、格差と貧困の分析に関しても新たな展開がみられた。格差だけではなく、「貧困」に注目が集まるようになったのである。2000（平成12）年に入ると、日本における所得格差の拡大傾向は落ち着いたものの、今度は世帯全体の貧困化が進行した。格差と貧困とは異なるものであり、格差の拡大が貧困の増加を伴うのかどうかによって社会へのインパクトが大きく異なる。阿部彩は「『貧困』は、格差が存在する中でも、社会の中のどのような人も、それ以下であるべきでない生活水準、そのことを社会として許すべきではない、という基準」としている。特に子どもの貧困に注目が集まり、1985（昭和60）年から2009（平成21）年までの間、日本では政府の再分配政策による子どもの貧困の削減率がマイナスで、逆転現象がみられると指摘されている。

さらに落合恵美子は、共稼ぎ世帯や働くひとり親世帯の貧困削減率もマイナスだったことを指摘している。これに対し「男性稼ぎ主」世帯の貧困削減率はプラスとなっている。つまり日本政府による所得再分配では、ひとり親世帯や共働き世帯よりも「男性稼ぎ主」世帯がより多くの恩恵を受けている。いわゆる日本型の家族主義福祉レジームは、男性稼ぎ主世帯を前提としており、そのモデルからこぼれ落ちる世帯にとって

---

i 相対的貧困率は、まず世帯所得を世帯員で調整した等価可処分所得を計算し、その中央値の50％を「貧困線」と決める。そして貧困線に満たない場合に「相対的貧困」と呼ぶ。日本では2009（平成21）年の金融危機ののち民主党政権になって初めて厚生労働省が相対的貧困率を計算し公表した。「子どもの貧困」の測定も子どものいる世帯の相対的貧困率が用いられる。

ii 「福祉レジーム」はエスピン−アンデルセン（Esping-Andersen, G.）が提案した考え方で、ヨーロッパの福祉国家を国際比較する際に用いられる。類型の数は論者によって異なるが、北欧の「社会民主主義型」、大陸欧州の「保守主義型」、英国の「自由主義型」のほか、南欧は「家族主義型」とも呼ばれる。日本がどれに位置するかは論者によって異なるが、家族の実質的な福祉負担が大きいため「家族主義型」福祉レジームに近いとする研究者は多い。

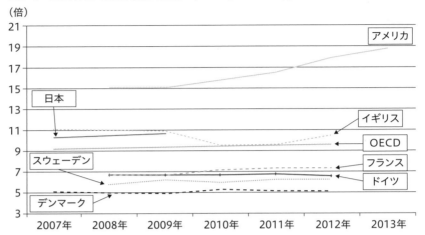

図3-1　主要各国の所得格差の推移（2007年〜2013年）

出典：労働政策研究・研修機構「国別労働トピック 2015 年 8 月」（https://www.jil.go.jp/foreign/jihou/2015/08/oecd_01.html）

は貧困へと陥りやすい状態にあったのである。

　2000（平成 12）年頃の「中流崩壊」論争と比べて、この時点で重要なことは、日本経済の衰退の長期化がすでに懸念され、リーマンショックによる経済不況がそれをさらに後押ししたことがある。2000 年代に入り、経済の停滞による有効需要の低下がさらに生産、雇用、スキル、労働生産性、名目賃金、消費、有効需要へと負のスパイラルをもたらしていたのである。

　2014（平成 26）年の段階においても、ジニ係数に基づくかぎり、格差は拡大してはいないと結論づけられている。その一方で、相対的貧困率をみると、1985（昭和 60）年の 12％から 2009（平成 21）年の 16％まで 4 ポイント上昇している。つまり全体の所得が低下している一方で、より低い所得層が増加している。所得格差は不平等の拡大よりも高齢化や世帯構成の変化が要因であるという指摘もあるが、最近の研究によれば、現役労働者の間の賃金格差は確実に拡大しているようだ。

　所得格差については、最新のデータを用いた精緻な分析も継続的に行われている。所得格差の現状については、古い議論や知見にこだわらず、常に最新の研究を踏まえて知識をアップデートしていく必要がある。この分野については継続的な研究が行われており、注意してそのつど調べていけば、最新の知識を得ることも比較的容易であろう。

3 雇用格差

雇用者所得という観点からは、雇用者間の所得格差の拡大は非正規雇用者の増加が一因となっている。雇用者に占める非正規雇用者の割合は年々増加しており、2002（平成14）年の29.4％から2019（令和元）年には38.3％となっている。このような非正規雇用者比率の上昇によって正規雇用者との所得格差が問題となっている。

もっとも、非正規雇用のなかでも、定年退職した高齢者の再雇用も増加しており、また多様なライフスタイルに合わせて自発的に非正規雇用を選ぶ人々もいる。そのなかでも「正規の職員・従業員の仕事がないから」という理由の「不本意非正規」の割合は、「労働力調査」によれば2014（平成26）年の18.1％から2019（令和元）年には11.6％に低下しており、いちがいに非正規雇用が不安定雇用であるとはいえないことも指摘されてきた。

樋口美雄・石井加代子・佐藤一磨の研究では、日本の非正規雇用者の大半は、世帯の主たる稼ぎ手ではなく、賃金が低いものの、家計補助的な役割が強く、むしろ世帯間の所得格差を縮小する傾向がある。特に有配偶世帯では2000年代初頭から2010年代初頭にかけて、夫の所得が低い層で妻の非正規雇用就業率が顕著に増加しており、妻による追加的稼得所得が世帯間の格差を縮小させたことが示唆されている。

しかし、正社員以外の労働者が自分自身の収入を主な収入源とする割合は、特に女性において上昇している傾向があり、正規雇用と非正規雇用の処遇格差は男女間の格差の問題としても浮上している。また、世帯構成の変化、つまり高齢世帯の増加や高所得男性の妻の有業率の高まり、ひとり親世帯の増加、単身世帯の増加は、世帯間の格差拡大の要因ともなっている。非正規雇用は景気の調整弁として容易にリストラの対象となり不安定な身分であるだけでなく、社会保険や年金などさまざまな社会保障に関しても不安定である。

個人間の所得格差を拡大させる要因として、高齢化や非正規雇用の増加に加えて、「業務の二極化」も指摘されている。1990年代から2000年代にかけてサービス経済化が進行することによって、低収入、非正規雇用の比率の高いサービス業が増加している。2010（平成22）年以降は在宅介護サービスのように労働集約的な低収入の業務が増加しており、有配偶女性のパート比率が高まっている。

その他に、格差拡大の要因として、世代効果も指摘されている。太田聰一によれば、世代効果とは、学校を卒業した時期の景気動向が、その後の雇用環境に及ぼす長期的な影響である。バブル崩壊後に学卒期であった「氷河期世代」は、経済状況が厳しいなかで、不本意な就労状況にあり、無業や離職を経験したり、勤続年数がほかの世代と比べて短いなどの特徴がある。そのため、この世代の給与水準はほかの世代と比較して低い傾向がある。日本企業の採用行動が新卒を重視していることがこの「世代効果」をもたらしてきた。太田によれば、この「団塊ジュニア世代」の労働者全体に占める割合が高く、この世代の低賃金が全体の平均値に影響を与えている。「世代効果」をもたらす原因はさまざまであるが、特に学校卒業時点の経済状況がもたらす世代効果の特徴は、その世代にとって「傷跡効果」、すなわち「一時的なショックの効果」が持続する点にある。学卒時に不況であった世代は、比較的長期にわたって高い無業率、雇用の不安定性、低賃金の可能性が高くなり、特に学歴の低い層にその影響が大きいのである。

日本の労働市場では賃金は景気動向には影響されておらず、むしろ初職に就いた時点での失業率が賃金に有意に影響を与えているとする研究もある。また、黒澤昌子と玄田有史の研究では、学卒前年失業率が高いほど離職する傾向が強まることが指摘されており、ここでも世代効果の存在が確認されている。これらの研究によって、日本では、運悪く経済不況期に学校を卒業した世代は、雇用の不安定化や賃金の低下、失業などのリスクがほかの世代よりも高いという問題が明らかになっているのである。

4 教育格差

格差についての議論は、経済的格差だけではなく、さまざまな社会的な側面の格差とも関係し、また、ほかに広がっている。以下では、教育格差について取り上げる。

「生まれ」による格差の是正は、近代社会にとって重要な課題である。出身階層という本人の努力によっては変えられない境遇がその後の人生を決めてしまうことのない、平等で公正な社会を目指すべきというのは近代社会の理念でもある。実際に、そうした平等で公正な社会は戦後の一時期に達成されたかのように思われた時代があった。貧しい生まれで

あっても、学校で好成績をとり進学することができれば、将来の社会的な成功がかなえられると固く信じられていたし、実際にそれはまんざらうそではなかった。しかしその背景には、産業構造の変化や高等教育の大衆化といった社会の大きな変化があった。

1970 年代以降、ほとんど「みんな」と呼べるほど多くの人たちが高校に進学する**大衆教育社会**になると、教育年数の平均的な底上げによって出身階層による教育格差は見えづらくなったといわれる。しかし実証的な調査研究によれば、平均的な高学歴化が進行しても、父の学歴と子の学歴の関連の強さは大きく変わったわけではない。最近の研究では、現在になって教育格差が広まったというよりもむしろ、そもそも日本の社会ではいつの時代でも、つまり格差が縮まったと思われていた時代においてすら、教育格差はあったとされている。

日本が近代化の道を突き進んでいたころには、「立身出世」の物語が数多く生まれた。村で一番の秀才が村人の期待を背負って都会に出て、大学を卒業し故郷に錦を飾り戻る。日本の近代化はこのような、秀才たちの階層上昇移動を可能にした「立身出世主義」のイデオロギーとそれをある程度現実のものとした近代日本の条件によって生み出された。加熱した受験競争という「煽り」の一方で、反エリート主義的な言説による「鎮め」（冷却イデオロギー）は、「ゆとり教育」を推進させることにもなった。しかし、実際に「ゆとり」が進められると今度は、実際の学力格差として具体的に現れる。竹内洋によれば、こうした冷却イデオロギーは、学力上位層の生徒と保護者には「ゆとり」はタテマエとして受け入れられたが、ホンネでは学力が重要であることに変わりなかった。他方で学力下位層の生徒と保護者には「ゆとり」はホンネとタテマエの区別なく受け入れられた。しかしこの頃から、生徒の階層による教育格差や学力格差が指摘されるようになった。

教育格差や階級の再生産が生まれるのは、労働者階級特有の文化が学校文化となじまないためと指摘する**文化的再生産論**[iii]も教育社会学を中心に定着している。イギリスの社会学者ウィリス（Willis, P. E.）は、『ハマータウンの野郎ども』のなかで、労働者階級の子どもたちが勉強熱心であることを避け、自ら積極的に落ちこぼれを選択することによって階級を再生産させてしまっていることを明らかにした。竹内は、「英国型

---

iii 学校文化を通じて親から子へと階級が継承されるという理論。ブルデュー（Bourdieu, P.）とパスロン（Passeron, J. C.）らの『再生産』、ウィリスの『ハマータウンの野郎ども』などが代表的な著作として挙げられる。

Active Learning

近年、全国で行われている「生活困窮世帯の子どもの学習支援」の取り組みの意義と限界について、文化的再生産論の観点から考えてみましょう。

119

が『抵抗』が従属に帰してしまう階級の再生産への加担とすれば、日本型は社会的成功と学力・学歴は無関係という『誤認』による階級の再生産への加担」がなされてきたと分析している。^{iv}

　最近の教育社会学の研究では、社会階層、SES（社会経済的地位）による子育てのロジックの違いが注目されている。松岡亮二は、中流家庭の親は子どもの生活に意図的な介入をすることで望ましい行動や態度、技術などを形成しようとする「意図的養育」を行い、労働者階級・貧困家庭の親は大人の意図的な介入がなくとも育つとする「放任的養育」がされていると指摘している。意図的養育と放任的養育とには、習い事やテレビ視聴時間の制限などの「日常生活の構造化」、論理的な言語による「大人との議論・交渉」が奨励されるか、質問・交渉が期待されず命令口調が多いか、学校など「制度」との交渉が奨励されるか、親族とのつながりに依存するか、などの違いがあるという。意図的養育によって育てられた子どもは、社会的立場のある大人であっても臆せず、反対に放任的養育をなされた子どもは権威に従う傾向がある。

　こうした養育の違いは、特に両親の学歴による差が大きく、子どものその後の教育達成に影響を及ぼしている。両親大卒層と両親非大卒層では、子が小学校時点の大学進学期待やメディア消費時間に格差がある。また、地域や学校間にも格差が存在しているため、似た「生まれ」や同じくらいの学力の同級生に出会う可能性が高く、より教育期待も格差が生まれやすい。周りに合わせて「普通に」日々を過ごしていることで、その後の格差が大きくなっていくのである。

　大都市圏や大都市に居住している児童・生徒は他地域と比べて、より大卒の成人に囲まれている。大卒ロールモデルとの交流・ネットワークの形成、大卒を前提とする規範の内面化などが大学進学への期待をもつことにつながる。住民の大卒者割合によって、公立学校に対する期待や学習塾など教育サービスへのアクセスのしやすさも異なる。児童・生徒の学歴達成に影響する教育環境の差はどこで生まれ育つのか、という出身地によって格差が広がっている。このような教育達成に与える「近隣効果」もまた、格差を生み出す源と考えられている。

---

iv　日本では知念渉が、「エスノグラフィー（民族誌）」という集団に深く入り込む方法を用いて、「ヤンキー」と呼ばれる若者たちの調査を行った。このような「エスノグラフィー」という方法で、下層階級の生活を描く調査報告は日本でも蓄積が生まれつつある。上間陽子は沖縄の貧困家庭出身の若い女性を対象に、また打越正行は同じく沖縄の暴走族出身の若者たちのその後の仕事や生活を継続的に追跡調査している。

5 健康格差

　所得格差とは別に社会的格差としては健康格差も注目されている。「健康の社会的決定要因」を課題とする「社会疫学」はこのような健康格差に取り組んでいる。

　近藤克則によれば、平均寿命に代表される健康指標の国際比較をすると、確かに途上国では経済的に豊かになるほど寿命が延びる。しかし、たとえば経済的には豊かなはずのアメリカの平均寿命は、経済的には約5分の1にすぎないキューバとほぼ同じである。先進国の健康水準の違いは、所得格差である。アメリカのようにジニ係数が大きく貧富の差が激しい国ほど平均寿命が短く、北欧のように貧富の差が小さいより平等な国ほど健康水準が高いことがわかる。このように、いわゆる貧困のような絶対的な所得水準だけではなく、相対的な所得水準が人々の健康に影響を及ぼすことを相対所得仮説と呼ぶ。国際比較だけではなく、アメリカの州の間でも、あるいは最近の研究では日本国内でもより小さな居住地域による健康格差が明らかになっている。つまりさまざまなレベルの所得格差が同時に人々の健康状態の格差も生み出しているのである。

　では、どのような地域では、住民の健康状態は良好なのだろうか。地域住民のまとまりや信頼感などのソーシャルキャピタルが豊かな国や地域ほど、経済成長率や合計特殊出生率が高く、犯罪や虐待が少ないなどの研究のほかに、ソーシャルキャピタルの豊かな地域ほど、そこで暮らす人々も健康であるという研究結果がある。実際に、近藤らが行った日本の研究でも、他人に対する信頼感の低い地域、つまりソーシャルキャピタルの乏しい地域で暮らす人のなかに、主観的な健康感の低い人たちが多く、さらには死亡率の高いことが報告されている。

　社会的な格差が広がり、ソーシャルキャピタルが低くなるほど、他人に対して共感がもてなくなり、犯罪が増えるとも指摘されている。アメリカの州で比較しても、所得格差の大きい地域ほど殺人件数も多い。格差はそれ自体が問題であるというだけではなく、健康を害したり、犯罪などを生み出すきっかけとなり得る。一部の国でみられるように、互い

ⅴ 「ソーシャルキャピタル」論は、アメリカの政治社会学者パットナム (Putnam, R. D.) が代表的な論者の一人で、他人に対する信頼感や、助け合いなどの互酬性が活発な地域では、児童虐待、若者の非行、健康や幸福感、行政のパフォーマンスなどで良好な結果が生まれるとする膨大な研究がある。

Active Learning

本節で取り上げられた「所得格差」「雇用格差」「教育格差」「健康格差」以外に、社会福祉にとって関連のある社会的格差として考えられるものを挙げてみましょう。

に不信感をもち治安の悪化した社会では、裕福な人たちの暮らしも日々脅かされることになる。このように、格差の増大を放置しておくことは社会のまとまりを壊し、私たちの日々の暮らしを脅かす不安と恐れをも生み出してしまうことになりかねないのである。

◇**参考文献**
・阿部彩『子どもの貧困 日本の不公平を考える』岩波書店，2008.
・阿部彩『子どもの貧困Ⅱ──解決策を考える』岩波書店，2014.
・石井加代子「所得格差の要因と2010年代における動向」『日本労働研究雑誌』2018年1月号（No.690），pp.4-17, 2018.
・稲葉陽二『ソーシャル・キャピタル入門 孤立から絆へ』中央公論新社，2011.
・上間陽子『裸足で逃げる──沖縄の夜の街の少女たち』太田出版，2017.
・P. E. ウィリス『ハマータウンの野郎ども』筑摩書房，1985.
・打越正行『ヤンキーと地元』筑摩書房，2019.
・太田聰一『若年者就業の経済学』日本経済新聞出版，2010.
・大竹文雄『日本の不平等──格差社会の幻想と未来』日本経済新聞社，2005.
・小塩隆士・浦川邦夫「2000年代の貧困化傾向と再分配政策」『季刊社会保障研究』44（3），pp.278-290，2008.
・落合恵美子「「日本型福祉レジーム」はなぜ家族主義のままなのか」『家族社会学研究』27(1)，pp.61-68, 2015.
・厚生労働省『労働経済白書 平成26年度版』2014.
・経済企画庁『国民生活白書 昭和41年度版』1967.
・黒澤昌子・玄田有史「学校から職場へ──「七・五・三」転職の背景」『日本労働研究雑誌』490，pp.4-18, 2001.
・近藤克則『「健康格差社会」を生き抜く』朝日新書，2010.
・佐藤俊樹『不平等社会日本 さよなら総中流』中央公論新社，2000.
・佐藤博樹・小泉静子『不安定雇用という虚像──パート・フリーター・派遣の実像』勁草書房，2007.
・白波瀬佐和子・竹内俊子「人口高齢化と経済格差拡大・再考」『社会学評論』60（2），pp.259-278, 2009.
・白波瀬佐和子「世代と世帯からみる経済格差」『社会学年報』41, pp.9-21, 2012.
・白波瀬佐和子「人口構造の変化と経済格差」『日本労働研究雑誌』2018年1月号（No.690），pp.44-54, 2018.
・盛山和夫『社会階層──豊かさの中の不平等』東京大学出版会，1999.
・竹内洋『立志・苦学・出世 受験生の社会史』講談社，2015.
・橘木俊詔『日本の経済格差──所得と資産から考える』岩波書店，1998.
・橘木俊詔『格差社会──何が問題なのか』岩波書店，2006.
・知念渉『＜ヤンチャな子たち＞のエスノグラフィー』青弓社，2018.
・文春新書編集部編『論争 格差社会』文藝春秋，2006.
・樋口美雄・石井加代子・佐藤一磨『格差社会と労働市場 貧困の固定化をどう回避するか』慶應義塾大学出版会，2018.
・R. D. パットナム，柴内康文訳『孤独なボウリング』柏書房，2006.
・P. ブルデュー・J. C. パスロン，宮島喬訳『再生産』藤原書店，1991.
・S. ポーガム，川野英二・中條健志訳『貧困の基本形態』新泉社，2017.
・松岡亮二『教育格差──階層・地域・学歴』筑摩書房，2019.
・麦山亮太「キャリアの中断が生み出す格差──正規雇用獲得への持続的影響に着目して」『社会学評論』68（2），pp.248-264, 2017.
・村上泰亮『新中間大衆の時代──戦後日本の解剖学』中央公論新社，1984.

第2節 社会政策と社会問題

第3章 市民社会と公共性

学習のポイント

● 産業社会と脱産業社会の社会問題・社会政策について学ぶ
● 社会運動（労働運動）と福祉レジームの関係、「日本型福祉社会」について把握する
● 公共空間の変質や新しい公共空間に関する議論を理解する

1 産業社会の社会問題と社会政策

1 産業社会の社会問題：労働者の悩み・不安

社会学は、昔からさまざまな社会問題の研究に取り組んできた。現代日本においては、たとえば過疎高齢化や少子化、不安定な雇用の増加、女性やマイノリティへの差別、子どもの貧困などが社会問題としてイメージされやすいかもしれない。しかし時代によって、また社会によって、何が社会問題とされるかは異なる。ここでは、少し時代をさかのぼって社会問題とは何かについて考えてみたい。そのほうが福祉国家や社会運動とも関連づけて説明することができるからである。

❶産業社会の労働者の悩み・不安

① 産業社会と労働者

前近代（日本ではおおむね江戸時代以前）、人々は、村のなかで農耕・農業を中心に自給自足の生活を行っていた。年貢を領主に納めることはあっても、領主に雇われているわけではなかった。

だが産業革命を経て、社会はしだいに工業中心の社会（産業社会）へと移行していく。多くの人々は、雇い主の指示に従う代わりに賃金を得る存在、つまり労働者になっていった。

繊維工業などの軽工業中心の時代には、女性が労働者の中心であることは珍しくなかった。しかし、やがて重工業（特に鉄鋼・石炭産業）が社会の中心になるなかで、男性が労働者の中心になっていき、反対に女性は彼らを支える役割を担わされるようになっていった。また、障害者も排除されていった。

② 労働者の悩み・不安：退職・失業・傷病・扶養

労働者（主に男性・健常労働者）共通の悩みは何か。労働時間は現在

★社会運動
社会の全体あるいは一部を変えようとする集団的な営みを指す。一つひとつの組織のルールや状況を変えようとする運動から、国の法律や経済システムを変えようとする運動、さらに社会全体の価値観や文化を変えようとする活動までさまざまである。もともとは、フランス革命のような社会全体を変革する動き（運動）を指していたが、運動の多様化とともに意味も拡大した。現在では、NPOやNGO、ボランティア活動、社会的企業なども社会運動と捉えて分析することがよくなされている。

★労働組合
人々が労働者として、自分たちの労働条件の維持や向上を目指して結成するグループ・団体のこと。労働者は消費者でもあるので、賃金が下がれば国民全体が貧しくなって、景気も悪化する。そのため現在では、適切な労働条件が守られるように、通常、国家は法律で労働組合を保護し、結成を奨励している。

よりはるかに長く、賃金も安く、労働環境もひどかった。雇い主に不満を言えばすぐにクビにされた。当時は労働条件を規制する法律も、労働組合[★]を奨励・保護する法律も、最低賃金法もなかった。そのため、農村から都市にたくさんの人が出てきて、労働者が余るようになると（より悪い労働条件でも働く人を雇えるので）、自然と労働条件はどんどん悪化していったのである。

それでも仕事があればまだよかった。つまり、失業の不安、働いている最中のけがや病気の不安、高齢退職後の不安はなお大きかった。男性労働者が中心になるなかで、支える側に回された女性配偶者や子の扶養も悩みごとになっていった。

❷労働者リスクの社会化

① 「自己責任」

個々の労働者は、最初は、自分の悩みや不安を、「自己責任だ」「自分だけだろう」と捉えていた。しかし、やがて自分ひとりではなく、会社、工場で雇われて働く人々共通の悩みではないかと疑問を抱くようになる。

確かに産業ごとに、会社ごとに状況はかなり異なる。しかし、自分と同じような境遇の労働者たちがたくさんおり、皆が不安を抱え、つらい状況にあることもしだいにわかってくる。これは雇用される労働者全員に共通する悩み・不安なのだという確信を抱く労働者も登場してくることになる。

② リスクの社会化：社会問題化

雇い主の指示に従う代わりに、賃金を得るのが労働者である。そうである以上、その指示によっては、誰でもけがをしたりする危険性（リスク）はある。一方的に解雇されて失業することもある。どのような産業でも分野でも、どのような規模や業界の会社・工場でもそうである。そこで労働者は、そのようなリスクに、社会として、国家として対応することを求めるようになる。

★「社会問題」の考え方
構築主義と呼ばれるこの考え方では、クレイム申し立て活動が展開され、人々に受容されていく過程を記述・分析することこそ社会問題研究ということになる。社会学にはほかに、社会問題を客観的な状態と捉え、その実態と発生原因を探り、解決や制御を目指すような社会問題研究も存在する。

ところで社会学では、「社会問題とは、それを『問題だ』と世の中に向けて主張する活動（クレイム申し立て）によって構築されるものだ」という考え方[★]がある。実際、労働者は、グループ（労働組合）をつくって、雇い主（会社）と交渉し、デモやストライキ、たくさんの裁判を行い、また労働者政党も設立して、議会で労働者を保護する法律の制定を求めていった。

2 産業社会の社会政策：労働者リスクに対する社会保険・福祉国家

❶社会問題への社会政策：救貧と防貧

① 「救貧」と公的扶助

では国家は労働者の要求に、どのような社会政策[*]で対応しようとしたのか。

かつての農村社会においても、教会や篤志家による慈善事業は存在したし、国家が貧しい人々を温情的に支援することもあった。たとえばイギリスでは、封建社会の解体と農業不況によって困窮者・失業者が増加し、1601年に国家単位の救貧行政として救貧法が体系化された。

しかし産業社会に入ると、救貧制度は資本家から「怠惰を招く」と批判されるようになる。

② 「防貧」と社会保険

それに対して、労働者が国家に要求したことは、（熱心に）働くことに伴う、上述の労働者リスクから自分たちを守ってくれるような社会政策であった。多くの場合、雇用者側はそのような政策に反対したが、労働者は、デモやストライキを行い、ときには革命も辞さない姿勢をみせた。実際、1910年代にはロシアで労働者による革命も起きている。

そこで、社会保険という制度が導入されるようになった。たとえば、保守的な政治家ビスマルク（Bismarck, O. V.）は、労働運動に対抗するために、1880年代に初めて「社会保険」（疾病保険、労災保険、老齢・障害保険）を、社会主義者鎮圧法と引き換えに導入している。社会保険は防貧制度と呼ばれ、救貧制度と違って、あらかじめ費用を負担している人々だけに保護が限定される。また、その負担額は所得に応じて異なり、雇用者も費用を分担するものであった。

❷社会政策の総合化・国家規模化：福祉国家

① 福祉国家の形成と発展

1910年代には、イギリスでも健康保険と失業保険が導入された。1920年代の世界恐慌を経て、1930年代にはアメリカにおいても、連邦社会保障法（失業保険と老齢年金）が制定されるに至る。国家社会主義を標榜するナチス・ドイツも、国民皆保険を推進した。

1940年代には、すべての国民を対象とする社会保障制度を提言する、有名なベヴァリッジ報告がイギリスで出され、国際連合の国際労働機関（ILO）も社会保障制度の推進を加盟国に求めていった。

★**社会政策**
国や地方政府が、市民生活の安定や向上を目標として行う各種の公共的な政策。経済政策と対比的に用いられる。

第**3**章 市民社会と公共性

② 社会保障関連支出：経済発展と高齢化

このようにして先進諸国では、失業や退職、傷病、障害、扶養などの労働者リスクを社会全体で対処すべき「社会問題」ととらえて、国家が責任をもって対応する体制（福祉国家）を発展させていったのである。

もちろん、国家ごとに福祉の供給量には違いがある。アメリカの社会学者ウィレンスキー（Willensky, H.）は、福祉国家の発展度合を「各国の社会保障関連支出の総額がその国の GDP に占める割合」で捉えたうえで、その度合に各国の経済発展や高齢化の度合、および福祉制度の経過年数などが影響を与えていることを明らかにした。

２ 産業社会の社会政策（福祉国家）の三つのタイプ

■1 福祉国家と福祉レジーム

❶福祉レジーム論

① 「福祉国家」の再定義

ただし福祉国家の発展を、各国の社会保障関連支出の総額で捉えることには、問題もある。

前項「１ 産業社会の社会問題と社会政策」で述べたように、労働者が求めていたのは、いろいろな状況（産業、工場、雇用形態）で働く労働者が、退職や失業、傷病に陥ったときにも（扶養者含め）生きていけるような対策であった。つまり、たとえ国家がかなりの支出をしていたとしても、退職・失業・傷病時に、結局、働いていたときの所得のごく一部しか保証されなかったり、そもそも長い勤務年数が保障の要件になっていたり、労働者自身が支払う負担（掛け金）が大きかったり、そもそも保険に加入する人が少なく抑えられていたりすれば、それは労働者が求める対策にはなっていないのである。

そのような観点から福祉国家を定義し直し、その発展の度合を捉え直したのが、デンマークの社会学者エスピン-アンデルセン（Esping-Andersen, G.）である。

② 福祉国家の「発展」

エスピン-アンデルセンは、各国の福祉国家の発展度合を評価するために、各国の年金や失業保険、疾病保険について、❶現金給付額の、標準的な純収入に対する比率、❷受給資格を得るための加入年数要件、❸年金財政のうち個人負担の比率、❹失業・疾病保険加入者比率・年金受

図3-2　福祉国家の発展度合（1980年のデータ）

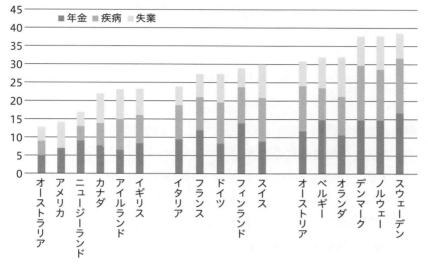

注：本グラフは、エスピン-アンデルセンが示した数字をもとに作成した。

給者比率などを点数化し、足し合わせること（「脱商品化」指標と呼ばれる）を提案し、実際に分析を行った。その結果が **図 3-2** である。発展度合が高い順に、北欧諸国（スウェーデン、ノルウェー、デンマークなど）、大陸ヨーロッパ諸国（ドイツ、フランスなど）、そしてアングロサクソン諸国（英米など）に至ることがわかる。

③　三つのレジーム

　このようにしてエスピン-アンデルセンは、福祉国家の「発展」をまったく新しい観点から捉え直したのである。さらに、三つの国家グループの違いを掘り下げるべく、福祉国家が社会にもたらす不平等についても検討している。というのも、年金や失業保険、疾病保険などの社会政策は、それらが階層や職業・職種に応じて行われると、労働者同士の階層間、職業・職種間の格差を拡大してしまう可能性があるからである。

　データ分析の結果、エスピン-アンデルセンは、雇い主と労働者から費用を集めて職域ごとに福祉を提供する大陸ヨーロッパ諸国で格差が大きく、税金などをもとに国民全体に広く福祉を供給する北欧諸国や、民間保険中心の英米諸国では格差が小さいことを示した。

　つまり三つのグループの違いは偶然のものではなく、社会構造の違いを反映しているわけである。そこから三つのグループは、「レジーム」（体制）という言葉を用いて、それぞれ社会民主主義レジーム（北欧諸国）、保守主義レジーム（大陸ヨーロッパ諸国）、自由主義レジーム（アングロサクソン諸国）と呼ばれるようになる（**図 3-3**）。

第**3**章　市民社会と公共性

Active Learning

「社会民主主義レジーム」「保守主義レジーム」「自由主義レジーム」のそれぞれのレジームにおける福祉サービス利用者の姿を描いてみましょう。

図3-3　福祉レジームの三つのタイプ

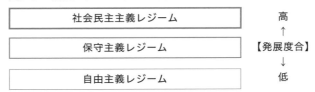

❷福祉国家の発展（福祉レジームの違い）の要因

①　左翼・労働者政党の強さ

　エスピン-アンデルセンのもう一つの業績は、福祉国家の発展（福祉レジームの違い）の要因も明らかにした点にある。すなわち、信頼性の高い国際比較データの計量分析を行い、高齢者人口比率などとともに、「左翼政党・労働者政党が立法府と内閣に議席を占める割合」（労働者階級動員変数）が影響を及ぼしていること、反対に経済成長が有意な影響を及ぼしていないことを明らかにした。また、その労働者階級動員変数が、労働組合の強さと大きく関連している（代替可能である）ことも示している。

②　福祉レジームと労働者

　このようにして、エスピン-アンデルセンは、前述したように、労働者が、産業社会の労働者共通の社会的リスクに対処すべく、それぞれの社会で福祉国家を発展させる推進力となってきたということを明らかにしたのである（**図 3-4**）。

■2 日本の場合：「福祉社会」

●日本型福祉レジームの形成

①　福祉国家の発展と「福祉社会」への転換

　福祉国家は欧米では 1940 年代から発展したが、戦後復興のなかで経済発展が重視された日本では 30 年遅れて、1970 年代前半に、老人医療の無料化や年金給付額の大幅な引き上げがなされ、発展したとされる。

　しかし同じ時期にオイルショックが起こり、日本では、個人の自立・

図3-4　福祉レジームの違いを生む要因

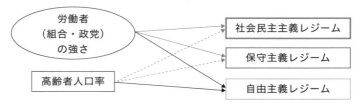

自助、家庭や近隣、職場や地域社会での連帯を基礎とする仕組み（**日本型福祉社会**）が提唱され、社会保障費の伸びは抑制されるようになっていった。

② 保守主義と自由主義

日本は、福祉国家の発展度合では、大陸ヨーロッパ諸国並み（イタリアより若干高い）であり（**図3-2**参照）、社会政策がもたらす平等化・階層化の点では特に自由主義レジーム（アングロサクソン諸国）に近い。実際、日本は、職域・企業規模で細分化される制度（保守主義的）と、低い社会保障支出と厳しい受給資格要件（自由主義的）を兼ね備えており、かつ企業等の民間セクターや家庭による福祉供給も非常に大きいのである。

そして、そのような福祉供給体制が成立してきた背景には、経済的要因（急激な経済成長とオイルショック）や高齢化だけでなく、エスピン–アンデルセンの指摘を踏まえれば、労働組合・労働者政党の弱さ（雇用者側・保守政党の強さ）があるということになる。

3 産業社会の社会政策への批判と新しい社会政策

1 産業社会の社会政策（福祉国家）への批判

❶福祉国家と新しい社会運動

① 福祉国家の問題

前記の「1　産業社会の社会問題と社会政策」でも述べたように、産業社会以来とられてきた社会政策は、基本的に男性・健常・労働者を核としたものであった。たとえ福祉レジームに多様性があったとしても、全体的な傾向として福祉国家から女性や障害者は排除されてきたといえる。また、福祉国家は経済成長を前提としている点で、環境問題への対策や環境保護活動とも親和的なものではなかった。

それゆえ、欧米では1960年代から徐々に福祉国家体制への批判が強まるようになり、学生運動、女性運動、障害者運動、環境運動などの社会運動が続出するようになる。それらは、労働運動とは異なるものとして、「**新しい社会運動**」などと呼ばれた。なお、運動のありようが福祉レジームごとに異なることも指摘されている。

② 「学生」「女性」「障害者」による運動、環境運動

　学生や女性、障害者による運動、環境運動は、以前は、労働運動と関連づけて、あるいはその一部として位置づけられることが多かった（労働者をけん引するエリートとしての学生の運動、女性労働者の運動、障害をもつ労働者の運動、労働環境をめぐる運動として）。

　だが、1960年代から徐々に、従来の「労働者」カテゴリーに属さない（依拠しない）人々が、「学生」「女性」「障害者」「環境主義者（エコロジスト）」などのカテゴリーに基づいて、それぞれ「我々意識」（集合的アイデンティティ）を構築するようになる。そして、独立した価値をもつ運動として認められ、大きな盛り上がりをみせるようになったということである。

❷新しい社会運動の位置づけ

① 公共空間への国家介入に対する抗議

★「新しい運動」の位置づけ
新しい運動の歴史的・社会的な位置づけに関する議論は、「新しい社会運動」論と呼ばれる。それに対して、運動の発生・発展要因、成否の要因を明らかにしようとする議論として資源動員や政治的機会構造論がある。

　新しい運動の位置づけ★についてはいろいろな議論がなされた。

　ドイツのハーバマス（Habermas, J.）は、福祉国家が市場経済へ、さらには生活領域一般への規制・介入を強め、民主主義の理念（支配と暴力からの解放）を支えてきた公共的な議論の空間（公共空間）を変質させてしまったと指摘する。

　そして、新しい社会運動は、市民社会に侵食する国家に対して抗議しているのであり、「新中間層や若い世代、そして専門的知識を身につける高等教育を受けたさまざまな集団」によって担われているのは、まさにそのためだとした。

② テクノクラシーへの批判

「新しい社会運動」といえそうな運動について、新聞、雑誌、本、インターネットを参照して具体例をいくつか挙げてみてください。

　また、フランスの社会学者トゥレーヌ（Touraine, A.）は、新しい運動が闘っているのは、（福祉）国家を日常的に管理・運営する、専門的知識や科学・技術の担い手たる官僚（テクノクラート）が政治家や政党、経済団体・大労働組合の幹部と組んで政策決定に強い影響力をもつに至った体制、すなわちテクノクラシーだと指摘した。

　そして、かつての労働運動と雇用者・資本家の対立関係に代わって、新しい社会運動とテクノクラシーの対立関係が社会の行く末を決める重要な闘いになるという仮説を立て、大規模な調査を実施していった。

2 新しい社会問題と社会政策

❶脱産業社会の人々の悩みと新たなリスクの社会化

① 脱産業社会の人々の悩み・不安

　1960年代に、西ヨーロッパ諸国は、しだいに情報・知識・サービス産業中心の脱産業社会へと転換していったとされる。女性の労働者は再び増え、障害者の労働参加も以前よりは可能になった。ただしサービス業などでは、技能形成によって効率化できる範囲が工業と比べて大幅に狭く、それゆえ正社員を長期雇用するよりも、非正規雇用者で代替する選択をとる雇用者は増えていった。

　テイラー–グッビー（Taylor-Gooby, P.）によれば、脱産業社会への移行（女性の労働市場参加、高齢化、労働市場の変化、民営化の進行など）の結果、人々は、労働者に伴う古い社会的リスクとは異なる、新しい社会的リスクにさらされるようになっている。それはカテゴリー横断的で個人的なリスク、つまり同じ「女性」「男性」であっても、同じ「労働者」であっても、個々人で異なるようなリスクであるという。

② 新たなリスクの社会化：社会問題化

　テイラー–グッビーによれば、新しい社会的リスクは個人的なものだが、より脆弱な人々にのしかかるものである。

　たとえば、適切な賃金と安全な仕事にアクセスするのに必要な技術を欠いている人々、学習を通して技術を更新することができない人々に特に新しいリスクはのしかかる。もともと不利な状況にある女性に、さらに賃労働と、育児や介護に対する家族責任とのバランスをとるようにという要求がなされてしまっている。また民営化により、不安定・不適切な年金や不満足なサービスを供給する民間サービスしか得られなくなるリスクにもさらされる。このように新しい社会的リスクは、特に一部の人々に重くのしかかるものであり、それゆえ、従来の社会政策全体の刷新が必要とされているわけである。

　過疎高齢化、少子化、不安定雇用、女性やマイノリティへの差別、子どもの貧困など（本節の最初で示した例）は、まさに脱産業社会の新しいリスクが、高齢者や若い労働者、子ども、女性、マイノリティなど脆弱な人々に積み重なっている事例だといえる。

❷社会的リスクに対する新しい社会政策：新しい公共空間

① 新しい社会政策としてのソーシャルガバナンス

　新しい社会的リスクは、上述のように個別的・カテゴリー横断的で、従来の行政の問題発見能力やその対応力（公平性の観点から画一的にな

らざるを得ない）をしばしば超えているといわれる。そこで期待されているのが、NPOなどの非営利セクターである。当事者からの発信を、NPOや自助グループは支え、行政やケアワーカーにつなげていくことが可能だからである。

NPO、自助グループ、協同組合、労働組合、企業、そして国家・地方自治体などの行政組織が連携することで維持・形成される福祉・生活保障のあり方は、従来の福祉国家とは区別されて、しばしばソーシャルガバナンスと呼ばれる。

産業社会期に国家の公共的な役割を強化した福祉国家は、脱産業社会では、さまざまな組織を巻き込んだソーシャルガバナンスへと徐々に再編成されつつある。それは、「公共空間」を新たにつくり出す動きでもあり、日本でも新しい公共と呼ばれ推進されてきている。もちろん、それで国家や地方自治体の果たす役割や責任が軽くなるわけではまったくない。その規模や資金、影響力は、ほかの組織・団体に比べてはるかに大きく、今後も国家・自治体の社会政策は、決定的に重要であり続ける。

② まとめ

以上、本節では「社会問題と社会政策」について、産業社会と脱産業社会に分けたうえで、国家（社会政策）と運動（労働運動・新しい社会運動）の関係と変化を軸に説明を行ってきた。本筋の部分は、図3-5のようにまとめられる。

現代日本では、脱産業社会のリスク・問題・政策（図3-5の右側）に議論が限定されがちであるが、産業社会も含めたより大きな枠組みのなかで現状をとらえることで、リスク、社会問題や社会政策とその変化を正確に理解することができるのである。

ちなみに、図3-5は、歴史的な変化と現状に関する記述をまとめた（社会学的な）図であって、こうあるべきだという規範的な図ではない。前述のように本来、国家・地方自治体の役割や責任は非常に大きく、本書の性質上もそれらを中心に置いた図としたいところである。ただし歴

図3-5　主たる社会問題・政策・運動と変化

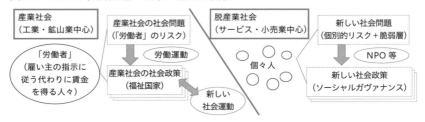

史的な事実として、また計量分析から実証されることとして、国家や地方自治体は悩む人々の声と運動によって突き動かされる形で社会政策を発展させてきたといわざるを得ない（それは人々のニーズを重視する点では悪いことでもない）。そのため、図では社会・人々・運動を中心的に描いている。

　国家が人々の声に応えて、実際にどのような社会政策を展開してきたのかについては、ぜひ本シリーズの各巻をご覧いただきたい。

◇参考文献
・Esping-Andersen, G., *The Three Worlds of Welfare Capitalism*, NJ : Princeton University Press, 1990. （岡沢憲芙・宮本太郎監訳『福祉資本主義の三つの世界——比較福祉国家の理論と動態』ミネルヴァ書房，2001.）
・Habermas, J., *Theorie des kommunikativen Handelns*, Bde. 1-2, Suhrkamp Verlag, Ehm, 1981. （川上倫逸他訳／藤澤賢一郎他訳／丸山高司他訳『コミュニケーション的行為の理論（上／中／下）』未來社，1985-1987.）
・濱西栄司『トゥレーヌ社会学と新しい社会運動論』新泉社，2016.
・濱西栄司・鈴木彩加・中根多惠・青木聡子・小杉亮子『問いからはじめる社会運動論』有斐閣，2020.
・新川敏光『日本型福祉レジームの発展と変容』ミネルヴァ書房，2005.
・Taylor-Gooby, P. ed., *New Risks, New Welfare: The Transformation of The European Welfare State*, Oxford : Oxford University Press, 2004.
・Touraine, A., *La voix et le regard*, Paris : Seuil, 1978. （梶田孝道訳『声とまなざし』新泉社，2011.）
・Wilensky, H. L., *The Welfare. State and Equality : Structural and Ideological Roots of Public Expenditures*, Berkeley: University of California Press, 1975. （下平好博訳『福祉国家と平等、公共支出の構造的・イデオロギー的起源』木鐸社，1984.）

第 3 節 **差別と偏見**

学習のポイント

● 偏見のメカニズムについて学ぶ

● 差別のメカニズムについて学ぶ

● 新しい差別現象を学ぶ

1 社会的排除・社会的包摂とは何か
——あいりん地区の事例から

　1979（昭和 54）年生まれの筆者は「ロストジェネレーション」と呼ばれる世代で、大学時代に就職氷河期に直面した。バブル経済崩壊後の景気低迷によって日本の都市部にはホームレスが急増し、大きな社会問題となっていた。筆者が大学を卒業した 2003（平成 15）年はホームレスに関する全国調査が初めて実施され、その数が約 2 万 5000 人に達することが明らかになった。

　非正規雇用の広がりや就職難に直面していた筆者にとって、ホームレス問題は他人ごとではなかった。そこで大学院に進学してからは、全国で最もホームレス状態で暮らす人々が集まる大阪市西成区の「あいりん地区」（通称：釜ヶ崎）でフィールドワークを実施するようになった。あいりん地区は高度成長期からバブル期まで日雇労働の求人・求職活動が盛んに行われた地域だったが、バブル経済崩壊以降は失業者が急増し、ホームレス状態で暮らす人々があふれるようになった。

　フィールドワークを始めた当初、ホームレス状態で暮らす人たちの生活実態をインタビューや参与観察を通じて明らかにしようとしてきたが、彼らの困難な状況を単に把握するだけでは不十分だと思い至り、大学で仕事をするようになるまでの 6 年間、筆者はあいりん地区内の地域福祉施設で相談援助の仕事に従事していた。

　そこで見知ったのは、あいりん地区が社会から「怖い」「汚い」といった偏見を強くもたれており、そこに生きる人たちがさまざまな差別を経験しているという厳然たる事実だった。

　1 km^{2}に満たないあいりん地区には約 2 万人がひしめくが、その大半は地域外の出身である。彼らがあいりん地区に来た理由はさまざまだ

が、家族、地域社会、仕事から排除されてきたケースが多い。こうした人々があいりん地区に凝集するため、結果として異質な町とラベルを貼られがちであった。学術的・政策的概念を用いるならば、あいりん地区は長い間、社会的排除（social exclusion）に直面してきたといえるだろう。この概念は1980年代にヨーロッパで用いられるようになり、2000年頃から日本でも注目されるようになった。

社会的排除は貧困と似ているが、異なる概念である。貧困は所得に注目する静態的概念だが、社会的排除は所得だけでなく、社会、経済、政治、文化、制度などさまざまなメカニズムによって生み出される多元的で動態的な概念である。

では、これらの概念が意味する内容を具体的に考えてみよう。あいりん地区のホームレス問題を解消しようとする場合、所得保障（＝貧困対策）だけでは十分ではない。仮に所得保障をしたとしても、あいりん地区が被るスティグマ（負の烙印）は容易に払拭されないだろう。むしろ必要なのは、あいりん地区に貧困が集中するプロセスに注目し、そこに暮らす人々の社会関係に働きかけることである。したがって、所得を保障すると同時に社会参加を促し、自らの権利を行使できるようなエンパワメントが欠かせない。こうした多元的な取り組みは社会的包摂（social inclusion）と呼ばれ、社会政策上のキーワードとなっている。

なお、ソーシャルワーカーの倫理綱領（日本ソーシャルワーカー連盟）では、「原理」の項目で「ソーシャルワーカーは、差別、貧困、抑圧、排除、無関心、暴力、環境破壊などの無い、自由、平等、共生に基づく社会正義の実現をめざす」と記されている。また「倫理基準」の項目で、「社会福祉士は、自らの先入観や偏見を排し、クライエントをあるがままに受容する」と記されている。さらに「社会に対する倫理責任」の項目で、「社会福祉士は、あらゆる差別、貧困、抑圧、排除、無関心、暴力、環境破壊などに立ち向かい、包摂的な社会をめざす」と記されている。つまり、社会的排除に対抗する社会的包摂の実践はソーシャルワーカーが保持すべき倫理の中核をなすものなのである。

2 偏見

ここまでではあいりん地区が偏見を受けがちであり、そこに暮らす人々の多くがさまざまな差別を経験してきたことを示してきた。偏見や

差別は、それらを被る人々の社会的・経済的立場を脅かすだけでなく、心理的・身体的なダメージを及ぼす。今日では「偏見や差別のない社会を目指しましょう」というスローガンは、当たり前のように社会に浸透している。それにもかかわらず、差別や偏見は根深く存在し続けている。それはなぜなのか。また、偏見と差別は混同されがちな概念だが、それぞれどのような意味をもつのだろうか。以下、詳しくみていこう。

▌1 オルポートによる偏見理論

　偏見については、社会心理学者であるオルポート（Allport, G. W.）の古典的な研究がよく知られている。オルポートは偏見を「誤った、柔軟性のない一般化に基づいた反感」と定義づけている[1]。つまり、十分な証拠なしに他人を悪く考えることを偏見という。オルポートは偏見解消の方法として接触仮説を提唱する。相手に対する知識の欠如が偏見の要因であるため、異なる集団間の成員が接触することで両者の関係が改善すると主張したのである。直接接触に伴う「集団間不安の低減」や「自己開示の増加」が偏見を低減させるメカニズムとして考えられている。ただし、接触が必ずしも偏見解消にはつながらない。オルポートは接触が偏見解消をもたらす必要な条件として、「多数者集団と少数者集団が対等な立場で共通の目標を追求するような接触であること」「両者の接触が制度的に是認されていること」「両集団に共通する関心や人間性の認識を促す接触であること」を挙げている。

▌2 ステレオタイプ

　私たちは、複雑な社会的事実をそのまま受けとめることは難しい。そのため、しばしばカテゴリー化をしながら考えを整理する。このような思考様式と強く連関するのがステレオタイプである。『世論』の著者として知られるジャーナリストのリップマン（Lippmann, W.）は、人々の知覚や認識を単純化して理解することを「ステレオタイプ」と論じた[2]。

　リップマンは、細部をみようとする際に生じる多大な労力や時間を省くものとしてステレオタイプを捉えた。ステレオタイプは複雑な社会をシンプルに読み解く認知構造であり、それ自体が必ずしも社会的に害悪をもたらすものではない。ただし、ステレオタイプが反感や敵意を伴う場合、偏見と結びつきやすく、社会にさまざまな害をもたらすと考えられている。

3 ラベリング理論／逸脱

社会学の分野では 1960 年代に登場したラベリング理論が偏見と深く関連する。従来の逸脱研究では逸脱を個人や集団の性質と捉える傾向があったが、ラベリング理論は逸脱に対する社会のリアクション（反作用）に注目した。代表的な論客であるベッカー（Becker, H. S.）は、社会集団が「これを犯せば逸脱」となる規則を設け、それを特定の人々に適用し、彼らにアウトサイダーのラベルを貼ることによって、逸脱を生み出すと指摘する。ベッカーはいかなる規則が執行されるのか、いかなる行動が逸脱とみなされるのか、そしてどのような人々がアウトサイダーのラベルを貼られるのかといった問題を政治的問題と捉えたのである[3]。

また、レマート（Lemert, E. M.）は一次的逸脱と二次的逸脱という概念を用いて、逸脱的アイデンティティが形成されるメカニズムを説明した[4]。一次的逸脱とは最初の違反行為を意味する。多くの場合、最初の違法行為は、それを犯した当人の自己アイデンティティの周辺的要素にすぎない。しかし、他者からの強いレッテルによって自らを逸脱者とみなすようになることもある。この場合、他者から付与されたレッテルが当人のアイデンティティの中心的要素となり、結果として逸脱的行動の継続や激化をもたらす可能性がある。これを「二次的逸脱」という。

Active Learning

自分の経験、あるいは見聞きしたことから、「ラベリング」の例を挙げてみましょう。

第3章 市民社会と公共性

3 差別

ここまでは偏見に関連する諸概念を説明してきたが、以下、差別について詳しく論じる。

1 差別が引き起こすさまざまな問題

差別は、ある集団やそこに属する個人がほかの主要な集団から社会的に忌避・排除されて不平等・不利益な取り扱いを受けることを指す。偏見が主に意識にかかわる概念であるのに対し、差別は行為にかかわる概念である。冒頭で言及したあいりん地区では、長年、ホームレス状態の人々が生活保護から排除されてきた。日本国憲法によって生存権が保証され、生活保護という公的扶助制度があるにもかかわらず、住所不定を理由に生活保護の申請を断られ続けてきた経緯がある。その結果、ホームレス状態を余儀なくされた人たちが数多く路上で亡くなっていった。近年はホームレスを支援する団体や法律の専門家たちによる社会運動の

成果もあり、このような悲劇は減少傾向にあるが、従来の行政の対応は定住先をもたない人々に対する明らかな差別であった。本来、人々の生存を守るべき行政が社会的排除に加担していた事実は重く受けとめる必要があるだろう。

　これはほんの一例にすぎず、私たちが暮らす社会にはさまざまな差別が存在する。主だったものとして、人種差別、民族差別、性差別、障害者差別などがある。また、日本では歴史的な過程でつくられた身分差別を背景とする部落差別がいまだ根強く存在する。これらの差別の結果、就学、就職、結婚、居住などが制約されるなど、深刻な人権侵害を引き起こしてきた。

■2 差別解消に向けたさまざまな取り組み

　第二次世界大戦以降、世界的な規模で人権意識が高まるようになり、差別解消に向けた取り組みが進められてきた。1948（昭和23）年に国連総会で世界人権宣言が採択されたのはその象徴的な出来事である。この宣言はすべての人間が生まれながらに基本的人権をもっていることを初めて公式に認めた宣言で、第2条には「すべて人は、人種、皮膚の色、性、言語、宗教、政治上その他の意見、国民的若しくは社会的出身、財産、門地その他の地位又はこれに類するいかなる事由による差別をも受けることなく、この宣言に掲げるすべての権利と自由とを享有することができる」と明記されている。

　また、植民地から独立した国々が国際連合に加盟する状況が広がるなか、1965（昭和40）年には国連総会であらゆる形態の人種差別の撤廃に関する国際条約（人種差別撤廃条約）が採択された（日本の加入は1995（平成7）年）。それまで人種間の相違は生物学的要因によるものと長く信じられていたため、知性や道徳面で自分たちよりも劣る集団にネガティブな感情を抱くことは、自然な反応だとみなされていた。したがって、そのような集団を隔離・排除・支配することが正当化されていた。しかし、アメリカの公民権運動の高まりや植民地支配からの独立運動の広がりなどを契機に平等主義的人種観が優勢となった。[5] 人種差別撤廃条約の背景はこうした社会情勢の変化と連動している。

　1979（昭和54）年には女子に対するあらゆる形態の差別の撤廃に関する条約（女性差別撤廃条約）が国連総会で採択された（日本の批准は1985（昭和60）年）。これに伴い、日本では、勤労婦人福祉法の一部改正により男女雇用機会均等法が制定された。同法において雇用分野で

の男女の均等な機会・待遇の確保、女性労働者の職業能力の開発・向上など、女性労働者の福祉増進が明確に位置づけられた。なお、同法は男女の機会均等の努力を企業に義務づけたものの罰則規定がなかったため、1997（平成9）年には改正男女雇用機会均等法が成立し、現在の**雇用の分野における男女の均等な機会及び待遇の確保等に関する法律（男女雇用機会均等法）**となり、1999（平成11）年4月から施行された。これに伴い、従来の努力目標を明確な禁止規定とすることやセクシュアル・ハラスメントの防止義務が定められた。

　このように、男女平等を目指す法的な取り組みは一定程度進んでいるが、日本のジェンダーギャップは世界的にみると極端に大きいことに留意が必要である[i]。また、日本ではLGBT[ii]という概念が一般的に認識されるようになってきてはいるものの、性的少数者に対する差別を禁止する法律は現時点（2020（令和2）年）では存在せず、同性婚も認められていない。

3 合理的配慮とは何か

　2006（平成18）年には**障害に基づくあらゆる形態の差別を禁止し、合理的配慮を求める障害者の権利に関する条約（障害者の権利に関する条約）**が国連総会で採択された（日本の批准は2014（平成26）年）。これに伴い、日本は2011（平成23）年に障害者基本法を改正し、「差別の禁止」が明記された。そして、2013（平成25）年には**障害を理由とする差別の解消の推進に関する法律（障害者差別解消法）**が成立した（2016（平成28）年4月施行）。同法は行政機関や事業者が障害者に対し正当な理由なく障害を理由にサービスの提供を拒否することや、障害のない人には付けない条件を付けることなどを不当な差別的取り扱いと規定し、合理的配慮の提供を求めている。

　合理的配慮は、障害者が生活するうえで支障となる社会的障壁を除去する措置のことを指す。具体的には、❶個々の場面における障害者個人のニーズに応じて、❷過重負担を伴わない範囲で、❸社会的障壁を除去することを意味する。従来の法的規制のもとで行われてきた配慮は、不

---

i　世界経済フォーラムの「世界ジェンダーギャップ報告書2020」によれば日本のランキングは153か国中121位で男女格差の深刻な実態が浮き彫りになった。

ii　Lesbian（レズビアン、女性同性愛者）、Gay（ゲイ、男性同性愛者）、Bisexual（バイセクシュアル、両性愛者）、Transgender（トランスジェンダー、性別越境者）の頭文字をとった単語で、性的少数者の総称。LGBTのカテゴリーに当てはまらない人々も包含するLGBTQという概念が用いられることもある。

特定多数の障害者を対象とするものであった。それに対して、合理的配慮は個々の障害者のニーズに応じて提供されるものである。合理的配慮の提供義務を負う主体は、障害者差別解消法のもとでは「行政機関等」（役所や国公立の学校など）と「事業者」（民間のレストランやバスの運営会社など）であり、障害者の雇用の促進等に関する法律（障害者雇用促進法）のもとでは「事業主」となっている。[6]

　日本に固有の人権問題である部落差別については、1969（昭和44）年に施行された時限立法である同和対策事業特別措置法によって差別の解消が目指されてきた。同法は以後、法律の延長や名称を変えながら2002（平成14）年まで続いた。33年間にわたる対策事業によって地区の道路や住宅など、住環境面での格差は大きく改善されたが、差別意識や人権侵害の解消は十分に進んでこなかった。法務省の調べによれば、同和問題に関する人権侵犯事案は2011（平成23）年から2015（平成27）年に年間85〜137件で推移してきた。このような状況を受け、2016（平成28）年に部落差別の解消の推進に関する法律（部落差別解消法）が制定・施行された。

4 ▶ 容易になくならない差別

■1 古典的レイシズムと現代的レイシズム

　差別解消に向けたさまざまな取り組みが進んだ結果、差別は減少したかのように思える。しかし、実際には形を変えて存続している。以下ではこの問題をレイシズムと関連づけて論じる。レイシズムは人種、言語、文化、宗教、社会的位置によって生じる差異に否定的な位置づけを行うことを意味する。[7]また、『人種差別』の著者メンミ（Memmi, A.）はレイシズムを「現実の、あるいは架空の差異に、一般的、決定的な価値づけをすることであり、この価値づけは、告発者が自分の攻撃を正当化するために、被害者を犠牲にして、自分の利益のために行うもの」と定義している。[8]

　社会心理学者の高史明はアメリカの黒人に対するレイシズムの研究を参照し、その内容が「古典的レイシズム」から「現代的レイシズム」に変容していると指摘する。かつて黒人は道徳的および能力的に劣っているという信念に基づく偏見をもたれていた。しかし、このような公然とした「偏見＝古典的レイシズム」は、ナチス政権による人種差別政策の

反省や 1960 年前後の公民権運動の高まりのなかで弱まっていった。代わって出現したのが現代的レイシズムである。これは以下の四つの信念で構成される。❶黒人に対する偏見や差別はすでに存在しておらず、❷したがって黒人と白人との格差は黒人が努力しないことによるものであり、❸それにもかかわらず黒人は差別に抗議し過剰な要求を行い、❹本来得るべきもの以上の特権を得ている。このような特徴をもつ現代的レイシズムは人種だけでなく、女性、同性愛者、被差別部落などでも観察される。現代的レイシズムは、それまで不利な地位におかれていたマイノリティの状況が改善されたときに広くみられる現象であり、マジョリティの一般的な心理傾向を反映したものとみなすことができる。

2 在日コリアンに対する差別

日本でレイシズムを検討する際、在日コリアンは避けて通れない。高史明は著書『レイシズムを解剖する 在日コリアンへの偏見とインターネット』で 2000 年代のある時期までは在日コリアンについて露骨に侮辱的な言及を行うことは「行儀が悪い」ものであるという社会規範が存在していたが、今では完全に崩壊したと論じている。

先述した現代的レイシズムは在日コリアンに対して顕著にみられる。「差別はすでに解消されているにもかかわらず、彼らは自分たちの努力不足の責任を差別に転化して抗議し、不当な特権を得ている」という言説が典型的なものである。一方、「在日コリアンは日本人より劣っている」という古典的なレイシズムもなくなっていない。

歴史的に在日コリアンはさまざまな差別を被ってきた。制度面では外国籍であることを理由に社会保障から排除されるなどの制約があった。また、就職差別や居住差別も深刻だった。その後、1970 年代から 80 年代にかけて日本が国際人権規約を批准、難民の地位に関する条約（難民条約）に加入したことを受け、在日コリアンに対する差別は一定程度改善した。また、公的な場面で表立って在日コリアンへの偏見を表明することは社会的に望ましくないという了解も形成されていった。

しかし、1990 年代に日本の植民地支配を肯定したり戦争責任を否定

---

iii 1910（明治 43）年の韓国併合後、徴用や出稼ぎのため日本に渡り、戦後も日本に残留した朝鮮人とその子孫のこと。2019（令和元）年における韓国・朝鮮籍の特別永住者（終戦前から日本に居住していた旧植民地出身者とその子孫）は約 30 万人となっている。

iv 在日コリアンが日本で不当な利益を得ているという言説はレイシスト（人種差別主義者）に「在日特権」と呼ばれている。

したりする歴史修正主義的な動きの活発化に伴い、在日を含むコリアンを批判する言説が目立つようになった。2000年代後半にはインターネット上での差別的な言説の高まりのなかから極端な民族主義・排外主義を主張する「右派系市民グループ」が結成され、主に在日コリアンに対して過激なデモ・街頭宣伝を行うようになった。

▌3 ヘイトスピーチ／ヘイトクライム

　法務省が公益財団法人人権教育啓発推進センターに委託して実施した「ヘイトスピーチに関する実態調査報告書」（2016（平成28）年3月）によれば、2012（平成24）年4月から2015（平成27）年9月までに実施されたヘイトデモ等は1000回を超えている。同報告書では日本で起きているヘイトスピーチを、❶特定の民族や国籍に属する集団を一律に排斥する内容、❷特定の民族や国籍に属する集団の生命、身体等に危害を加えるとする内容、❸特定の民族や国籍に属する集団を蔑称で呼ぶなど、ことさらに誹謗中傷する内容の三つに大別している。

　「右派系市民グループ」の過激なデモ・街頭宣伝は、2013（平成25）年以降、「ヘイトスピーチ」として社会問題化し、メディアを通して広く報道されるようになった。ヘイトスピーチについてはいまだ確立した定義がない。そのため、どのような言動をもってヘイトスピーチと判断するのか困難だが、基本的には特定の民族や国籍の人々を排斥する差別的言動のことを意味する。ヘイトスピーチの社会問題化の背景には、「右派系市民グループ」と路上で直接対峙する「カウンター」と呼ばれる運動が拡大したことが挙げられる。このような運動は路上で「右派系市民グループ」に抗議するだけでなく、デモが行われる街で周知活動をしたり、関連する官庁に抗議をしたり、差別デモを規制する署名を集めたり、パレードを企画して世論を喚起した。一連の取り組みの結果、国会でもこの問題が取り上げられるようになり、2016（平成28）年に、本邦外出身者に対する不当な差別的言動の解消に向けた取組の推進に関する法律（ヘイトスピーチ解消法）が成立した[10]。

　ヘイトスピーチ解消法は、人種・民族差別を解消することを目的とした日本で初めての法律で一定の評価が可能だが、罰則規定がないため実効性に疑問がもたれている。また、「発言」や「表現」以外の差別行為を抑止する法律が日本に存在しない。

　ヘイトスピーチを罰することは「表現の自由」との兼ね合いもあり容易ではないが、そのまま放置すると甚大な問題をもたらす。ヘイトス

ピーチは被害者に対しネガティブに作用するだけでなく、偏見に基づく暴力行為を容認する雰囲気をつくることにもなるため、社会的影響は大きい[11]。

また、人種や宗教、民族、性的指向などの差別的動機に基づく犯罪を「ヘイトクライム」という。この概念は 1980 年代にアメリカで使われ始め、一般化した。アメリカでは 1990 年に制定されたヘイトクライム統計法に基づき、司法省が地方の法執行機関からヘイトクライムに関する統計を集め、公表することが義務づけられている。ヨーロッパでも移民・難民に対するヘイトクライムが問題となっている。日本では、2016（平成 28）年に神奈川県相模原市の知的障害者施設で 19 人が殺傷され、26 人が重症を負った事件が深刻なヘイトクライムとして知られている。

4 インターネット空間に広がる差別

ヘイトスピーチ解消法の成立や差別抑止に向けた取り組みの結果、ヘイトグループによるデモ・街頭宣伝は減少した。一方、インターネット上には依然として差別発言や事実無根のデマがあふれている。それらはいとも簡単にコピーされ、国内外に拡散される。たとえば、全国の被差別部落リストが掲載された部落地名総鑑がインターネット上で公開され、結婚差別や土地差別などの身元調査に悪用されるなど深刻な被害を生んでいる。

インターネット上では、相手に対面することなく匿名で発信が可能となることから、露骨なヘイトスピーチやフェイクニュースが横行しやすい。こうしたなかで、いかにインターネット上での差別を減らすかが模索されている。

5 ソーシャルワーカーは偏見・差別にどう向きあうべきか

ここまで根強く存在する偏見・差別について述べてきた。ヘイトスピーチ・ヘイトクライムを抑止すること、偏見や差別を生まないように教育・啓発を工夫すること、偏見や差別が原因で十分な社会参加が阻まれている状況を改善し、社会的包摂を進めること、これらは不可決な取り組みであることは論をまたない。重要なのは、このような取り組みにソーシャルワーカーがどのように関与していくかである。

Active Learning

ソーシャルワーカーは、偏見・差別に対して、どのような行為・活動を展開することができるのか、ミクロレベルおよびマクロレベルで考えてみましょう。

第3章 市民社会と公共性

ソーシャルワーカーだからといって偏見や差別から自由になれるわけではない。2017（平成29）年に、ある市役所の生活保護担当職員たちが「HOGO NAMENNA（保護なめんな）」という文言を入れたジャンパーをつくり、長年ユニフォームのように着用していたことが大きな問題となったことは記憶に新しい。その市役所の対応は生活保護受給者を蔑視するだけでなく、彼らのプライバシーへの配慮を欠いたものでもあったにもかかわらず、長年、組織内で容認されていた。このように、差別・偏見に厳しい姿勢で臨むべきソーシャルワーカーが真逆の対応をとることも現実には存在する。また、法律や社会福祉制度が特定の人々を社会的に排除することもある。したがって、偏見や差別はソーシャルワーカーの外側で起こっていることではなく、内側にその問題を抱えている可能性があることに自覚的でなければならないだろう。

　国際ソーシャルワーカー連盟（IFSW）および国際ソーシャルワーク学校連盟（IASSW）が2014（平成26）年に示したソーシャルワークのグローバル定義では、個人の問題解決を図るミクロなアプローチだけでなく、偏見や差別を生み出す社会構造を変革するマクロなアプローチの必要を強調している。つまり、人々を抑圧する社会構造を変革するソーシャルアクションが求められている。偏見や差別に対抗していくためには、ソーシャルワーカー自身が社会構造を批判的に捉え直し、社会構造に働きかけていくことが欠かせないのである。

　筆者はこのような問題認識に基づき、あいりん地区の新たなセーフティネットづくりにコミットしている。個別支援を重ねるだけでは問題が根本的に解決しないからである。これまであいりん地区は貧困状態の人々を受けとめる役割を果たしてきたが、彼らが仕事を得たり、社会参加する機会を十分につくれずにいた。その結果、地域に貧困が極端に集中することとなり、その結果、偏見・差別が長く続いてきた。こうした苦難を乗り越えるために、あいりん地区は、2013（平成25）年頃からそれまでの地域のあり方を見直し、「再チャレンジできる町」をスローガンに行政と地域団体・地域住民が協働するまちづくりを展開している。こうした取り組みにソーシャルワーカーが参画していくことも偏見・差別に対抗していくための重要な実践といえるだろう。

◇**引用文献**

1）G. W. オルポート，原谷達夫・野村昭訳『偏見の心理』培風館，1968.

2）W. リップマン，掛川トミ子訳『世論 上・下』岩波書店，1987.

3）Becker, H. S., Outsiders：Studies in the Sociology of Deviance（The Free Press），1973.（村上直之訳『完訳 アウトサイダーズ ラベリング理論再考』現代人文社，2011.）

4）Lemert, E., Human Deviance, Social Problems and Social Control（Prentice Hall），1972.

5）池上知子「差別・偏見研究の変遷と新たな展開──悲観論から楽観論へ」『教育心理学年報』53：PP.133-146，2014.

6）川島聡・星加良司「合理的配慮が開く問い」川島聡・飯野由里子・西倉実季・星加良司『合理的配慮──対話を開く、対話が拓く』有斐閣，2016.

7）小林真生「レイシズムと外国人嫌悪」駒井洋監，小林真生編『レイシズムと外国人嫌悪』明石書店，2013.

8）A. メンミ，菊池昌実・白井茂雄訳『人種差別』法政大学出版局，1996.

9）高史明「人種・民族」北村英哉・唐沢穣『偏見や差別はなぜ起こる？──心理メカニズムの解明と現象の分析』ちとせプレス，2018.

10）明戸隆浩「現代日本の排外主義と『対抗言論』──『ナショナリズム』から『ヘイトスピーチ』へ」樽本英樹編『排外主義の国際比較──先進諸国における外国人移民の実態』ミネルヴァ書房，2018.

11）永吉希久子『移民と日本社会──データで読み解く実態と将来像』中央公論新社，2020.

◇**参考文献**

・全泓奎『包摂型社会──社会的排除アプローチとその実践』法律文化社，2015.

・白波瀬達也『貧困と地域──あいりん地区から見る高齢化と孤立死』中央公論新社，2017.

・高史明『レイシズムを解剖する──在日コリアンへの偏見とインターネット』勁草書房，2015.

第4節 災害と復興

学習のポイント

● 災害の定義と被災地支援の基本的な考え方について学ぶ
● 被災者のおかれた状況について被災内容と発災後の時期の違いから理解する
● 災害を社会学の視点から考察することの意義を把握する

1 「災害多発時代」における被災地支援の考え方

　近年、日本の各地においてさまざまな自然災害が発生し、その被害が多くの人々の生活や人生に深刻な影響を与えている。地震、津波、台風や集中豪雨、洪水、高潮、突風などの大きな災害が起こると、被災した地域に暮らす人々は自力での立ち直りが困難なほどのダメージを受けてしまう。そうしたところでは、災害発生時における適切な避難行動や相互扶助、外部からの必要な資源やマンパワーの調達、被災地の復興に向けた外部者と内部者の連携による速やかな体制整備が不可欠となる。

　加えて、被災地で支援を必要とする人たちのニーズがどのようなもので、時期によってどう変化していくかを的確に捉えつつ進めていかなければ、被災地社会を適切な形でサポートしていくことはできない。地元のニーズと合わない外部者の活動が現地に混乱をもたらし、復興のプロセスを阻害するような事態も過去に生じている。

　本節では、被災地における復興に向けた動きとそこでの諸課題を把握するため、災害の定義、被災体験の内容、支援ニーズの時期的な変遷について整理する。最後に、社会学という学問が災害をどのような視点から捉え、どのような役割を果たし得るかを考えてみたい。

Active Learning

ボランティア活動における一方向的な支援が、うまくいかないことがあるといわれているのはなぜなのか、考えてみましょう。

2 災害の定義

★災害対策基本法
1961（昭和36）年に制定された法律で、1959（昭和34）年9月の伊勢湾台風を契機として制定された。災害による被害を最小限にするための、国や地方公共団体の責務（防災体制の確立や防災計画の作成など）を定めている。

　災害対策基本法★によれば、災害とは「暴風、竜巻、豪雨、豪雪、洪水、崖崩れ、土石流、高潮、地震、津波、噴火、地滑りその他の異常な自然現象又は大規模な火事若しくは爆発その他(中略)により生ずる被害」(第

２条第１号）とある。「その他」には「放射性物質の大量の放出、多数の者の遭難を伴う船舶の沈没その他の大規模な事故」が挙げられている（災害対策基本法施行令第１条）。

なお、地震や津波、スーパー台風やゲリラ豪雨などの自然現象におけるエネルギーの大きさと、それに伴って発生する被害の大きさは必ずしも一致するものではない。それぞれの災害には「個性」があり、災害の種類の違いはもちろんのこと、発生した時の状況（地理的条件、季節や時間帯など）、被災した地域の諸条件（人口の多さや密度、生活インフラの違いなど）や人々の気質（災害リスクに対する意識の高さや備えの行動の有無など）によって、被害とその影響は大きくも小さくもなるし、対応の仕方も変わってくるのである。

3 被災体験の内実

それでは、大規模災害によって生じる被害とは具体的にどのようなものなのであろうか。同じ災害において被災した人々であっても、具体的にどのような被害を受けたのかによって、心理状態や生活再建に向けた支援内容も変わってくる。林春男は、被災体験には、❶命を落とす、❷財産を失う、❸毎日の生活に支障が出る、❹心の平静を失う、といった四つのレベルがあると述べている。それぞれについて具体的にみてみよう。

1 人の生命や健康への被害

被災体験のなかで特に厳しいものは、災害によって自分自身、あるいは家族や隣人、友人・知人など大切な人の命が失われることである。災害が起こる直前まで普通にやりとりをしていた人が突然帰らぬ人となる。亡くなった本人の無念さは想像に余りあるが、遺された人たちも容易に受け入れがたい事実に向き合いながら生きていかなければならない。災害死の場面に遭遇したために PTSD★（心的外傷後ストレス障害）やサバイバーズ・ギルト（生き残った者が感じる罪悪感）にさいなまれる人や、命はかろうじて助かったとしても、被災したことによる後遺症や障害、避難生活の長期化による体調や持病の悪化に見舞われる人もいる。いずれも、災害がきっかけとなって、人生を幸せに送るための最も重要な条件の一つである生命や心身の健康が損なわれるのである。

★ PTSD
Post Traumatic Stress Disorder の略語。生死にかかわるような危険な目にあったり、死傷の現場を目撃したりするなどの強烈なショック体験、強い精神的ストレスによって強い恐怖を感じ、何度も思い出されて当時と同じような恐怖を感じ続ける病気。

2 財産や仕事への被害

災害による収入源や財産の喪失というのも、被災者の生活や人生を大きく狂わせる要因となる。住宅や家財に大きな被害が出ると、住宅を建て直したりさまざまな生活用品を買い直したりすることが必要となり、生活上の不自由や予期せぬ経済的な負担が生じる。なかには、家を購入したり店舗を改装したりしたばかりで被害に遭い、生活や仕事の再開のために二重ローンを組まなければならなくなる人もいる。自宅は無事であったとしても、勤め先の建物や設備が災害の被害によって使えなくなることがあるし、原料の確保が困難となったり取引先も被害を受けたりして勤め先が操業困難な状況に陥り、世帯収入の減少や失業などで生計手段が失われたりもする。こうした状況では、生活再建を進めるうえで必要不可欠な収入源や生計手段に深刻なダメージが生じてしまう。2020（令和2）年に入って新型コロナウイルスが世界的に蔓延し、各地で深刻な経済的影響が生じているが、それと同様のことが激甚災害の被災地域でも起こってくるのである。

3 生活基盤への被害

家族や職場に直接的な被害が少なかったとしても、被災地全体がダメージを受け、日常生活を送るうえで不可欠なサービスや設備（生活基盤）に大きな被害が出ると、その後の社会生活には大きな不便や支障が生じる。電気・ガス・水道が復旧していないと生活設備や機器の多くが使えず、自宅での生活が困難となる。各種交通手段が不通であると、職場や学校への移動ができなくなるし、生活用品等の流通が妨げられてスーパーマーケットやコンビニエンスストアで品不足の状態が続くこととなる。市民の多くが自家用車を利用する地域では極度のガソリン不足の状態が生じる。携帯電話やスマートフォンが回線の混雑や充電切れなどで使えなくなって、情報収集や必要な連絡ができなくなる事態も起こる。

4 メンタル面への影響

大きな災害で被災すると、目に見えるような被害を受けなかった場合でも大きなストレスや精神的なダメージを受ける。実際に災害に遭った人々の多くは、「もう少し逃げるタイミングが遅れていれば自分も危なかった」「たまたまいつもと違う部屋で寝ていて助かった」といった体験をしている。自分は無事だったが近所の人や知人・友人を亡くしたり、

住み慣れた町やなじみ深い場所、大事にしていた思い出の品などが災害によって無残な姿になってしまったりしたことで強いショックを受ける人もいる。災害直後は気が張り詰めていたが、しばらく時間がたって少し落ち着いたタイミングで**抑うつ症状**や**虚脱感**に悩まされたり、その後の余震や他地域での災害被害の風景を見た時に**フラッシュバック**★による心身の不調を訴えたりすることもある。

★**フラッシュバック**
強いトラウマ体験（心的外傷）を受けた後に、その記憶が突然鮮明に思い出されたり、夢にみたりする現象。

5 気づかれにくい少数者のニーズの存在

被災者の抱える課題や支援ニーズが何かを検討する際には、それぞれの被災体験や被害の内容が前記の四つのいずれに該当するのかを確認することがまずは重要となる。これら以外にも、周りの人に気づかれにくいニーズをもつ被災者もいる。例えば、日本語の読み書きや専門用語の理解などでサポートを必要とする**外国にルーツ**をもつ人たち、食物などの**アレルギー**をもっているために配給される食料に食べられないものが含まれる人たち、**精神疾患**や**発達障害**などで避難所での共同生活が難しい人たち、**ペット**を飼育していて公共の避難所に入れなかった人たちなどが挙げられる。

Active Learning

被災者の抱える課題や支援ニーズとして、考えられるものをできるだけたくさん挙げてみてください。

4 発災後の被災地社会の変化

大きな災害に遭った人たちが直面する苦しみや困りごとは、災害発生からどのくらい時間が経過しているかによっても、その内容が変わってくる。ここでは、「発災直後（およそ3日以内）」「初期対応期（およそ3か月以内）」「復旧・復興期（3か月以降）」に分けて説明する。なお、各時期の発災からの期間はあくまで目安の時期であり、災害規模や被害の発生状況により前後することがある。

1 発災直後（およそ3日以内）

災害はある日突然、予想もしなかった事態をもたらし、生命や財産等を危機的状況に陥れる。人は大きな災害に遭ったとき、自分に何が起こったのかを瞬時に理解することができない。これを災害心理学では「見当識の喪失」状態と呼ぶ。被災した地域では、多くの人がそのような心理状態に陥って適切な行動が取りづらいなかで、各人が自らの生命を守る行動を最優先に行い、そのうえで生命の危機にさらされている周

囲の人に対して可能な限りの救助・支援を行わなければならない。

　発災直後の時期に被災地外部からのサポートを期待することは難しいため、発災当初の段階では基本的にその場にいる人たちで対応しなければならず、自助と近隣による互助が中心となる。災害への備えとして「水・食料や必要な物資を3日分は確保しておくこと」が推奨される理由もそのためである。現地で取り組み得ることをまずは行いながら、外部からの救援・救助の手が差し伸べられるのを待つことになる。

▌2 初期対応期（およそ3か月以内）

　発災からおよそ3日前後になると、何らかの形で外部の支援者が被災地域のサポート業務のために到着し、地元の支援者（行政、社会福祉協議会、被災地域の住民自治組織（自治会・町内会）など）と連携しながら被害状況の確認、被災した人たちへの応急的なサポート、被災地における最低限の機能回復を急ピッチで進めていくこととなる。住居が使えなくなった人たちに対しては、学校や公的施設に避難所を開設し、当面の避難生活を送るための生活空間と必要な物資を確保していく。災害によるがれきやごみが大量に出るケースでは、それらを撤去して地域内の道路を使えるようにし、交通や物流の機能回復を図らなければならない。

　この初期対応期の被災地では、災害直後からの混乱状況が続く一方で、「災害ユートピア*」と呼ばれるような心情が被災地のあちこちで表出される。人々は生命が助かったことをともに喜びあい、被害に遭った人たちに共感し当面の危機を乗り切るために協力しあったり見ず知らずの人に親愛の情を示したりする。

▌3 復旧・復興期（発災からおよそ3か月以降）

　ライフラインの復旧などによって被災地社会の最低限の機能回復が進むにつれて、学校などの公設避難所は徐々に縮小され、災害で住まいを失った被災者は仮設住宅などに移り住むことになる。この時期になると、発災からしばらくの間にみられた「みんなが大変なときだから助けあおう」「被災した人はみな同じ立場」といった連帯意識がしだいに影を潜めていく。被害の軽い人たちは避難所を離れ、日常生活を再開させていく一方で、大きな人的・経済的被害や心理的なダメージを負った人たちは生活再建に向けた一歩を踏み出すだけの余力が生まれず、復興格差が目立ち始めることがその一因である。

　また、当初は避難所などでさまざまなサポートを受けていた人たちの多くは「生活を再建させた人」とされ、支援の対象から外れたり、支援が縮小されたりするが、決して災害による被害や影響がなくなったわけではない。避難状況が続いている人たちだけでなく、自力再建を進めている人たちも、発災当初からの疲労の蓄積などから心身の不調が出始めたり、疲労感や孤立感を深めたりしやすい。

　この時期で大事なことは、多くのマンパワーや物流を要する初期の支援活動の体制から、個別性が高く地元での息の長い活動に対応できる体制への変更を進めていくことである。そのためには、活動の中心を地元のグループ・個人におき、外部からの支援者を側面支援的な役割に特化させていくなどの、支援体制の見直しが必要となってくるだろう。

5 「災害社会学」の視点から何がみえてくるか

　災害によって大きな被害を受けた地域においては、地域社会の復興と被災者の生活再建をできるだけ早く実現することが至上命題になってくる。本節でこれまでに述べてきたのは、被災地で起こることを把握するための基本的な捉え方であった。これらを踏まえて各学問分野では、その専門性を活かしながらさまざまな取り組みがなされていく。それでは、社会学はどのようにして災害にアプローチをし、災害復興に貢献することができるのだろうか。

　筆者の考えでは、社会学は「社会集団や人間関係に関する専門科学」であり、「人々の集まりやつながり」およびそれらを維持するための「社会の仕組み」に注目しながら複雑な社会現象を読み解き、問題の理解や改善に向けた提案をしていく学問である。ここで、災害現象に対する社会学のアプローチについて、具体的な事例を挙げながらみてみよう。

　1995（平成7）年の阪神・淡路大震災では、郊外に設けられた大規模仮設住宅での居住者の孤立や「孤独死」が相次ぎ大きな問題となった。2011（平成23）年の東日本大震災では、被害の大きさに比して地元での仮設住宅の供給戸数が不足していたため、民間の賃貸住宅などを借り上げて仮設住宅とみなすみなし仮設住宅の仕組みが大々的に導入された。従来のプレハブ型の仮設住宅については過去の災害の教訓が活かされ支援体制が整えられたのに対し、この「みなし仮設住宅」には情報や支援が十分に届かず深刻な支援格差が生じた。また、分散居住すること

Active Learning
同じように被災した人のなかでも生活の立て直しが早い人とそうでない人がいるといわれていますが、その原因について考えてみましょう。

により仮設住宅のコミュニティが形成されず孤立を深めやすい、ということもわかってきた。

　このような被災地で生じた新たな問題について、社会学者がまず行うことは、それらについての情報を収集・分析して、問題の現状とその発生要因を「見える化」することである。質問紙調査や聞き取り調査などの方法でデータを収集し、分析を試みる。その際には、対象者の属性（年齢、性別、家族構成、職業）や対象となる出来事についての基本情報とともに、所属している集団や組織の有無（家族・親族、町内会などの住民組織、趣味のサークルなど）、普段の人付き合いはどのくらいあるか（家族、近隣の人たち、友人・知人ら）、支援のためのルールや仕組みはどの程度機能したのかなどの調査項目を設定し、データを集める。分析に際しては、それらの質問項目間の関係を調べて、問題状況がどのようにして起こり、どのような支援やそのための施策が有効かを示していく。

　このように災害社会学は、「人々の集まりとつながり」とそれらを動かしている「社会の仕組み」の視点から、被災地社会で新たに起こるさまざまな課題を「見える化」し、調査データの検証などによって問題解決に向けた方向性や方策を示していく営みであるといえる。東日本大震災の発生から10年近くが経過し、復興過程の検証や今後の教訓などを整理し検証する作業が進められている。たとえば先ほど取り上げた「仮設住宅」について、あるいは自分自身が関心のあるテーマについて、各災害でどのような問題が起こり現状としてどのような課題があるのかを参考文献や「おすすめ」の書籍の該当箇所を読んで考えてみてほしい。

◇参考文献
・岩崎信彦ほか編『阪神・淡路大震災の社会学 2　避難生活の社会学』昭和堂，1999.
・林春男『いのちを守る防災学』岩波書店，2003.
・齋藤康則「もう一つのコミュニティ形成——「みなし仮設」と「同郷サロン」から考える仙台の復興」吉野英岐・加藤眞義編『震災復興と展望——持続可能な地域社会をめざして』有斐閣，p.128-156, 2019.
・R. ソルニット，高月園子訳『災害ユートピア——なぜその時特別な共同体が立ち上がるのか』亜紀書房，2010.

● おすすめ
・岩崎信彦ほか編『阪神・淡路大震災の社会学 1-3』昭和堂，1999.
・舩橋晴俊ほか編『シリーズ 被災地から未来を考える①～③』有斐閣，2019.

第 **4** 章

生活と人生

　我々の日々の暮らしは、人生のさまざまな出来事（アクシデントを含む）のなかで過ぎていく。社会学は、人々の日常生活の出来事に焦点を当てながら、人間と社会との関係を解明している。ここでは、家族とジェンダー、健康、労働、世代というトピックスを取り上げて、子育て、介護、虐待、心身の障害、依存症、ワークライフバランス、正規雇用と非正規雇用、失業、過労死、世代間交流、いじめ、ハラスメント、社会的孤立といった、人生で遭遇する具体的な問題を社会学がどのように捉えているかを提示する。いずれも、ソーシャルワーカーが取り扱う現代の重要な問題ばかりである。こうして社会学は、ソーシャルワーカーの実践活動を支援している。

家族とジェンダー

● 家族に関する基本的な概念について家族社会学から学ぶ
● ジェンダーと近代家族の関係ならびに家族変動について理解する
● 家族変動に伴う現代家族をめぐる社会問題について把握する

1 家族に関する基本的な概念

1 家族の社会学的な定義

　人々はふだん家族を語るとき、自分の夫や妻、子どもや親といった個人的なことを話題にする。社会的なものとして家族を語ることは、ほとんどない。家族社会学という学問領域があると聞くと、個人的なものであると思っていた家族も社会学の対象になり得るのかと驚く人も少なくない。しかし、家族は社会と個人を結びつける最も身近な人間関係であり、社会と個人の変化が最も端的に連動して表れることになる。

　家族社会学とは、家族を社会的な事象と捉えて、家族を通じて社会と個人との関係を研究する社会学の学問分野である。さらに家族社会学は、社会学のなかで重要な位置を占めているだけでなく、社会保障や社会福祉の領域にも大きくかかわっている。

　ところで、社会学において家族に対する決定的な定義は、いまだに見出されていない。なぜなら、家族社会学では家族を社会的なものとして捉えるからこそ、その社会、時代、地域、民族、文化、階層などに左右されて、これらを超越した普遍的な定義が困難になっているからである。

　これまで家族社会学では、家族の定義が試みられてきた。アメリカの家族社会学の創始者であるバージェス（Burgess, E.）は、家族員間の相互作用に着目して、家族を「相互作用し合う複数のパーソナリティの結合体」と定義した。さらには、制度的につくられた旧来の家族から家族間の友愛（愛情）によってつくられた近代の民主的な家族へという変

---

i 〔Ernest Watson Burgess〕 1886-1966. アメリカの都市・家族社会学者。シカゴ大学教授として、シカゴ学派の中心人物であった。人間生態学的な都市研究から同心円地帯理論を提示した。H. J. ロックとの共著『家族』（1945 年）などがある。

化について、「制度から友愛へ」として提示した。なおバージェスは、シカゴ市をフィールドにした都市社会学者としても知られている。

バージェスに学んだ戸田貞三[ii]は、日本の家族社会学者の先駆者として、夫婦・親子を中心にする少数の近親者の緊密なる感情融合に基づく小集団と定義して、集団として家族を捉えた。森岡清美[iii]は、家族を集団として捉える戸田の定義を継承して、現代家族を「夫婦と親子、きょうだいなど少数の近親者を主要な成員とし、成員相互の深い感情的かかわりで結ばれた、第 1 次的な福祉追求の集団である[2]」と定義した。森岡の定義は、家族という集団が情緒的な関係で構成されて福祉的機能をはたすことに焦点を当てたものである。現在も日本の家族社会学で最も定着している定義であるが、後述するように近年の家族変化のなかで、ジェンダー論の視点からの近代家族論から、従来の家族の定義に対する問い直しが議論されている。

2 世帯と家族

家族の実態を調べるための統計調査を行う場合には、通常は家族ではなく、明確に定義された世帯（一般的には所帯とも呼ぶ）が調査の単位となる。世帯とは、住居と家計をともにする集団を指している。家族単位で調査をすると、調査対象者の主観的な視点で家族が捉えられてしまい、調査に支障が生じる場合があるので、先のように定義が明確となっている世帯を家族として調査をしているのである。たとえば国勢調査も世帯単位の調査であり、官公庁の行政用語として定着している。

しかしながら世帯内の人々には、下宿などの同居者や被雇用者といった家族外の人が含まれる可能性もある。また、遠方で就職・就学する単身赴任者や学生などの他出者は、世帯には含まれていない。**図 4-1** に示したように、世帯と家族の重なった部分が同居する家族員であり、この人々を実際の家族として捉えることになる。

以上のような世帯と家族との関係は、家族を社会的なものとして客観的に定義することの難しさを表している。

---

ii 戸田貞三 1887-1955. 日本の家族社会学の創始者。東京大学教授として、アメリカの社会調査法を導入し、経験科学として社会学を確立した。第 1 回構成調査のデータを用いることで、日本の家族について、集団的特質と家族形態を統計的に明らかにした。主著に『家族構成』（1937 年）などがある。

iii 森岡清美 1923- 第二次世界大戦後の日本の家族社会学の先導者。日本家族社会学会初代会長。東京教育大学教授として、宗教社会学や家族社会学に大きな貢献をした。主著に『真宗教団と「家」制度』（1962 年）、『家族周期論』（1973 年）などがある。

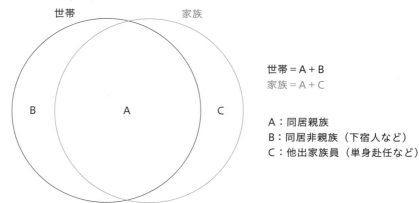

図4-1　世帯と家族

世帯＝A＋B
家族＝A＋C

A：同居親族
B：同居非親族（下宿人など）
C：他出家族員（単身赴任など）

出典：森岡清美・望月嵩『新しい家族社会学 四訂版』培風館, p.7, 1997. より作成

3 家族の分類と機能

　家族に対しては、定義と同様に、いずれの社会や文化にも当てはまる分類が検討されてきたが、家族社会学では現在、**図4-2**のように**夫婦家族**（conjugal family）、**直系家族**（stem family）、**複合家族**（joint family）という三つに分類することが標準的であるとされている。

　夫婦家族とは、夫婦とその未婚の子どもで構成された**核家族**がその典型である。ただし核家族は、このほかに夫婦のみの暮らし、ひとり親と未婚の子の同居を含む。直系家族とは、夫婦、1人の既婚子とその配偶者や子どもで構成されており、その既婚子を介して二つの核家族が結びつける家族形態であり、祖父母・親・孫の各世代からなる三世代同居家族が含まれる。一般に、その既婚子が後継ぎである場合が多い。複合家族とは、夫婦、複数の既婚子とその配偶者や子どもで構成されている。

　この家族分類は、アメリカ合衆国の人類学者マードック（Murdock,

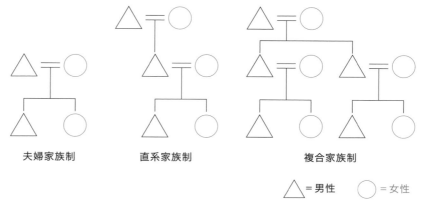

図4-2　夫婦家族制・直系家族制・複合家族制

夫婦家族制　　　　　直系家族制　　　　　複合家族制

△ ＝男性　　　○ ＝女性

出典：森岡清美・望月嵩『新しい家族社会学 四訂版』培風館, p.15, 1997. より作成

G. P.）の核家族普遍説が理論的なよりどころとなった。マードックによれば、人類社会において核家族はほかの親族関係から明確に区別できる基本的ユニットとして普遍的に存在して、家族は単独の核家族、あるいは複数の核家族の組み合わせからなる複婚家族や拡大家族に分類される。さらに家族は、社会生活の基本的な四つの社会的な機能である性、生殖、経済、教育を担うとした。ただし、マードックの核家族普遍説は、ほかの人類学者からナヤール族にみられるように夫婦が別居しながら、夫が妻方の家に移動する通い婚をもつ事例などが指摘されて批判を受けている。

4 結婚と社会

❶結婚形態

家族の形成は、一般的に主として結婚を契機に始まる。結婚は、個人にとってと同時に、社会にとっての意味や機能をもっている。つまり、性や子育てなどに関する個人的な欲求を充足するのに役立つだけでなく、性秩序の維持や新たな世代の補充などといった社会の要請に対して貢献している。結婚は、社会の安定に寄与する機能をもつのである。

したがって結婚する場合には、民法上の規定に基づいた婚姻届の提出、社会的慣習に基づいた結婚式などによる親族や友人・知人への告知といった社会的承認の手続きが必要になる。日本では、男女のカップルを前提として、社会的に正式な結婚は、結婚式を行い婚姻届を役所に提出した場合、あるいは結婚式を行わず婚姻届を提出した場合の2通りを示している。法律上では夫婦別姓は認められておらず、現在も議論が続いている。なお、離婚の場合には配偶者間の同意のもとで離婚届を提出する必要がある。他方で社会的には、結婚式を行い婚姻届を提出しなかった場合は内縁、結婚式を行わず婚姻届も提出しなかった場合は同棲と呼ばれている。

婚姻届を提出せずに長期間に同棲生活を続けてきたカップルは、依然として法律上では認められてはいないが、社会的には事実上、結婚している状態であるという意味から事実婚と呼ばれている。フランスでは、

---

iv 〔George Peter Murdock〕 1897-1985. アメリカの文化人類学者。イェール大学教授。核家族の概念により、社会学の家族理論の形成と発展に大きな影響を与えた。主著に『社会構造』（1947年）、『世界文化のアトラス』（1981年）がある。
v ナヤール族は、南インドの西海岸に住んでいた部族である。結婚後も、妻子が妻の親の家に住み、夫がそこに訪ねてくるという通い婚を行っていた。マードックの核家族普遍説に対する反証例として、よく用いられる。

1999年にPACS法（連帯に基づく民事契約）[vi]が国会で可決されて、結婚と同棲の間に「契約的同棲」が加わって制度化されている。PACS法は、パートナーが異性であるか同性であるかを問わないので、世界的に同性婚の容認に大きな影響を与えることになった。

❷定位家族から生殖家族へ

我々は、結婚という人生のイベントを経ることによって、定位家族（family of orientation）から生殖家族（family of procreation）へという二つの家族を経験することになる。定位家族とは、人が生まれて育った家族であり、親子を中心にした宿命的な家族である。そして生殖家族とは、人が自分自身で結婚によって形成した家族であり、夫婦を中心にして自分たちの子どもを育てる選択的な家族である。なお、結婚後に親と同居する場合もあるので、必ずしも生殖家族の形成が定位家族と別居して独立して暮らすことを意味しているわけではない。

❸配偶者選択の方法による結婚の分類

当然ながら結婚相手がいなければ、結婚は成立しない。結婚相手を選ぶことは、配偶者選択と呼ばれる。配偶者選択の仕方の違いを基準にして、結婚は分類されている。配偶者の数を基準にすると、単婚と複婚に分けられる。単婚は、一夫一妻婚を意味する。一方複婚には、一夫多妻婚、一妻多夫婚、集団婚がある。結婚した夫婦が夫方か妻方に住むかという居住規則によっても、夫方の定位家族と同居する夫居制（夫方居住制）、妻方の定位家族と同居する妻居制（妻方居住制）があり、その他に状況に応じてどちらかに同居する選択制、同居せずに自分たちだけで住む新居制がある。

配偶者選択の範囲には、社会的・時代的・文化的な制約がみられる。人種、民族、宗教などといった社会集団からみると、自分の所属集団から結婚相手を選ぶことを推奨する内婚原理、逆に自分の所属集団から選ぶことを避ける外婚原理がある。また、結婚する個人の側からみると、生育環境や学歴などの属性が似ている結婚相手を選ぶ同類婚、逆に異なる属性を選ぶ異類婚の区分がなされている。日本では、内婚原理と同類婚の傾向が強い。

こうした家族に関する基本的な概念は、社会における家族のあり方を分析するうえで前提となるものであるが、常に社会や時代の変化と結び

---

vi　1999年11月にフランスで成立した婚姻（結婚）に関する法律（連帯民事契約）である。当初は異性間だけに適用されたが、2013年5月に同性婚が制度化された。しかし、同性婚両当事者による生殖補助医療の利用は認められていない。

つけながら、家族変動を考慮して捉え直す必要がある。

2 ジェンダーと近代家族論

1 ジェンダーの視点からみた家族

近年、家族の変容を考えるときには、ジェンダーの視点が欠かせないものとなってきている。ジェンダーという言葉は、家族社会学といった研究領域だけでなく、いまや一般に人々の日常生活のなかでも普及してきているが、あらためてその真の意味を問われると、戸惑う人も多い。

ジェンダーとは、生物学的ではなくて、社会的・文化的に形成される性差を表す用語であると定義されている。人は、たとえば髪型や服装の男女の差異についていえば、社会的・時代的・文化的な性差を考慮して選ぶ必要がある。髪型や服装と同じように、「男らしさ」と「女らしさ」という固定観念に従った男女の区分は、職場内や家庭内の役割といったさまざまな社会的な場面で見受けられる。ジェンダーの視点からの重要な問題提起は、日常生活における習慣や慣習、組織や法制度のなかに、男女間・同性間の格差や不平等があるという点である。

とりわけ日本の家族に関しては、現在でも「男は仕事、女は家事・育児・介護」といった家庭内の性別役割分業も根強く残っている。ジェンダーの視点からの家族研究は、従来の固定した男女の役割に対して疑問や批判を呈しながら、当然視されてきた家族に関する固定観念を相対化することによって、新たな知見を提示してきたのである。

家族社会学におけるジェンダーの視点からの研究は、欧米では 1970 年代、日本では 1980 年代という比較的新しい時期に出現したものであるが、従来の家族の定義や既存研究に対して批判して再検討を迫り、現在に至るまで多大な影響を与えてきている。

また最近では、2016 年 1 月から始まって現在も継続中の国連開発計画（UNDP）の持続可能な開発目標（SDGs）の掲げる目標 17 項目のなかには、「ジェンダー平等を実現しよう」というスローガンが設定されている。同年の 12 月には、日本政府の SDGs 推進本部も、具体的な

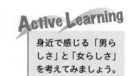

Active Learning

身近で感じる「男らしさ」と「女らしさ」を考えてみましょう。

第 **4** 章 生活と人生

---

vii Sustainable Development Goal を略して、SDGs（エス・ディー・ジーズ）と呼んでいる。2015 年 9 月に国連サミットで採択された、2030 年までに達成すべき 17 の国際目標のことである。発展途上国だけでなく、日本を含む先進国も取り組むユニバーサル（普遍的）な活動である。17 の目標には、ジェンダー以外に、貧困、教育、気候変動などが含まれている。

国内施策である「第4次男女共同参画基本計画」（平成27年12月25日閣議決定）に基づいて、女性活躍、男女共同参画の推進によるジェンダー平等の実現に向けて動き出している。このジェンダー平等を目指すジェンダーからの家族研究は、家庭内のジェンダー役割を明らかにしながら変えていこうとしており、この目標に呼応するものである。

　社会学は、社会と個人の関係を解明するなかで、われわれの日常生活におけるさまざまな社会現象を相対化してきた。既存の社会的な性差に疑念をもち、家族を相対化する作業を行うジェンダーの視点は、現代の社会学で有力かつ重要なものである。

■2 近代家族論の展開
❶歴史学による近代社会の家族の新たな捉え方

　ジェンダーの視点からの家族研究にとって、最も影響の大きかった歴史研究は、アリエス（Aries, P.）の『＜子供＞の誕生——アンシャン・レジーム期の子供と家族生活』（1960年）である。アリエスの研究は、西ヨーロッパでは近代社会になると、中世で想定されなかった「子ども期」が乳児期と成人期の間で出現したことを古文書や絵画を資料にして浮かび上がらせた。彼は、中世では子どもが成人のなかで労働する「小さな大人」として取り扱われていたが、18世紀に成立した近代社会以降になると、親から愛情や教育を受ける家族の中心的な存在になっていったと指摘した。

　産業化の進展のなかで、情緒的な関係の比重が地域共同体や親族よりも家族に偏ることになり、夫婦や親子の家族愛が重要視されて、社会のなかで家族が外界と隔絶したプライベートな愛情の場と位置づけられることになる。こうした変化こそが、近代社会の特徴であり、近代特有の近代家族を出現させたとされる。そのなかで女性が妻として母親として、家族愛を供給し維持する役割を家庭内で担うものとされていく過程を明らかにしたわけである。こうした家族のあり方が労働者階級に定着するのは、貴族階級やブルジョワ階級（企業家など）の後であり、階級差で時間的遅れもみられるとしている。

　その後、カナダの社会史研究者ショーター（Shorter, E.）は、『近代

---

viii〔Philippe Aries〕 1914-84. フランスの歴史学者。晩年に社会科学研究学院の教授になるまで、日曜歴史家として活動し、平日は熱帯農産物の機関に勤務していた。『＜子供＞の誕生』（1960年）で、現在のような可愛がられる対象としての子ども像は、18世紀のヨーロッパに生まれた新しい観念であることを発表して、大きな反響を呼んだ。

家族の形成』（1975 年）のなかで、母親が子どもの幸福を最も重要な
事項と考える母性愛が近代家族の形成の核になったことを指摘して、愛
情の規範化が近代家族の最も大きな特徴であると指摘した。母性愛が強
調されるようになった原因としては、18 世紀から 19 世紀にかけての
資本主義の浸透で、主に中産階級で性別の分業が進み、女性が生産活動
よりも育児に専念するようになったことを挙げている。また、結婚相手
の選択の際には、恋愛と結婚の結びついたロマンティック・ラブが重要
な社会規範となり、夫婦間では相互の愛情が重要となったとされている。

　ジェンダー論を推し進めたフェミニズムの立場からは、フランスの歴
史学者バダンテール（Badinter, E.）が、歴史・社会史研究を踏まえな
がら、その著書『母性という神話』（1980 年）において、「普遍的な母
性愛の存在」に疑問を呈した。そのなかで、子育てが母親以外の人によっ
て担われてきた歴史を示して、母性愛が本能ではないこと、母性本能は
神話に過ぎないことを論証したのである。日本では、たとえば子どもの
幼いときには母親が育児に専念しないと、子どもに悪影響があるという
三歳児神話は、実証されていないにもかかわらず、現在でも人々の家族
規範として強く意識されている。

　このように、近代社会の家族に関する歴史研究は、家族におけるジェ
ンダーの問題を浮き彫りにしたのである。

❷ジェンダーの視点からの近代家族論の提起

　先のような歴史研究から提示された家族に関する「常識」を覆す知見
は、ジェンダーの視点からの家族社会学研究を大きく促進させた。
1980 年代後半から 1990 年代にかけて日本の家族社会学のなかからも、
近代化のプロセスのなかで出現した家族の再検討に焦点を当てた近代家
族論が増加することになったのである。この近代家族論とは、ジェン
ダーという社会的性差が歴史的につくり出されたものであると同じよう
に、性別役割分業を当然視してきた家族が近代社会のなかで形成されて
きたものであり、近代特有の家族の一つの形態にすぎないことを明らか

---

ix 〔Edward Shorter〕 1941- カナダの歴史学者。現在、トロント大学教授。『近代
　家族の形成』（1975 年）で、近代家族の形成の核を母性愛とした。その後は、医学
　史や精神医学史の研究に専念して、多数の著作を刊行している。

x ロマンティック・ラブとは、近代社会に表れた恋愛観・結婚観である。お互いに相
　手を必要とする恋愛は、結婚によって成就するという考え方である。特に女性に
　とっての幸せは、恋愛を経て、母性愛や家族愛を持って子どもや夫を支えることで
　あるという社会規範である。

xi 〔Elisabeth Badinter〕 1941- フランスの歴史学者・哲学者・作家。『母性という
　神話』（1980 年）で、母性愛が本能的なものではなくて、男性中心の近代社会の産
　物にすぎないことを示し、ジェンダーの視点からの近代家族研究の先駆者となった。

にした研究を意味している。

　オーストリアの哲学者イリイチ（Illich, I.）は、その著書『ジェンダー——女と男の世界』（1982年）のなかで、女性の家事労働を報酬の支払われないアンペイド・ワーク（無償労働）と捉えてシャドウ・ワークと呼び、家族における男女の不平等を明らかにする。イリイチは、ジェンダーが歴史の鍵を握る主題であると主張した。

Active Learning

近代家族の特徴について、具体的に身近な例で考えてみましょう。

　日本の家族社会学のなかで早期に近代家族を再検討した家族社会学者落合恵美子は、近代家族の特徴を、次の八つに整理する。❶家内領域と公共領域の分離、❷家族成員相互の強い情緒的関係、❸子ども中心主義、❹男性は公共領域・女性は家内領域という性別分業、❺家族の集団性の強化、❻社交の衰退、❼非親族の排除、❽核家族である。

　近代家族論が登場するまでは、産業化を中心とする近代化という社会変化は、民主的な家族を出現させて、女性の社会進出を促すことによって男女の平等を推し進めるものと理解されていた。しかしながら実際には、「❶家内領域と公共領域の分離」を進めた結果、「❹男性は公共領域・女性は家内領域という性別分業」から、男性は企業などでの雇用労働、女性は家庭内の家事労働という区分が明確になり、女性の主婦化が進むことになった。女性は「一家の主婦」として、「❸子ども中心主義」のなかで育児だけでなく、夫婦や親子の間における「❷家族成員相互の強い情緒的関係」にも配慮することを期待されていった。家族愛が強調されることで、家族のなかの結びつきが強くなる「❺家族の集団性の強化」の反面で、近隣の人々との付き合いが少なくなる「❻社交の衰退」、地域社会における家族の閉鎖性という「❼非親族の排除」も強固になっていったのである。なお落合は、最後の「❽核家族」について、日本では核家族だけでなく、親との同居家族も多いので、直系家族や複合家族のなかにも近代家族の特徴をもつ場合があるとしている。

3 家族の定義の再検討

　1980年代後半から1990年代前半まで日本の家族社会学では、ジェンダー論や近代家族論の進展もあり、家族の定義の再検討が活発になっ

---

xii　〔Ivan Illich〕　1926-2002. オーストリアの哲学者、社会教育評論家。「シャドウ・ワーク」などの家族に関する論考だけでなく、学校教育を批判して真の学びのあり方を問い直して「脱学校論」を提示し、フリースクールの理論的な支柱となった。

xiii　落合恵美子　1958-　日本の家族社会学者。日本におけるジェンダーの視点からの近代家族論の先駆者。京都大学教授。江戸期の「宗門人別帳」による家研究、現代のアジアの家族変動研究にも携わった。

た。家族社会学者の家族の新たな捉え方では、山田昌弘[xiv]の主観的家族像、上野千鶴子[xv]のファミリィ・アイデンティティ論が挙げられる。

　山田は、家族を集団として固定的に捉える定義に対する批判的な検討を通じて、家族を閉鎖的に捉えずに、家族外にも開かれたネットワークとして家族を捉えて、人々がどのように家族の範囲を主観的に想定しているのかに着目する。ときに人々がペットをも家族に含めるように、情緒的に家族の範囲を定めていることに焦点を当て、その個人がどのような基準（一緒に暮らしているかどうか、生計が同じかどうかなど）で家族の範囲を決めているかが重要となる。家族であるかどうかは、こうした個人の主観的家族像に左右されており、従来の集団として確固とした家族の定義が当てはまらなくなっているとしている。

　上野は、ファミリィ・アイデンティティという概念を用いて、現代家族を捉えることが有効であるとしている。ファミリィ・アイデンティティとは、個人が誰を家族とみなすのかという家族の「境界の定義」に焦点を当てる概念である。誰を家族とみなすのかという問いにおいては、家族の実態と人々の意識の間にある差異、またほかの家族員との間でも差異があることが明らかにされている。

　両者とも、各個人が誰を家族とみなすのかという個人の視点から家族の定義の見直しを試みている。近代家族論は、ジェンダーの視点から近代社会の家族のあり方を批判的に追究するなかで、家族を相対化して新たな知見を提示しながら発展してきた。社会や時代の変化に応じて変容する家族を捉えようとする試みは、今後も続くことになる。

3 ▶ 近年における家族変動

1 産業化による家族変動

　日本は 1950 ～ 1960 年代の高度経済成長期に、急速な産業化と都市化の進行を経ることによって、人々の暮らしが大きく変わった。産業化は産業構造の変化として捉えられるが、産業の主流は第一次産業（農林

---

xiv　山田昌弘　1957-　日本の家族社会学者。中央大学教授。若年世代の家族関係に関する研究から、「パラサイト・シングル」や「婚活」といった用語を普及させた。また、「格差社会」も一般に定着させた。

xv　上野千鶴子　1948-　日本の家族社会学者。フェミニストとして社会運動にも携わっている。また、介護などのケアに関する研究、一人暮らし者を「おひとりさま」と呼んで、それに関する研究や提言など、幅広い研究・実践活動を行っている。

水産業）から第二次産業（製造業）、さらに第三次産業（サービス業・情報産業）へと大きく変貌を遂げることになった。産業構造の変化によって、全国的に農林水産業を生業とする家族は急減し、東京都・大阪市・名古屋市等に人口が集中するなかで、いわゆるサラリーマン家族が急増したのである。こうした産業化による家族の機能・規模の顕著な変化として挙げられる現象は、家族機能の外部化と家族規模の小型化の２点である。

❶家族機能の外部化

　農業を中心とした家業を生業とした社会では、家族は生産と消費の両方の場を併せもっていた。家族は、男女問わず総出で、ほかの親族や地域の人々と共同して生産活動として農作業を行い、生産した農産物を家庭内で消費していたわけである。生産と消費の機能を兼ね備えた家族は、家族員にとってはそれぞれの人生を過ごす運命共同体でもあった。

　しかしながら、いわゆるサラリーマン家族では、生産は家族と離れた会社や事業所などの職場で行われ、家族生活は共食などをする消費のみとなった。さらには、家族のもっていた機能（働き）は、生産という経済的なものだけでなく、かつて家族がもっていた保健、教育、娯楽などの機能も、金銭を支払って外部の社会サービスを購入するようになったのである。つまり、家族機能の外部化である。

　アメリカの社会学者パーソンズ（Parsons, T.）[xvi]は、産業化の定着した1950年代のアメリカの家族を検討して、核家族孤立説を提示した。パーソンズは、核家族孤立説において、マードックの核家族普遍説を前提に、核家族が外部サービスに従来の機能を代替させてほかの家族や地域から孤立しながら、家族機能として「子どもの社会化」と「成人の情緒的安定」の機能が残って特化しているとした。

　その後、ジェンダー論の立場からパーソンズの核家族孤立説に対しては、集団としての家族を前提として核家族間のつながりを考慮していない点、現実には主として女性が育児のなかで「子どもの社会化」の役割、さらに夫に対して「成人の情緒的安定」の役割といった二つの機能を担う点から、夫婦間の性別役割分業の肯定として批判がなされたのである。

❷家族規模の小型化

　厚生労働省「国民生活基礎調査」（2019（令和元）年）によれば、平

---

xvi 〔Talcott Parsons〕 1902-79. ハーバード大学教授。社会構造論あるいは社会システム論から現代の理論社会学を構築して、家族社会学、経済社会学、政治社会学などの進展に対して大きな貢献をした。

均世帯人員数については、1953（昭和 28）年が 5.00 人に対して、2019（令和元）年は 2.39 人というように大幅な減少傾向にある。こうした**家族規模の小型化**の要因は、次の二つである。

　一つは、出生数の減少による少子化に伴う世帯内の子ども数の減少である。世帯内の児童の有無については国民生活基礎調査によれば、1986（昭和 61）年と 2019（令和元）年を比べると、全世帯中で「児童のいる世帯」は 46.2％から 21.7％へと減少し、「1 人の児童がいる世帯」は 16.3％から 10.1％、「2 人の児童のいる世帯」は 22.3％から 8.7％、「3 人以上の児童のいる世帯」は 7.7％から 2.8％へと、それぞれ減少している。

　もう一つは、家族構成の変化である。先の世帯構造別にみた世帯数の構成割合の年次推移では、1986（昭和 61）年と 2019（令和元）年を比べて、全世帯中で「単独（一人暮らし）世帯」は 18.2％から 28.8％、「夫婦のみの世帯」は 14.4％から 24.4％、「ひとり親と未婚の子のみの世帯」は 5.1％から 7.0％へと、それぞれ増加したのに対して、逆に「夫婦と未婚の子のみの世帯」は 41.4％から 28.4％、「三世代世帯」は 15.3％から 5.1％へと、それぞれ減少している。

　世帯構成の変化からは、少子高齢化の影響もあり、一人暮らし世帯と夫婦のみ世帯の増加、夫婦と未婚の子のみの世帯の減少が目立つ。ただし、夫婦と未婚の子のみの世帯には、未婚化・晩婚化の影響から、親と同居する独身者である**パラサイト・シングル**[xvii]、あるいは自室から出ない社会的孤立者である**ひきこもり**[xviii]も含むので、子育てをする核家族という形態が減少し、こうした人々の家族が増加している可能性もある。他方で、ひとり親と未婚の子のみの世帯の増加は、母子家庭や父子家庭の増加も影響しており、女性や子どもの貧困化も懸念される。

---

xvii　山田昌弘が著書『パラサイト・シングルの時代』で用いた用語。大学卒業後も親と同居し続けて、親に生活を依存して独立しない未婚の若者を指す。経済の停滞を招き、社会的モラルの低下も懸念される要因とされている。

xviii　厚生労働省は、「ひきこもり」とは、「仕事や学校にゆかず、かつ家族以外の人との交流をほとんどせずに、6 ケ月以上続けて自宅に引きこもっている状態」（出典は、三宅由子「地域疫学調査による『ひきこもり』の実態調査」（平成 16 年度厚生労働科学研究費補助金こころの健康科学研究事業））であると定義している。正確な実態は把握されていないが、2018（平成 30）年に内閣府が実施した「生活状況に関する調査」によれば、全国で 100 万人を超えると推計されており、40 ～ 64 歳が約 61 万人を占めているとされる。

2 家族制度・規範の変化による家族変動

❶家制度廃止後の近代家族モデルの普及

第二次世界大戦後、1946（昭和21）年の日本国憲法の理念に基づき、旧（明治）民法が現在の民法に変わり、旧民法で規定されていた**家制度**は廃止された。家制度とは、家長である男性による家族支配を基本とする**家父長制**に基づき、家族を統率する家長（主として長男）が財産や家業を取り仕切り、法事や墓を引き継いで先祖を祀り、それらを後継ぎの子孫へと世代的に継承することが最優先される制度である。家制度は、明治政府によって武家の家族をモデルとして旧民法に盛り込まれて、人々の家族のあり方の基準であった。家長である夫に権力が集中し、妻は夫に従属するものとされていた。

家制度廃止後は、「個人の尊厳」と「両性の本質的平等」という目標を実現するために、一代限りの民主的な家族制度が導入された。日本の家族では、先のように高度経済成長期を経て都市部のサラリーマン家族が増加した。男性は雇用労働、妻は家事労働という家庭内の性別役割分業が普及することによって、男性稼ぎ手モデルによる女性の主婦化が進行した。どのような家族のあり方が好ましいと考えるのかという家族規範は、親子中心の直系家族から夫婦中心の核家族へと移り変わって、**夫婦家族制**の理念が家族規範として浸透していく。日本社会にも高度経済成長以後、近代家族が標準的な家族モデルとして普及していった。

他方で、家制度廃止後に高齢者と家族の関係は、大きな影響を受けた。家制度下では長子は、単独相続と高齢の親の扶養をセットで受け継ぐことで、家の継続が行われてきた。現民法では、長子単独相続からすべての子の均分相続へと変わり、高齢の親の扶養もすべての子が義務を分けあうことになり、親の扶養よりも配偶者や子どもに対する扶養の義務が優先するものとされている。家制度廃止後は、家族社会学では子による**経済的援助**、**身体的介護**、**精神的援助**といった**老親扶養**の問題に焦点を当てた研究が多くみられた。ただし、長男と親が同居する形態が依然として当然視される現状をみると、長男が親の扶養をするという家意識を残しながら、近代家族の特徴をもった日本型の家族が形成されてきているともいえる。現在は年金や介護保険などが高齢者の暮らしを支えていることもあり、高齢者の側から、高齢期における家族関係を捉えようとする研究も行われてきている。

❷近代家族をめぐる社会問題の顕在化

現在、ジェンダーの視点から批判された近代家族のもつ特徴は、産業

化や家族制度の変化を経て、家族をめぐるさまざまな社会問題を生み出してきている。ここでは、夫婦間の性別役割分業、家庭内の暴力・虐待、中高年のひきこもり者についてみてみたい。

① 夫婦間の性別役割分業

1960 年代の高度経済成長期には、職住分離を基本とするサラリーマン家族の増加につれて、夫婦間の性別役割分業が明確になり強化され、会社員の夫と専業主婦の妻が標準的な夫婦であるという認識が広まった。産業化社会の家族には、夫婦間の性別役割分業は適合するものであった。

また、家族を愛情の場と捉える近代家族の特徴から、愛情関係と性別役割が結合することによって、性別役割分業はより強固なものとなっていった。夫が給料を得ることが、そして妻が家事労働を引き受けることが、それぞれ愛情の証であるとの意識も強くなった。アメリカの社会学者ホックシールド（Hochschild, A. R.）は、女性が家事労働として夫や子どもに対する愛情表現や気遣いをしていることを指摘して、性別役割分業と愛情関係の結びついた女性の感情労働の負担を明らかにしている。

1973（昭和 48）年の石油ショックによる高度経済成長終焉以後は、経済的状況が悪化し、既婚の女性の雇用労働化と同時に、女性の高学歴化も進んだ。1980 年代以降、夫婦共働きの増加につれて、夫婦間で家事や育児をいかに分担するのかということが問題となっていく。1999（平成 11）年に制定・施行された男女共同参画社会基本法では、性別に関係なく個人の尊重を目指す社会の実現が目指されている。また、年齢別にみた女性の就労率の曲線では、男性とは異なり、出産・子育て期の年齢にいったん就労から離れて、子育て後に再就労していることを示す M 字型カーブが、現在でも見受けられる。育児をする夫に「イクメン」といった言葉が流行語として使われ、夫の意識の変革には貢献すると思われるが、性別役割分業の本質的な解消には愛情関係の再検討が要となる。

② 家庭内の暴力・虐待

1990 年代後半から家庭内の暴力や虐待に社会的な関心が高まってお

日本社会において、性別役割分業に対する意識がどのように変化してきたのかについて、調査資料で調べてみましょう。

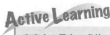
家庭内の暴力・虐待に関する具体的な事例を調べてみましょう。

第4章 生活と人生

---

xix〔Arlie Russel Hochschild〕　1940-　アメリカの社会学者。カリフォルニア大学バークレー校教授として、ジェンダー、家族、ケア労働に関する研究を行い、『管理する心』（1983 年）により感情社会学という新たな研究領域を切り拓いて、家族社会学にも大きな影響を与えた。

り、現在では人々が重大な社会問題と認識するようになってきた。家庭内の暴力や虐待は、DV（夫婦間暴力）、児童虐待、高齢者虐待に大別される。かつては近代社会で家族は外部からの危険を回避する機能をもっていたが、逆に弱者の生活や生命を脅かす危険を含んでいるわけである。

　山田昌弘によれば、この要因の一つは家族に対する情緒的不満である。つまり、「家族であれば愛情をもっているから、こうしてくれる・するはずだ」という期待（思い込み）と現実のずれから暴力や虐待が生じる可能性がある。経済的・社会的な格差の拡大などを背景としながら、近代家族の特徴である家族員間の愛情関係では、特に女性の負担が大きく、十分に遂行できない困難な状況におかれている。家庭内から非親族が排除されて、社交の衰退という近隣との結びつきも弱体化する。家庭内が夫婦と親子のみで密室空間化することから、暴力や虐待の状況が家庭外から見えない状態にあることは、近代家族の重要な問題点である。

　たとえばDVでは、夫婦間の愛情関係を前提とした性別役割分業も多くの場合に原因となる。就労する妻の家事や育児に対する夫の期待と不満、逆に夫の家事・育児分担への妻の期待と不満、あるいは夫のみが就労する場合の給与に対する妻の期待と不満などにずれが生じて、夫婦間暴力に発展していく可能性がある。

　2001（平成13）年に配偶者からの暴力の防止及び被害者の保護等に関する法律（DV防止法）が制定されたが、先のような情緒的不満が生じる状況がある限り、DVが根絶されることはない。児童虐待と高齢者虐待についてもまた、児童虐待の防止等に関する法律や高齢者虐待の防止、高齢者の養護者に対する支援等に関する法律による法的な整備が進んでいるが、現実に適合しなくなり維持が難しい近代家族の問題点を再検討し、家族のあり方も考え直す必要がある。

③　中高年のひきこもり者と家族

　少子高齢化の進行する現在、高齢者と家族の問題として注目されているのが、8050問題である。これは、80歳代の親とひきこもり者である50歳代の子が同居する家族が直面する問題を指した造語である。

　2018（平成30）年の特定非営利活動法人KHJ全国ひきこもり家族会連合会の報告書によれば、高齢者介護を担う地域包括支援センターの協力で調査したところ、深刻な事例が浮かび上がっている。そのなかで、無職の本人自身の経済的な困窮は、家族全体の経済的困窮、孤立、住環境問題に結びつくというパターン、ならびに本人の支出問題、住環境問

Active Learning

「8050問題」の現状について調べてみましょう。

題、父母への経済的虐待やネグレクトにも結びつくパターンが示される。

　近代家族の特徴である子ども中心主義と密室空間化を背景として、長期ひきこもりから中高年に達した成人の子と高齢の親との間で、高齢者虐待に至ることが示されている。高齢期のひきこもり者の孤独死も予見されて、今後も地域社会の重大な問題として取り組むことが必要となる。

3 これからの家族

　本節では、ジェンダーの視点を踏まえながら、近代家族のもつ特徴と問題点を挙げて、産業化と家族制度・規範の変化による家族変動をたどり、近代家族をモデルとして形成されてきた日本の家族が抱える社会問題を示した。今後の家族の形成モデルは、依然として定まっていない。

　1990 年代までの日本では、家族のなかで妻や母の役割を遂行する女性によって、社会保障や社会福祉への費用を抑制できた側面があった。近代家族をモデルにした家族は、民主的な家族として誕生しながら女性が子育てや介護を担う性別役割分業を前提としてきたのである。

　1995（平成 7 ）年に国に提出された「社会保障体制の再構築に関する勧告——安心して暮らせる 21 世紀の社会を目指して」(95 年勧告)は、社会保障制度の設計にあたっては、男女平等の視点に立って世帯単位から個人単位へと転換する必要があると指摘する。これは、家族変動による個人化の進展を見据えて、そして就労する既婚女性の増加もあり、今後は家族ではなくて、個人を社会的単位とした社会保障を構築していかなければならないという重要な提言であった。

　最近の家族社会学の研究方法においても、これまで使われてきた家族周期（ファミリー・ライフサイクル）の視点、つまり結婚や長子誕生から定年や夫婦死亡までといった節目の家族イベントを当然のものとして想定し、集団としての家族を捉える手法は現実に合わなくなっている。個人がどのような道筋で人生を過ごしてきたかについて、世代別のコーホート（一定期間内の出生者の集まり）を考慮するライフコースの視点から、個人の人生と家族のかかわりに焦点を当てた家族研究が主流となっている。また、結婚や子育ても、個人のライフスタイルの選択肢の一つとなったという家族のライフスタイル化の考え方も議論されている。

　今後は、集団としての家族から、個人からみた家族へという変化のなかで、家事、育児、介護だけでなく、社会的孤立にも社会福祉が果たす役割は大きい。社会福祉の現場で相談援助活動を実践する際にも、現代の家族の社会的な現状を理解しておくことが不可欠であるといえる。

◇引用文献

1）Burgess, Ernest and Locke, Harvey, The Family : From Institution to Companionship, American Book Company, 1945.

2）森岡清美・望月嵩『新しい家族社会学 四訂版』培風館，2007.

◇参考文献

・安達正嗣『高齢期家族の社会学』世界思想社，1999.

・Aries, P., L'Enfant et la vie familiale sous l'ancien régime, Plon, 1960.（杉山光信・杉山恵美子訳『＜子供＞の誕生──アンシャン・レジーム期の子供と家族生活』みすず書房，1980.）

・Illich, Ivan, Gender, Marion Boyas, 1983.（玉野井芳郎訳『ジェンダー──女と男の世界』岩波書店，1984.）

・上野千鶴子『近代家族の成立と終焉』岩波書店，1994.

・落合恵美子『近代家族とフェミニズム』勁草書房，1989.

・落合恵美子『21世紀家族へ──家族の戦後体制の見かた・超えかた 第3版』有斐閣，2004.

・厚生労働省「国民生活基礎調査」2018.

・社会保障制度審議会「社会保障体制の再構築に関する勧告──安心して暮らせる21世紀の社会を目指して」1995.

・特定非営利活動法人 KHJ 全国ひきこもり家族会連合会「地域包括支援センターにおける『8050』事例への対応に関する調査」2019.

・戸田貞三『家族構成』新泉社，2001（1937）.

・内閣府「第4次男女共同参画基本計画」2016.

・野々山久也編『論点ハンドブック 家族社会学』世界思想社，2009.

・Parsons, T. and Bales, R., et al., Family, Socialization and Interaction Process, Free Press, 1955.（橋爪貞雄・高木正太郎・山村賢明・武藤孝典訳『家族──核家族と子どもの社会化』黎明書房，2001.）

・Badinter, É., L'amour en plus : histoire de l'amour maternel, XVIIe–XXe siécle, Flammarion, 1980.（鈴木晶訳『母性という神話』筑摩書房，1998.）

・濱島朗・竹内郁夫・石川晃弘編『社会学小辞典 新版増補版』有斐閣，2005.

・Hochschild, A., The Managed Heart : Commercialization of Human Feeling, Berkley, California : University of California Press, 1983.（石川准・室伏亜希訳『管理される心──感情が商品になるとき』世界思想社，2000.）

・Murdock, G., Social Structure, New York : Macmillan, 1949.（内藤莞爾監訳『社会構造──核家族の社会人類学』新泉社，2001.）

・山田昌弘『近代家族のゆくえ──家族と愛情のパラドックス』新曜社，1994.

・山田昌弘『パラサイト・シングルの時代』筑摩書房，1999.

・山田昌弘『迷走する家族──戦後家族モデルの形成と解体』有斐閣，2005.

健康

学習のポイント

● 自殺、依存症に関する社会学的知見と対策について学ぶ
● 心身の障害、慢性疾患に関する社会学的知見について学ぶ
● 治療と仕事の両立支援対策について学ぶ

1 はじめに

　今日、個人や社会集団の健康特性のレベルにはさまざまな社会的要因がかかわっていることが認識されてきている。そして、健康や病気の社会的原因や結果を検討する際に社会学的視点や知見が活用されている。本節では、健康にかかわるいくつかのトピックについての社会学的知見や対策を概説する。

2 自殺

1 自殺の社会学的研究

　自殺に関する社会学的研究の古典は**デュルケーム**（Durkheim, É.）の『自殺論』である。デュルケームは、社会は個人に超越して外在性と拘束性をもつという社会実在論の立場に立ち、個人的・内面的動機からではなく社会的要因から自殺を検討した。デュルケームは、欧米諸国の家族規模や職業、宗派別の自殺率に関する統計データを分析した。そして、統合作用過少の社会で起きやすい自殺を自己本位的自殺、過剰だと集団本位的自殺、規制作用過少だとアノミー的自殺、過剰だと宿命的自殺と分類した。そして、自己本位的自殺とアノミー的自殺を近代社会に特徴的な自殺と位置づけた。

　統合作用という要因は、今日ソーシャルキャピタルという概念でもって論じられることが多い。社会疫学★などにおける既存研究では、一般的にソーシャルキャピタルが高い地域ほど自殺率が低いことが明らかにされている。ただし、その関係はソーシャルキャピタルの指標の種類や性

★社会疫学
健康状態が集団においてどのように分布し、それが何によって決定づけられるかを評価する疫学の一分野。社会構造、社会制度、人間関係が健康に及ぼす仕組みを分析する。

別、地域属性などで違いがあり、ソーシャルキャピタルの負の影響もみられる。ソーシャルキャピタルの正負の影響は、デュルケームの自己本位的自殺と集団本位的自殺と同様である。

デュルケームの立場と異なり、自殺者の個人レベルのメンタルヘルスや社会的属性、社会関係資源などに焦点を当てる研究がある。たとえば、自殺死亡率は男性のほうが女性よりも高い。他方、自殺とうつ病との関連は高く、うつ的傾向は女性のほうが男性よりも高い。このジェンダーパラドクスを説明するために、自殺既遂だけでなく未遂も考慮に入れることや社会的サポート、精神的回復力（レジリエンス）の影響などが研究されている。また、労働災害補償保険は創設以来長らく、自殺は意図的行為だとして補償の対象外としていた。しかし今日、業務に起因する精神障害の結果として生じた自殺と医学的に判断された場合には、保険が給付されている。この変化を自殺の医療化として分析する研究がある。さらに、自殺者遺族への調査などがある。

■2 自殺統計と自殺対策基本法

日本における自殺の行政統計には、警察庁の自殺統計と厚生労働省の人口動態統計の二つがある。両者の違いは、まず自殺統計は日本における日本人と外国人を対象としているのに対し、人口動態統計は日本人のみを対象としている。次に調査時点の差異である。自殺統計は捜査等により自殺と判明した時点で計上しているのに対し、人口動態統計は自殺、他殺あるいは事故死のいずれか不明の時は原因不明の死亡等で処理して、後日自殺と判明した時は遡って自殺に計上する。第三に計上地点の差異である。自殺統計は発見地に計上するのに対し、人口動態統計は住所地に計上する。

WHOの統計によると、日本の自殺死亡率は世界的に高い。また、1998（平成10）年以降2000年代の自殺者数は自殺統計・人口動態統計とも3万人を越えることが多かった（**図4-3**）。そこで、2006（平成18）年に自殺対策基本法が成立した。誰も自殺に追い込まれることのない社会の実現を目指し、政府は自殺総合対策大綱を、都道府県や市町村は自殺対策計画を定めることとされている。現行の自殺総合対策大綱

i　医療化（medicalization）とは、以前は医療の対象外だった現象が医療によって処理されるべき問題だとみなされるようになることである。ゾラ（Zola, I. K.）のように社会統制制度としての医療化論といった近代医療批判がある一方、コンラッド（Conrad, P.）とシュナイダー（Schneider, J. W.）のように具体的現象の医療化過程を分析するアプローチがある。

図4-3　自殺者数の推移

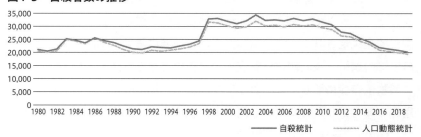

（2017（平成29）年閣議決定）は、冒頭で「『個人の問題』と認識されがちであった自殺は広く『社会の問題』と認識されるようになり」と明記している。そして、社会における生きることの阻害要因（過労、生活困窮、育児や介護疲れ、いじめや孤立など）を減らし、生きることの促進要因（自己肯定感、信頼できる人間関係、危機回避能力など）を増やすことを通じて、社会全体の自殺リスクを低下させる方向で自殺対策を推進することを掲げている。

　こうした自殺対策により、近年自殺者数は減少傾向にある（図4-3）。しかし、2020（令和２）年に新型コロナウイルス感染症（COVID-19）のパンデミックが起きた。このパンデミックは世界経済全体に大きな負の影響を与えるだろう。日本では失業率と自殺率との相関関係が高い。経済・生活問題が自殺者の動機の第２位である。そのため、今後自殺者数が増える可能性があり、それへの対策が必要である。

3 依存症

1 依存症対策

　依存症とは、特定の何かに心を奪われ、「やめたくても、やめられない」状態になることである。アルコールや薬物などの「物質への依存」と、ギャンブルやゲームなど特定の行為や過程といった「プロセスへの依存」の２種類がある。アディクション（嗜癖）とも呼ばれる。2016（平成28）年度の依存症患者数は、アルコール依存症が外来９万5579人、入院２万5606人、薬物依存症が外来6458人、入院1431人、ギャンブル等依存症が外来2929人、入院261人である。

　こうした状況を受けて、近年依存症対策が進められている。アルコール依存症に関しては、2013（平成25）年にアルコール健康障害対策基

本法が成立した。この法律では医療の充実や相談支援などを規定している。そして、2016（平成28）年にアルコール健康障害対策推進基本計画が閣議決定された。この基本計画は、地域における相談拠点、専門医療機関の整備、民間団体活動支援の充実などを盛り込んでいる。

薬物依存症に関しては、2016（平成28）年に改正刑法および薬物使用等の罪を犯した者に対する刑の一部執行猶予に関する法律が施行された。刑の一部執行猶予制度とは、違法薬物の使用・所持で受刑する薬物事犯者（3年以下の懲役・禁錮の場合）に対し、実刑期間を部分的に猶予する制度である。たとえば、懲役2年のうち1年6か月を実刑（刑務所内処遇）とし、6か月分を2年間の保護観察付きの執行猶予（地域社会における処遇）とする。薬物依存症者は再犯率が高い。2016（平成28）年に再犯の防止等の推進に関する法律が成立し、2017（平成29）年に再犯防止推進計画が閣議決定された。この計画のなかに、薬物依存症の治療・支援機関の整備、自助グループを含む民間団体への支援などが盛り込まれている。

ギャンブル等依存症に関しては、2018（平成30）年にギャンブル等依存症対策基本法が成立した。この法律は医療提供体制の整備や相談支援、民間団体活動支援などを規定している。2019（平成31）年にギャンブル等依存症対策推進基本計画が閣議決定された。この基本計画は、相談支援、治療支援、民間団体活動支援の充実などを盛り込んでいる。

これらの各依存症対策における相談支援の拠点は精神保健福祉センターなどが担当している。

2 当事者とは何か

依存症に関する社会学的研究にはさまざまなアプローチがある。まず臨床社会学的アプローチがある。このアプローチで注目されるのは、自助（セルフヘルプ）グループをめぐる分析である。自助グループとは、共通の困難な生活状況にある人々（当事者）が、その共通した体験に関連する情報や感情、考え方を分かち合うために自発的に活動する集団である。アルコール依存症ではAA（アルコホーリクス・アノニマス）や断酒会、薬物依存症ではダルクなどが有名である。AAの12のステップは回復のためのプログラムで、ほかの多くの自助グループも採用している。自助グループでは、ヘルパーセラピー原理が働く。これは当事者が援助者の役割をとることによって、今まで見えてなかったことが見えてきて、問題を正確に理解し、結果として自分自身を見つめ直す契機と

★保護観察
刑務所出所者などの再犯を防ぎ、社会復帰を図るため、保護観察所の保護観察官が、地域の保護司らと協力して、刑務所出所者などに対して指導や支援を行うこと。

なることである。他人を助けることで自分が助かるのである。自助グループのなかで起きていることをミクロ社会学的に分析することによって、臨床実践の指針や技法をより豊かなものにすることができる。上述の公的な依存症対策でも、自助グループの役割は重視されている。依存症者だけでなく、慢性疾患などある疾患にかかった病人からなる患者会も自助グループであり、AA などと同様な役割を果たしている。自助グループは、ソーシャルワーカーと協働し得るパートナーである。当事者の体験にはリアリティや説得力がある一方、個別的である。ソーシャルワーカーは必ずしも問題を体験した当事者ではないが、専門知識に基づく指導や助言ができる。両者の協働には、互いの活動の特性や得意不得意を相互理解することが肝要である。

　ある問題を抱える当事者たちが自分の抱える問題について自分たちで研究し、仲間の前で発表し、参加者の間で対応策について考え、実践する**当事者研究**が行われるようになってきている。日本の当事者研究は 2001（平成 13）年に社会福祉士の向谷地生良らによって、「べてるの家」で始まった。べてるの家は北海道浦河町にある精神障害などを抱えた 100 人以上の当事者の地域活動拠点である。そこで暮らす当事者たちにとって、生活共同体、働く場としての共同体、ケアの共同体という三つの性格をもっている。向谷地は当事者研究に共通するエッセンスを次のようにまとめている。❶問題と人との切り離し作業、❷自己病名をつける、❸苦労のパターン・プロセス・構造の解明、❹自分の助け方や守り方の具体的な方法を考え、場面を作って練習する、❺結果の検証である。この作業は人とのつながりの回復と表裏一体のプロセスだと特徴づけている。その後、当事者研究は依存症、脳性麻痺、発達障害などの領域に広がっている。

　次に医療社会学的アプローチがある。このアプローチで代表的なものは医療化による分析である。たとえば、2019 年にゲーム障害が**国際疾病分類**[ii]に疾患として新たに追加された。また、日本の刑務所の薬物依存離脱指導で**スマープ**[*]をはじめとする認知行動療法が標準的に行われるようになってきている。医療化の過程やそれが社会の他領域に及ぼす影響

Active Learning

日本の当事者研究について調べてみましょう。

★スマープ
（SMARPP: Serigaya Methamphetamine Relapse Prevention Program）
アメリカで中枢刺激薬を標的とする統合的外来治療プログラムとして普及していたマトリックスモデルを参考に、精神科医の松本俊彦らが作った日本版薬物依存症治療プログラム。

---

ii　国際疾病分類（ICD: International Statistical Classification of Diseases and Related Health Problems）とは、WHO が作成する死因及び疾病の分類である。現在は 11 版（ICD-11）。ICD-11 の第 V 章が ICF と関連する。日本では、人口動態統計などの「疾病、障害及び死因の統計分類」で用いられている。また、社会保険表章用疾病分類は ICD に準じて定められている。保険診療の際、医師は社会保険表章用疾病分類に沿って病名を当てはめ、検査や薬の処方をする。

を詳細に分析することは医療社会学的アプローチの一例である。また、そこでの医師—患者関係の分析などもこのアプローチのテーマである。

　逸脱論的アプローチにはいくつかの説明図式がある。ベッカー(Becker, H. S.)はラベリング理論の立場からマリファナ使用者を考察した。はじめは好奇心から軽く使用したにすぎない少年であっても、周囲から非難や処罰といった社会的反作用を受け続けることで、マリファナ使用を正当化するようになり、本格的な犯罪者になっていく、という逸脱キャリアを提示した。また構築主義的社会問題論は、ある現象がいかにして社会問題として認識されていくのかという構築過程を解明しようとする。たとえば、ギャンブル等依存症対策基本法と「等」がついているのは、日本ではパチンコ・パチスロが法的にギャンブルでなく遊技と規定されているためである。ある行為がギャンブルか否かは社会や国ごとに異なる。構築主義的社会問題論は、依存症概念や対策などがどのようにして国や社会ごとに異なってきたのか、その構築過程を分析する。

　近代社会論的アプローチは、近代社会の成り立ちという視点から、依存症のもつ意味を検討する。近代的個人像は自分で自分をコントロールできる主体を前提とするが、その人間像は依存症者（なかなか自分をコントロールできない人）と異なる。この両者の関係を検討する。

4　心身の障害

　国際生活機能分類（ICF: International Classification of Functioning, Disability and Health)は人間の生活機能と障害に関する国際分類で、ICD と並び世界保健機関国際統計分類（WHO-FIC）の中心分類の一つである。国際障害分類（ICIDH）の改定版として、2001 年にWHO 総会で採択された。

　ICF の大きな特徴は、環境因子が新たに加わったことである。これは ICF が、従来の医学モデルに加えて、社会モデルも考慮に入れたからである。医学モデル(個人モデル)は障害を個人の問題としてとらえ、病気や外傷などから直接的に生じるものとみなす。それに対して社会モデルは、障害は社会によってつくられる側面があると指摘する。

　障害の社会モデルは複数ある。イギリス版障害の社会モデルはインペアメント（個人レベルの心身の欠損）とディスアビリティ（インペアメントをもつ人々が直面する活動の不利や制限）を厳格に区分して、ディ

スアビリティに焦点を当てる。他方、アメリカ版障害の社会モデルは障害の個人レベルを否定せず、それと社会による偏見や差別との相互作用の結果が障害問題だという視点をもつ。日本の障害学はイギリス版障害の社会モデルの影響が強い。

　障害の社会モデルは障害者が生活しやすくするための制度の整備を促してきた。2006年には国連総会で障害者の権利の実現のための措置等について定める障害者の権利に関する条約が採択された。日本では障害者基本法に、障害を理由とする差別の禁止、社会的障壁の除去や合理的配慮、国による啓発などが盛り込まれた。また、それを具体化するために、2013（平成25）年に障害を理由とする差別の解消の推進に関する法律が成立した。合理的配慮の提供例は、障害者と意思を伝え合うために写真のカードやタブレット端末などを使うなどである。その他に、高齢者、障害者等の移動等の円滑化の促進に関する法律（バリアフリー法）などがある。

　バリアフリーや合理的配慮に取り組む際、障害の種類を考慮する必要がある。たとえば、車いす使用者にとっては横断歩道と歩道との段差が全然ないことが望ましい。しかしそうすると、目が見えず杖を使用している人たちは、自分がまだ横断歩道（車道）上にいるかどうかわからなくなるおそれがある。そこで、段差をなくすとともに点字ブロックの配置で横断歩道（車道）と歩道の境界を示すなど、両者に対する合理的配慮のバランスをとり、ユニバーサルデザインを目指すことが肝要である。

　なお、障害の社会モデル（特にイギリス版）に対しては、たとえ社会的障壁が完全に除去されたとしても、インペアメントにまつわる個人的苦悩は続くのではないかという批判がある。歩道に段差がなく、車いすがあったとしても、足を自由に動かせないという問題は残る。個人的苦悩を抱える障害者に対して寄り添う姿勢が必要である。

Active Learning

日本における障害の社会モデルについて調べてみましょう。

5　慢性疾患

1 役割論

　慢性疾患は一般に糖尿病やがんなど、治癒までに比較的長い時間がかかる、あるいは長患いになり治癒が期待できない病気のことである。

　パーソンズ（Parsons, T.）は構造−機能主義理論の立場から、病気は人が通常の役割を効果的に遂行することをできなくさせるため、社会

★構造−機能主義理論
社会システムのなかで相対的に安定した要素を構造と呼び、その構造が社会システムの維持・存続に対してどのような機能を果たしているかという観点から社会現象を分析する。

システムにとって逸脱だと捉えて、病人役割（sick role）を提示した。病人役割とは、病気にかかった人に期待される行動様式である。病人役割は四つの要素からなる。❶通常の健康な状態の時に負っていた義務からの免除、❷病気にかかった責任を問われない、❸病気から回復することに専念する義務、❹医師など専門家に援助を求め、指示に従う義務である。

　パーソンズの病人役割論は、病気関連行動を説明するための枠組みとして、特に急性疾患患者の場合にその有用性を示してきた。しかし、この理論は病気を一時的な状態と想定しているため、慢性疾患患者などには当てはまらないのではないかという批判が起きた。さほど重大でない障害をもっている病人（重篤でない慢性疾患患者など）に関して、ゴードン（Gordon, G.）は障害者役割（impaired role）を提唱した。障害者役割は以下の要素をもつ。❶持続的な機能障害をもつ、❷制限された健康条件の範囲内で通常の行動を維持することを期待される、❸回復よりも、残された能力を最大限活かすことを促される、である。

▌2 病の軌跡、病の語り

　ストラウス（Strauss, A. L.）らはグラウンデッドセオリーの立場から、病の軌跡論を提唱した。グラウンデッドセオリーは社会調査から理論を帰納的に発展させようとする立場である。この理論の特徴は、❶フィールドの特徴によく適合していること、❷そのフィールドに関係する一般の人々にも理解可能であること、❸そのフィールドの多様な現実に適用できる一般性があること、❹この理論の使用者がフィールドに何らかのコントロールを加えることを可能にするものであることである。これは、パーソンズらの構造機能主義理論と対極のシンボリック相互作用論の系統に属する。

　慢性疾患の病の軌跡は症状に応じて複数の局面に区分される。❶前軌跡期（予防的段階；症状が見られない状況）、❷軌跡発症期（症状がみられる；診断の期間を含む）、❸急性期（病気や合併症の活動期；入院が必要となる状況）、❹安定期（症状がコントロールされている状況）、❺不安定期（症状がコントロールできていない状況）、❻クライシス期（生命が脅かされる状況）、❼立ち直り期（病気による制限はあるが日常生活に戻る状況；後にコービン（Corbin, J.）が追加した局面）、❽下降期（症状が進行的に悪化する状況）、❾臨死期（数日、数週間で亡くなる状況）である。ただし、人によって各局面の時間は異なり、また、

すべての局面を経験するわけでもない。病の軌跡の経過に応じて、患者のワーク（ケアや日常生活の調整など）や関係者（患者家族や保健医療従事者など）への影響は多岐にわたる。

　病の軌跡論はケアの管理目標の設定に使われる。たとえば安定期において、保健医療従事者は患者や患者家族とともに、病気管理のための活動と日常生活活動の調和を目指す仕方を検討する。また下降期において、保健医療従事者は患者や患者家族とともに、身体状態の悪化に対応し、日常生活活動の調整を目指す。

　1970 年代以降社会学や心理学、哲学などの分野で、物語論的転回[iii]が起きた。これに呼応した患者の主観に焦点を当てる研究がある。

　クラインマン（Kleinman, A.）は、疾患（disease）と病（illness）を区別する。疾患は生物医学的な機能不全である。他方、病は患うことの経験である。クラインマンは、患者や家族や治療者がある特定の病のエピソードについて抱く考えを説明モデルと名づける。病気の原因、発病の経緯、病態生理、病気の経過、適切な治療という側面がある。このうち患者の説明モデルは、今日の医療面接の技法における解釈モデル（患者による、自分の病についてのとらえ方）のルーツとなっている。

　心臓発作やがんを患った経験を持つフランク（Frank, A. W.）は、病人が示す病の語りを三つの類型に分ける。回復の語りは、病気から回復しもとの生活に戻ることを目指す語りである。病気になって間もない人々に顕著である。混沌の語りは、継続性もはっきりした因果関係もないまま、語り手が生を経験していくままに語られていく語りである。「それから○○、それから△△、それから□□」というパターンをとりやすい。探求の語りは、病が治らず生活が制約されていることなどを認めて、別の新しい何かを探求する語りである。

▊3 スティグマ

　ゴッフマン（Goffman, E.）は、ある特定のスティグマ（好ましくないラベル）をもつ人々は、その窮状に関する類似の学習経験をもち、自己概念について類似した変遷をもつ傾向があると述べ、モラル・キャリアと名づけた。この社会化過程は二つの局面からなる。一つはスティグ

---

iii　物語論的転回とは、個別的な現実のありようを「語り」「物語」の概念を通して捉えようとするものである。客観的で中立的な視点から観察を行い法則定立的な知識を産出することを規範とする、従来の科学モデルに代わるものとして台頭した。シンボリック相互作用論などはこの認識枠組みに親和性をもつ。

マのある人が世間の見方を学習し、何らかのスティグマをもつとはいかなることなのかということに関する一般的見解を内面化する局面である。もう一つは特定のスティグマをもち、今度はそれをもつことで生起する諸結果を詳細に知る過程である。

　フリードソン（Freidson, E.）はパーソンズと異なり、逸脱とはある状態に対して人々が行う意味付与だとラベリング理論的に定義する。そのため、逸脱の一形態としての病気には客観的な症状の重さとは別に、社会的な正当化程度の違いがある。非正当化される病気にかかった人にはスティグマが貼られ、偏見や差別の対象となるとフリードソンは述べる。日本では水俣病患者やハンセン病者、認知症者、障害者はその例といえる。彼らの生活史[iv]に関する社会学的研究は多い。

　差別は単一の社会的次元で発生するものではない。たとえば女性のハンセン病者は、ハンセン病に基づく差別とジェンダーに基づく差別が絡み合った複合的な差別の状況におかれやすい。この複合的状況を分析するために、近年交差性（intersectionality）概念が提唱されている。

6 ▶ 治療と仕事の両立

　慢性疾患にかかる者が増えるにつれて、疾病のリスクを抱えながら働く人たちが増えている。2019（令和元）年国民生活基礎調査に基づく推計によれば、仕事をもちながらがんで通院している者の数は38万3000人に上っている。また、労働安全衛生法に基づく一般健康診断において、脳・心臓疾患につながるリスクのある血圧や血中脂質などの有所見率（定期健康診断を受診した労働者のうち、異常の所見のあった者が占める割合）は2014（平成26）年に53％に達している。この人たちには、パーソンズ的な病人役割よりもゴードン的な障害者役割が当てはまる。

　労働安全衛生法は、事業者による労働者の健康確保対策に関する規定を定めており、健康診断の実施や、必要な場合は就業上の措置を実施することを事業者に求めている。そこで、厚生労働省は治療と仕事の両立

---

iv　生活史とは、個人の生涯を社会的文脈において詳細に記録したものである。古典的研究であるトマス（Thomas, W. I.）とズナニエツキ（Znaniecki, F. W.）の『欧米におけるポーランド農民』は、ポーランド人移民が書いた手紙や自伝に脚注をつけ、編集収録したものである。

のためのガイドラインを作成している。現行の「事業場における治療と仕事の両立支援のためのガイドライン」は、反復継続して治療が必要な疾病を抱える人に対して職場で適切な就業措置や治療に対する配慮が行われるよう、取り組みの進め方をまとめている。一つは、職場における意識啓発のための研修や、治療と仕事を両立しやすい休暇制度・勤務制度の導入といった環境整備である。休暇制度の具体例として時間単位の年次有給休暇や傷病休暇・病気休暇、勤務制度の具体例として時差出勤制度や短時間勤務制度、在宅勤務（テレワーク）、試し出勤制度が挙げられている。もう一つは、主治医、産業医からの意見聴取の仕方など、事業者が就業上の配慮事項を決定する際の具体的な手続き・方法である。また参考資料として、医療機関や企業が作成する主治医意見書や両立支援プランなどの具体的様式例や、支援制度・機関、がんや脳卒中など疾患ごとの留意事項を記載している。なお、治療と仕事の両立支援の検討は、両立支援を必要とする労働者側の申出から始まることになっている。

　その他に、労働者健康安全機構や国立がん研究センターによる治療と仕事の両立に関するガイドブックなどもある。また、仕事をいわゆる賃金労働に限定せず、家事労働なども含んで考えてよい。こうした治療と（広義の）仕事の両立については、病気経験者の体験談が参考になる。病気体験のデータベース（たとえばディペックス・ジャパンのウェブサイト）や闘病記などがある。

◇**参考文献**
・浦河べてるの家『べてるの家の「当事者研究」』医学書院，2005.
・M. オリバー，B. サーペイ，野中猛監訳『障害学にもとづくソーシャルワーク──障害の社会モデル』金剛出版，2010.
・川上憲人「自殺対策の効果と，その評価（11）──ソーシャル・キャピタルと自殺対策」本橋豊編『よくわかる自殺対策──多分野連携と現場力で「いのち」を守る』ぎょうせい，pp.60-63，2015.
・熊谷晋一郎責任編集『当事者研究をはじめよう（臨床心理学増刊第11号）』金剛出版，2019.
・A. クラインマン，江口重幸・五木田紳・上野豪志訳『病いの語り──慢性の病いをめぐる臨床人類学』誠信書房，1996.
・厚生労働省『自殺対策白書 令和元年版』2019.
・厚生労働省「事業場における治療と仕事の両立支援のためのガイドライン」(令和2年3月改定版)，2020.
・G. Gordon, *Role Theory and Illness : A Sociological Perspective*, College & University Press, 1966.
・J. コービン，A. ストラウス，黒江ゆり子訳「軌跡理論にもとづく慢性疾患管理の看護モデル」ピエール・ウグ編『慢性疾患の病みの軌跡──コービンとストラウスによる看護モデル』医学書院，pp.1-31，1995.
・A. ゴッフマン，石黒毅訳『スティグマの社会学──烙印を押されたアイデンティティ 改訂版』せりか書房，2001.
・障害者福祉研究会編『ICF 国際生活機能分類──国際障害分類改定版』中央法規出版，2002.
・杉野昭博『障害学──理論形成と射程』東京大学出版会，2007.
・高梨薫「自殺」日本社会病理学会監，高原正興・矢島正見編『関係性の社会病理』学文社，pp.184-204，2016.
・ダルク研究会『ダルクの日々──薬物依存者たちの生活と人生』知玄舎，2013.
・É. デュルケーム, 宮島喬訳『自殺論』中央公論社，1985.
・中川輝彦・黒田浩一郎編著『よくわかる医療社会学』ミネルヴァ書房，2010.
・野口裕二『アルコホリズムの社会学──アディクションと近代』日本評論社，1996.
・信田さよ子編著『実践アディクションアプローチ』金剛出版，2019.
・T. パーソンズ，佐藤勉訳「社会構造と動態的過程──近代医療の事例」『社会体系論』青木書店，pp.424-475，1974.
・福祉社会学会編『福祉社会学ハンドブック──現代を読み解く98の論点』中央法規出版，2013.
・A. フランク，鈴木智之訳『傷ついた物語の語り手──身体・病い・倫理』ゆみる出版，2002.
・E. Freidson, *Profession of Medicine: A Study of the Sociology of Applied Knowledge*, University of Chicago Press, 1970.
・H.S. ベッカー，村上直之訳『完訳アウトサイダーズ──ラベリング理論再考』現代人文社，2011.
・法務省『再犯防止推進白書 令和元年版』2019.
・山田陽子『働く人のための感情資本論──パワハラ・メンタルヘルス・ライフハックの社会学』青土社，2019.

● **おすすめ**
・浦河べてるの家『べてるの家の「当事者研究」』医学書院，2005.
・中川輝彦・黒田浩一郎編著『よくわかる医療社会学』ミネルヴァ書房，2010.
・野口裕二『アルコホリズムの社会学──アディクションと近代』日本評論社，1996.
・信田さよ子編著『実践アディクションアプローチ』金剛出版，2019.
・福祉社会学会編『福祉社会学ハンドブック──現代を読み解く98の論点』中央法規出版，2013.

第3節 労働

学習のポイント

- 労働市場の性質とルールの働きを理解する
- 労働をめぐる国際的な取り組みと、日本の特徴を把握する
- 21世紀の労働課題を知り、ソーシャルワーカーの役割を考察する

1 賃労働の誕生

1 労働とは

労働とは、かつては、山や川などの自然に働きかけ、ものを生み出す（＝生産）活動を意味した。それは、家族や地域の仲間と、鍬や鋤などの身近な道具を使い、生活の一部として行われるものであった。この意味での労働は、太古の昔から行われ、まさに人間の歴史とともにあった。一方、現代の労働は、価格や時間などが一定の条件のもと、自らの肉体的・精神的能力（このような能力を「労働力」という）を提供し、その対価として賃金を受け取ることをしばしば意味する。この意味での労働は、賃金労働あるいは賃労働（以下、賃労働）と呼ばれ、近代以降の標準的な働き方として人々の生活と社会を大きく変えてきた。

●労働者はどれくらいいるのか

総務省「労働力調査」では、「自営業主」「家族従業者」「雇用者」を「就業者」と総称する。2019（令和元）年平均で、「就業者」は6724万人（男性3733万人、女性2992万人）、「就業率」（15歳以上人口に占める就業者の割合）は60.6％である。「就業者」の84.3％（5669万人）は「雇用者」である（役員を除く）。役員を除く雇用者は、雇用形態によって「正規の職員・従業員」と、パート・アルバイトなどの「非正規の職員・従業員」に大別される。

15歳以上人口のうち「就業者」と「完全失業者」を合わせた数（これを「労働力人口」という）は6886万人である。完全失業者とは、3条件「仕事がなくて調査週間中に少しも仕事をしなかった（＝就業者でない）」「仕事があればすぐ就くことができる」「調査週間中に仕事を探す活動をしていた」を満たす者である。日本の完全失業率（労働力

人口に占める完全失業者割合）は、高度経済成長期は 1 ％台前半だが、70 年代の石油危機以降、2 ％台で推移し、1991（平成 3）年のバブル崩壊後に上昇、5 ％前後で推移、2012（平成 24）年より減少し、2019（令和元）年は 2.4％である。

■2 洪水は我れ亡きあとに来たれ

賃労働は、労働力を売りたい者（売り手）と、買いたい者（買い手）との間で売買される。ドイツの経済学者であるマルクス（Marx, K. H.）は、労働力の売り手を労働者、買い手を資本家と呼ぶ。現在、多くの国は資本主義を採用している。資本主義とは、土地・原材料・機械などの生産手段をもつ資本家が、生産手段をもたない労働者に賃金を支払って労働させることで商品・サービスを生産・販売し、儲け（利潤）を追求する経済体制である。

マルクスは自著『資本論』（1867 ～ 1894 年）で「洪水は我れ亡きあとに来たれ！（中略）これがあらゆる資本家と資本家国家の合言葉である。だからこそ資本は社会によって強制されない限り、労働者の健康と寿命に配慮することはない[1]」と述べる。以下ではこの意味するところを探ってみよう。

2 労働市場の性質とルールの導入

労働力が売買される場を労働市場という。労働市場は商品・サービスを売買する一般の市場と異なる性質がある。一般の市場は、売買の際に交わされる契約の締結や解消、また、契約内容は当事者に任されている（契約自由の原則）。当事者は対等とみなされているからである。ところが、労働市場は、当事者（資本家と労働者）に大きな力の差がある。このため、弱い立場にある労働者を保護する種々のルール（これらは労働法と総称される）が導入された。現在は国際ルールも設けられている。

■1 ルールなき放任の時代

19 世紀末の日本は、繊維などの軽工業の勃興に伴い、工場労働者が急増した。その多くは貧しい農家からの出稼ぎで、厳しい監督下、長時間、低賃金などの過酷な労働を強いられて栄養不足や結核になる者があとを絶たなかった。その惨状は、『女工哀史』（1925（大正 14）年）、『あゝ

野麦峠』（1968（昭和43）年）などで描かれている。工場労働者は、賃上げや待遇改善を求めて団結し、ストライキ*を行った。労働者を擁護する社会主義運動も活発化した。政府は治安警察法（1900（明治33）年）を公布し、団体交渉やストライキを取り締まるとともに、事態打開のため、年少者と女性の深夜業を禁じ、労働時間を12時間までとする日本で最初の労働法である工場法（1911（明治44）年）を制定した。

2 力の差を是正する労働法

上記の歴史から、労働者は、雇用主などの使用者との間で以下のような不利な点があることがわかる。

❶ 個々人がばらばらに、情報量や交渉力が乏しい状態で契約する。

❷ 生活の糧を得るために望まぬ条件も同意せざるを得ない。

❸ 過酷な労働は、労働力と不可分な生身の人間の生命や健康を害する。

労働力の売買契約を当事者の自由に委ねると、労働者は、使用者との力の差によって過酷な労働を強いられ、生活や生命が脅かされ、社会の秩序に悪影響が及ぶおそれがある。そこで、弱い立場にある労働者を保護するために導入されたのが労働法であった。

労働法の役割は二つある。第一は、法律で労働条件の最低基準を定め、それを下回る契約条項を無効にすること（上記❷❸に対応）。日本の工場法や戦後制定された労働基準法はこれに当たる。第二は、労働者の団結と団体交渉を認めること（上記❶に対応）。日本がこれを法律で認めたのは戦後の労働組合法であるが、欧米は、19世紀のイギリスに始まり、各国に広がって、第一次世界大戦（1914〜1918年）後の国際的な枠組みを準備した。

3 労働をめぐる国際的な枠組みの形成

1919年に国際労働機関（ILO）が創設された。その理由は、過酷な労働と貧困が第一次世界大戦につながる社会不安を引き起こしたことへの反省と、一国の労働条件の引下げが他国の労働条件に波及し、悪影響を及ぼすことの防止であった。

❶ ILOの仕事

ILO（現在187か国が加盟）の主な仕事は、労働の国際ルール（これを国際労働基準という）を定め、各国にその適用を求めることである。国際労働基準は、批准国に国内法の整備を求める条約と、拘束力を伴わない勧告があり、労働条件、労働安全衛生、労使関係、雇用、職業訓練、

★ストライキ
労働者が労働条件の改善などを求めて業務を一斉休止すること。

★団体交渉
労働者が集団をつくり、労働条件の改善などを求めて使用者側と交渉すること。

第4章 生活と人生

社会保障などを扱う。採択条約数は 190 に上る（2020（令和 2）年時点）。OECD 諸国の平均批准条約数は 75 だが、日本の批准条約数は 49 にとどまる。

❷「三者構成」は労働分野の国際的原則

ILO は、加盟各国の政府・労働者・使用者（政労使）から構成される唯一の国連機関で、日本も三者の各代表を派遣する。これは、労働のルールは、現場をよく知る労使が参加して決めることが重要で、政労使の対等な対話（これを「社会対話」という）を通じて解決すべきとする考え（三者構成原則）に基づく。ILO は加盟各国にこの原則の適用を奨励し、日本も厚生労働省の諮問機関である労働政策審議会は労使が参加する。

❸変化する国際労働基準と日本への影響

国際労働基準は、世界情勢に呼応し変化してきた。日本もその影響下にある。例に、「労働市場の規制緩和」「ディーセント・ワーク」を取り上げる。

① 労働市場の規制緩和

ILO は、創設時、民間に任せると強制労働などのおそれがあるとして、職業紹介は国が整備し無料提供すべきとしてきた。ところが、アメリカで始まった民間派遣事業が世界各地に浸透するにつれ、条約を破棄する国が出てきた。このため、1997 年に、労働者保護策を盛り込んだうえで、民間の職業紹介・派遣事業を解禁した（181 号条約）。戦後日本も、職業安定法制定以来、民間派遣業は原則禁止だったが、労働者派遣事業の適正な運営の確保及び派遣労働者の保護等に関する法律（1985（昭和 60）年制定）で民間事業の参入を認め、1999（平成 11）年に ILO の方針転換を受けて有料職業紹介事業と派遣事業を原則自由化した。

② ディーセント・ワーク

ディーセント・ワークとは、「働きがいのある人間らしい仕事」と訳される。「権利が保障され、十分な収入を生み出し、適切な社会的保護が与えられる生産的な仕事」のことで、雇用・自営を問わない。1999 年の ILO 総会で提唱され、以後、ILO の主目標とされている。背景には、経済のグローバル化が世界に繁栄をもたらす一方、人々の仕事と生活の安定性を脅かしていることへの懸念がある。2015 年には、経済・社会・環境の持続可能性を鑑み、国連サミットで 17 の目標から構成される「持続可能な開発のための 2030 アジェンダ」(SDGs)が採択された。ディー

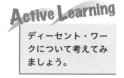

Active Learning

ディーセント・ワークについて考えてみましょう。

セント・ワークの推進はその目標 8 に掲げられる。日本は、2007（平成 19）年に政府・地方公共団体・労使各代表からなる「官民トップ会議」が「仕事と生活との調和（ワークライフバランス）憲章」を策定した。憲章では、「安定した職に就けず経済的に自立できない」「仕事に追われ心身の疲労から健康を害しかねない」「仕事と育児・介護との両立に悩む」などの問題の解決を官民挙げて取り組むことが表明され、ディーセント・ワークの実現も明記された。

★ SDGs の目標 8
「すべての人のための持続的、包摂的かつ持続可能な経済成長、生産的な完全雇用およびディーセント・ワークを推進する」

▌4 戦後日本の労働をめぐる取り組みと課題

労働をめぐる戦後日本の取り組みと課題を、ILO の取り組みなど国際的な視点からみていく。国際労働基準への批准が少ない日本だが、労働環境改善に向けた取り組みも近年みられる。たとえば、ワークライフバランス（以下、WLB）の実現を目指して、2018（平成 30）年に「長時間労働の是正」「雇用形態にかかわらない公正な待遇（均等待遇）の確保」を重要課題とする働き方改革を推進するための関係法律の整備に関する法律（働き方改革関連法）が公布された。同法ではあまり強調されていないが、「均等待遇」の実現には「雇用形態」だけでなく「男女間」の待遇差も押さえておく必要がある。そこで、以下は、「長時間労働の是正」「（男女間も含めた）均等待遇の確保」の二つの論点を取り上げる。

❶長時間労働の是正

労働時間に規制を加えることは、WLB の確立にとってきわめて重要である。それは、長時間労働が労働者の生命や健康を脅かしてきた歴史の教訓からも明らかである。ILO で最初に採択された「1 号条約」（1919年）も、成人男性を含め 1 日 8 時間・1 週 48 時間までとする労働時間規制であった。ところが、日本はこの 1 号条約に今も批准していない。後に ILO で採択された休日・年次有給休暇などの労働時間に関する条約もすべて未批准である。これらのことは、日本特有の雇用慣行（日本型雇用システム）を端的に表している。

① 日本型雇用システム

日本では、企業内の労働者によって組織された組合（＝企業別組合）と使用者による合意に基づいて、職務・働く場所・時間をほぼ無限定とする代わりに、定年までの間（＝終身雇用）、年齢や勤続年数などによ

★均等待遇
同一企業・団体における正規雇用労働者と非正規雇用労働者の間の不合理な待遇差の解消を目指すこと。事業者は待遇に関する説明義務が強化された。

---

i　上限規制のほか、勤務間インターバル制度（勤務終了から次の勤務まで一定時間以上の休息時間を設けること）が事業者の努力義務となった（2019（平成 31）年 4 月施行）。

第 4 章 生活と人生

る昇給（＝年功賃金）が保障される雇用慣行をつくりあげてきた。最高裁も、正社員は容易に解雇されないとする一方、残業や転勤を拒否する労働者の解雇は容認してきた。

日本は、これまで労働基準法で労働時間の上限を「1日8時間1週40時間」（法定労働時間）としてきたが、同法36条に基づく労使間の約束（労使協定；通称36協定）と労働基準監督署への届出によって、法定労働時間を超える労働（時間外労働）は事実上、無制限だった。そこで、働き方改革の一環として2018（平成30）年に労働基準法が改正され、時間外労働の上限を、原則、これを超えると業務と脳・心臓疾患発症の関連性が徐々に高まるとされる月45時間・年360時間までとした。一方、高度な専門知識を有し一定水準以上の年収を得る労働者は条件つきで労働時間の規制対象外になったこと（いわゆる高度プロフェッショナル制度）、残業代が支払われない「サービス残業」も依然として多いことなどは留意すべきである。

② 過労死等

過労死や過労疾病（以下、過労死等）は、仕事による過労やストレスが原因の一つとなって、脳・心臓疾患、精神疾患等を発病することや、これらの発病により死亡に至ることをいう。日本のこうした現状は、KAROSHIの表記がそのまま通用するほど国際的に知られている。

かつて行政は仕事による過労・ストレスが脳疾患や心臓疾患、精神疾患を引き起こすことをなかなか認めず、労災認定*されない時期が続いた。だが、1980年代に始まった弁護士（後述の過労死弁護団全国連絡会議）や遺族らによる活動、医師などの研究によって労災認定基準改訂（1995（平成7）年）、過労自殺は会社の過失であるとする最高裁判決（2000（平成12）年）があり、2014（平成26）年に過労死等防止対策推進法が施行された。

過労死弁護団全国連絡会議（以下、連絡会議）は、1988（昭和63）年に「過労死110番」という全国一斉電話相談が始まったことを機に、同じ年に全国の過労死問題に取り組む弁護士が結成した弁護士の団体である。「過労死」という言葉は、この年以降、日本で広く使われるようになった。連絡会議は、結成以来、電話相談や過労死等の労災認定・訴訟の支援を行う。以下は、連絡会議が全国34都道府県で行った電話相談「過労死・パワハラ・働き方改革110番」に寄せられた相談の一部である。

・夜勤の仕事だが、業務終了後の昼間の時間帯に会議で呼び出されるの

★労災認定
仕事で被った怪我や病気などを、本人や遺族の請求に基づいて、労働基準監督署が、業務に起因するものと判断（認定）すること。認定されるとさまざまな補償を受けることができる。

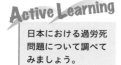

日本における過労死問題について調べてみましょう。

188

で、睡眠が十分にとれない。

・調理の仕事をしているが、多くの人数の食事をつくらなければなら
　ず、朝早くから夜まで働き続け通勤途上で疲れから転びそうになった。

・建築関係の仕事を行っているが月の残業時間が 80 時間以上である。
　大変きつい。国からの規制もあって納期が厳しい。働き方改革を言っ
　ている総務の人たちだけが定時に帰っている。

・今年から中学教員になった娘が、毎日朝 6 時半出勤、夜 10 時過ぎ帰
　宅で疲れ切っている。

・コンビニのオーナーだが、長時間労働であり、健康も害している。人
　が足りないので休むこともできない。[2]

　過労死等を社会からなくすための取り組みも重要である。連絡会議
は、過労死等を防止するための対策を効果的に推進するよう国に求める
活動もしてきた。過労死等防止対策推進法の制定は、このような活動の
成果の一つといえる。

　過労死等防止対策推進法に基づく大綱は、2015（平成 27）年に策定
され、2018（平成 30）年には具体的な数値目標も含む新大綱が策定さ
れた。新大綱は、「過労死ライン」とされる「週労働時間 60 時間以上」
の雇用者割合を 2020（令和 2）年までに 5 ％以下とする目標を掲げた。
その割合は、厚生労働省『令和元年版 過労死等防止対策白書』によれば、
2018（平成 30）年時点で 6.9 ％（397 万人。40 代男性は 14.4 ％）で
ある。

　警察庁の自殺統計によれば、2018（平成 30）年で、「自殺者のうち
勤務問題を原因の一つとする者」は 2018 人である。これは、同年の自
殺者総数の 9.7 ％である。また、厚生労働省「過労死等の労災補償状況」
によれば、2019（令和元）年度の過労死等に係る労災補償状況は、脳・
心臓疾患の労災請求件数が 936 件（支給決定 216 件、うち死亡 86 件）
となっている。一方、精神障害の労災請求件数は 2060 件（支給決定
509 件、うち未遂を含む自殺 88 件）と、過去 10 年で倍増した。精神
障害の労災請求件数が最多の業種は「医療・福祉」（426 件）であり、
命と生活を守る最前線の働き方も問われている。

③　女性の活躍推進と現状

　日本の長時間労働は、男性が職務・働く時間・場所の面でほぼ無限定
に「仕事」（ワーク）を行う一方、家事や育児などの「生活」（ライフ）
は女性が引き受けること（性別役割分業）で成り立ってきたといえる。
このため、年齢ごとの女性の就業率は、結婚・育児期に当たる 30 代で

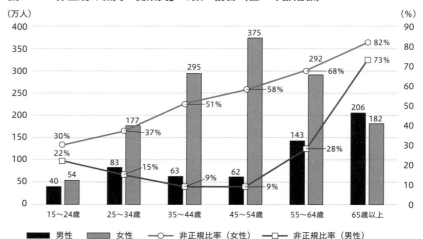

図4-4 「非正規の職員・従業員」の数・割合（性・年齢階級）

注1：「非正規の職員・従業員」は「パート」「アルバイト」「労働者派遣事業所の派遣社員」「契約社員」「嘱託」「その他」の計6区分の総称。
　2：15～24歳は在学中を除く。
　3：非正規比率(%) ＝「非正規の職員・従業員」÷「役員を除く雇用者」×100
資料：総務省「労働力調査」より作成

　いったん仕事をやめ、育児が一段落したあとに再就職するため **M 字型カーブ**を描く。再就職先は、短時間労働が可能なパート・アルバイトなどの非正規雇用である。25 歳から 64 歳までの「非正規の職員・従業員」は女性が多数を占める（**図 4-4**）。

　厚生労働省「令和元年賃金構造基本統計調査」によれば、女性の勤続年数は 9.8 年と男性の 13.8 年より短い。賃金は、男性を 100 とした場合、女性は 74.3 である。このような男女間の賃金格差は、役職が係長級、課長級、部長級と上がるにつれて拡大する。管理職に占める女性の割合も国際的に見て低い[3]。政府は 2015（平成 27）年に女性の職業生活における活躍の推進に関する法律（10 年間の時限立法）を公布し、男女共同参画推進本部決定により女性管理職比率を 2020（令和 2）年までに 30％とする目標を掲げた。しかし、男性正社員の長時間労働を改めなければ、女性が男性並みのワーク（長時間労働）を強いられるか、従来のように男性との分業を前提にライフに従事するかの二者択一を迫られるだけになるだろう。

❷均等待遇の確保

① 男女間の待遇差

　ILO が全加盟国に批准を求める「児童労働の禁止」などを定めた八

---

ii　もう一つの未批准条約は「強制労働の廃止」（105 号条約）である。公務員のストライキなどに対する懲役刑の規定が条約に抵触するといわれている。

図4-5 雇用者の長期動向（数・非正規比率）

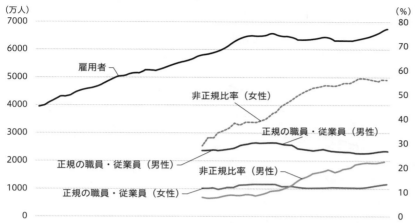

注1：1972（昭和47）年以前は沖縄県を含まない。
　2：非／正規別の集計は1984（昭和59）年に開始。2001（平成13）年までの非／正規は2月調査。
　3：2011（平成23）年は補完推計値。
資料：総務省「労働力調査 長期時系列データ」より作成

つの重要条約（中核的労働基準）のうち、日本は「差別待遇の禁止」（111号）に批准していない[ii]。111号の未批准国は日本を含め12か国のみである（先進国はほかにアメリカだけである）。差別待遇とは、雇用と職業についてのあらゆる差別を指す。ILOは100号で「同一価値の労働について男女労働者に同一の報酬」（同一価値労働同一賃金原則）を定め、日本は1967（昭和42）年にこれに批准した。だが、1986（昭和61）年の雇用の分野における男女の均等な機会及び待遇の確保等に関する法律（男女雇用機会均等法）施行後も、男性正社員の無限定な働き方を標準とする慣行は続いた。

② 雇用形態間の待遇差

　男女間の待遇差が解消されないなかで、非正規雇用がまず女性、次に男性の間で広がった（**図4-5**）。

　総務省「労働力調査」によると、2019（令和元）年、「役員を除く雇用者」に占める「非正規の職員・従業員」割合（男女計）は38.2％（男性22.8％（691万人）、女性56.0％（1475万人））である。年齢階級別賃金は、上から、男性正社員→女性正社員→男性非正規社員→女性非正規社員の順で軌跡を描く（**図4-6**）。こうした賃金格差は、生涯年収や年金受給額に大きな影響をもたらし、教育や健康上の格差、貧困率の増加などの社会的課題を生み出している。

Active Learning

現代日本の雇用環境について、とくに男女差、正規雇用と非正規雇用の差異について調べてみましょう。

第4章 生活と人生

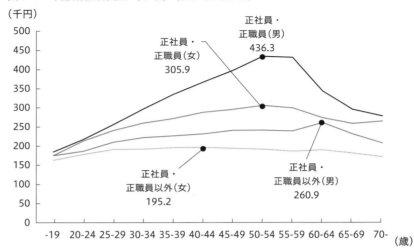

図4-6　年齢階級別賃金（年収）（性、雇用形態）

注：数値は各折れ線の最高値。
資料：厚生労働省「令和元年賃金構造基本統計調査」より作成

5　おわりに──21世紀の労働課題とソーシャルワーカーの役割

　インターネットなどの通信技術の発展等により、近年は宅配便ドライバー、クラウドソーシング*などの「雇用関係によらない働き方」が世界的に増えている。それは、労働者でなく自営業主として働くということである。仕事の依頼主と自営業主の間は契約の自由が原則である。しかし、自営業主の立場は弱いことが多く、不利な契約を結ばざるを得ないこともある。その結果、自営業主でありながら、業務を依頼する企業の指揮下におかれるなど、実態は労働者として働くにもかかわらず、自営業主であるため、労働者としての保護（労働法の適用）がない。こうした問題について、ILOや日本では、その者が労働者として保護されるべきかどうかの判断は、契約等の形式でなく、実態によるべきとしている。

　今後の課題には、同一価値労働同一賃金原則に基づいた非正規労働者の待遇改善が挙げられる。これまで、非正規労働者は、労働組合に加入できないことも多かった。しかし、近年、非正規労働者などによる、一定地域を基盤に一人からでも加盟できる小規模の労働組合がつくられ、個別紛争処理などで成果を上げている。けれども、こうした労働組合は主に大企業の正社員からなる企業別労働組合に比べて組織基盤が弱く、労働法制等のルールづくりに関与できていない。それは、最低賃金を含めた非正規労働者の待遇改善がなかなか進まぬ一因だろうし、三者構成原則の点からも問題である。

★クラウドソーシング
インターネットを利用して不特定多数に業務を発注、あるいは受注を募ること。委託側は安価に発注でき、受託側は働く場所・時間が限定されないため活用が広がっている。

　もう一つの課題は、経済のグローバル化を背景に企業のビジネスモデルが変容し、低処遇、低賃金の問題が正社員にも広がっていることである。これまでの日本型雇用システムを前提とした労使関係、賃金保障（最低賃金制）、社会保障制度、税制なども広く検討する必要がある。それは、性、非／正規、雇用／自営などを問わず、すべての人のディーセント・ワークが確保されることを目的としなければならないだろう。

　最後に、ソーシャルワーカーの役割の第一は、目の前の困っている人を援助することである。しかし、個人と社会のかかわりを探る社会学の発想法を用いてみれば、仕事で困っている人の背後には、法制度や雇用慣行などの構造的要因も潜んでいる。ソーシャルワーカーには、そうした要因にも想像をめぐらし、よりよい社会に資する働きをすることも期待される。本書で紹介した過労死等に取り組む弁護士らはそのような働きの一例である。

第4章 生活と人生

◇引用文献
　1）カール・マルクス，今村仁司・三島憲一・鈴木直訳『資本論 第1巻（下）マルクス・コレクション5』勁草書房，p.395，2005.
　2）「コラム20　過労死弁護団全国連絡会議（過労死110番全国ネットワーク）の取組について」厚生労働省『令和元年版 過労死等防止対策白書』pp.240-241，2019.
　3）労働政策研究・研修機構編集・発行『データブック国際労働比較2019』p.103，p.146，2019.

◇参考文献
・水町勇一郎『労働法入門』岩波書店，2011.
・濱口桂一郎『働く女子の運命』文藝春秋，2015.
・後藤道夫ほか編『最低賃金1500円がつくる仕事と暮らし』大月書店，2018.
・厚生労働省「賃金構造基本統計調査」
・総務省「労働力調査」
・ILO「雇用関係に関する勧告」（第198号），2006.
・労働基準法研究会報告「労働基準法の『労働者』の判断基準について」1985.

●おすすめ
・牛久保秀樹『日本の労働を世界に問う：ILO条約を活かす道』岩波書店，2014.
・森岡孝二『過労死は何を告発しているか』岩波書店，2013.

- 「世代」の三つの側面について学ぶ
- 個人化の進行と「社会問題」に対する社会学的視点を理解する
- 世代間交流の意義を学ぶ

1 世代と社会

　世代とは出生時期を同じくし、同一の時代的背景のもとで歴史的・社会的経験を共有することによって共通した意識形態や行動様式をもつようになった人々の集合体である。世代概念は個人と社会の間に成立して、個人が社会を創造していく側面や、逆に社会が個人を規定していく側面の分析上の枠組みとして用いられる。社会は古い世代が死によって消滅し、新しい世代が出生によって参入することで漸次的に入れ替わる。おおよそ100年で社会内部の人々はすべて入れ替わるが、社会はそのまとまりとしてのアイデンティティや生活の構造を持続させている。これが可能なのは古い世代から新しい世代へと知識や文化、制度や財が継承されているためである。また、社会が大きく変容するときは、世代間の何らかの対立や闘争が行われるときでもある。このように、世代概念は繰り返される普遍的な生活の側面と歴史の移り変わりに伴う人々の「生き方」の変化の側面が内包された概念である。

2 世代の三つの側面

　青井和夫は世代を三つの側面から捉える。
　第一は生物学的側面である。あらゆる人々の発達的出来事に着目したものであり、子が親の役割を受け継ぎ、それを自分の子に譲り渡すまでの期間として設定することができる。たとえば、親の代→子の代→孫の代といったような25～30年の周期で同じ過程を繰り返す事象を考えてくれたらよい。この生物学的側面は、加齢に伴う変化を示しているの

で、**加齢効果**と考えることができる。

第二は歴史的世代の側面であり、繰り返しのない歴史的な出来事の影響を受けることで形成される同時代的共存としての世代である。歴史的出来事に着目しているので、**時代効果**と考えることができる。

第三は社会学的世代である。マンハイム（Mannheim, K.）は「経験の層化」に世代の特徴を見出す。人生初期の歴史的な状況が人々の「自然的な世界像」として定着する傾向をもっており、それ以後の経験は、この最初に定着した経験層から解釈されたり、意味を付与されたりするようになる。つまり、ある特定の時期に出生した人々が、何らかの類似性をもつのは、ある特定の時期に、ある特定の歴史的状況の影響を受けたためだと考える。この考え方は、加齢効果と時代効果の組み合わせの効果として考えることができ、**コーホート効果**として捉えることができる。たとえば、博報堂の大人文化研究所では戦後の世代について次のような区分をしている。戦後の混乱期に生まれ、公私の価値観が逆転し、私生活でイノベーションを果たした「団塊世代」（1947（昭和22）〜1951（昭和26）年生）、「私」を深化させ、私生活を確立した「ポパイJJ世代」（1952（昭和27）〜1960（昭和35）年生）、幼少期に高度経済成長を経験し、左派・右派の「思想の呪縛」から解放された「新人類世代」（1961（昭和36）〜1965（昭和40）年生）、バブルの時代に青春を迎え、享楽志向が頂点に達した「バブル世代」（1966（昭和41）〜1970（昭和45）年生）、バブル崩壊後の就職氷河期に働き始め、「私」が多様化し、格差が顕在化した「団塊ジュニア世代」（1971（昭和46）〜1982（昭和57）年生）、物心ついたときから不景気で、競争が少なく「ゆとり教育」と揶揄され、中高生の頃から携帯電話を持ち始めた「さとり世代」（1983（昭和58）〜1994（平成6）年生）などである。これらの世代区分は、ステレオタイプ（紋切型）なものの見方になる危険性もあるが、情報化社会のなかで細分化されつつある人々の価値観や行動様式を大づかみに理解する枠組みとして一定の有効性がある。

3 ライフサイクルとライフステージ

世代の三つの側面は、我々の「人生」を理解するうえで重要な概念であるライフサイクル、ライフステージ、ライフコースと密接な関係にあ

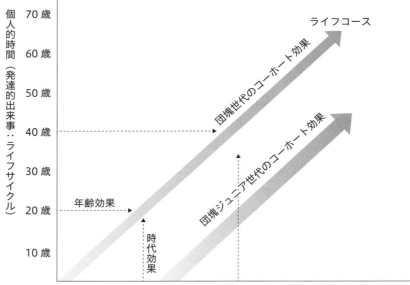

図4-7　社会的時間と個人的時間の関係

個人的時間（発達的出来事：ライフサイクル）

70 歳
60 歳
50 歳
40 歳
30 歳
20 歳
10 歳

ライフコース

団塊世代のコーホート効果

団塊ジュニア世代のコーホート効果

年齢効果

時代効果

1950 年　1960 年　1970 年　1980 年　1990 年　2000 年　2010 年　2020 年
社会的時間（歴史的出来事）

る。**図 4-7** を見ていただきたい。横軸は社会的時間であり、歴史的出来事を表す。たとえば、戦争や大恐慌、大規模災害、オリンピックなどの世界的なイベント、IT 製品の普及、社会保険制度の施行など、さまざまな歴史的状況の影響を我々は受けている。1990 年代のバブル経済崩壊の影響を例にとると、団塊世代は 40 代、団塊ジュニア世代は 10 代半ば〜 20 代で経験しており、人生に与える影響は異なるものになる。団塊ジュニア世代にとっては、就職難や非正規雇用化、また、それに付随する未婚率の上昇などがみられる。

　縦軸は個人的時間であり、発達的出来事を意味する。これは個人の一生の生活周期であるライフサイクルと読み替えられる。家族社会学では特に家族周期に焦点を当て、「結婚→新婚期→育児・教育期→子ども独立後の夫婦期→老後期→寡婦（夫）期」等の段階を設定することが多い。人間が誕生してから死に至るまでの過程における各段階をライフステージという。

　ライフステージの区分で有名なのは、エリクソン（Erikson, E.H.）の人間の発達を示した 8 区分であり、それぞれのステージに**発達課題**があることを指摘している（**表 4-1**）。また、レビンソン（Levinson, D.J.）は、成人期の発達の全体像をつかむことを目標に調査研究を行い、ライフサイクルを大きく四つに区分している。❶児童期と青年期（ 0

表4-1 エリクソンのライフサイクル

時期区分	発達課題	発達課題の説明		獲得する力
乳児期 （0〜1歳半）	基本的信頼 vs 不信	母子関係において、乳児が基本的不信をうわまわる基本的信頼のパターンを確立できているか否か		希望
児童初期 （1歳半〜3歳）	自律性 vs 恥・疑惑	排泄のしつけを通じて、幼児が保持しておくことと手放すことを協調させ、自律的な意志を身につけることができるか否か		意志
遊戯期 （3〜5歳）	積極性 vs 罪悪感	自己の拡大を他者との協調によってやわらげ、訓練された自己規制を遂行できるか否か		決意
学童期 （5〜12歳）	勤勉性 vs 劣等感	劣等感や不全感にうちひしがれてしまわないで、勤勉さ、達成能力を身につけることができるか否か		才能
青年期 （12〜18歳）	アイデンティティの凝集 vs 役割の混乱	急速な身体的成長と性的成熟がもたらす自分についての自他のイメージや認識の動揺を克服して、自我アイデンティティの感覚を得ることができるか否か		忠誠
成年前期 （18〜40歳）	親密性 vs 孤独	アイデンティティの融合に裏づけられた友情・愛・性的親密さを得ることができるか否か		愛
壮年期 （40〜65歳）	生殖性 vs 停滞	次の世代をはぐくみ、世話することに喜びを感じることができるか否か		世話
老年期 （65歳以上）	統合 vs 絶望	自己嫌悪に陥ることなく、自己の人生を自己の責任として受け入れることができるか否か		英知

〜 22 歳）、❷成人前期（17 〜 45 歳）、❸中年期（40 〜 65 歳）、❹老年期（60 歳以上）の区分であり、それぞれの発達期に入る前に重大な過渡期が存在すると述べている。特に 40 代前半の「人生半ばの過渡期」（中年の危機）では、これまで無視してきた内面の声に耳を傾け、「若さと老い」「破壊と創造」「男らしさと女らしさ」「愛着と分離」の四つの対立を解決することが必要だと唱えている。

4 ライフコース

　ライフコースとは人々がたどる人生の道筋である。ライフサイクル研究もライフコース研究も生涯にわたる発達過程を人生上の出来事に起因する役割移行の過程として捉えるが、前者が平均的で、標準的な出来事（たとえば、結婚、出産、就職など）に着目するのに対して、後者は標準的ではない出来事や歴史的出来事にも目配りする。この言葉が好まれた背景としては、先進諸国において 1970 年代から、就学、就職、結婚、

子育て、退職など、それまで自明とみなされてきた人生の出来事のパターンに変化が生じてきたという認識がある。

　ライフコース研究の古典として有名なのは、エルダー（Elder, G. H.）の『大恐慌の子どもたち』である。大恐慌は1929年に突発して1933年に終息したが、エルダーは1920〜1921年生まれのオークランドの子どもたちと、1928〜1929年生まれのバークレーの子どもたちの30年以上にわたる追跡調査の資料の分析からマクロな経済環境と個人の人生のプロセスの相互作用を検討した。経済的損失が大きかった剥奪家族では、子どもたちは大人の役割を先取りして経験することになり、男子では職業志向の強さ、女子では家庭志向の強さに結びついた。そして、そのような人々が戦後の経済的繁栄の時期に性別役割分業型の安定した家庭を築いた、という。より年少の時期の経済的な打撃のほうが、その後の人生に長く影響を残すようである。

　ライフコースのダイナミクスに関する研究を深めるには、データが必要であるが、日本の計量社会学の分野では反復横断調査やパネル調査のデータが蓄積されつつある。反復横断調査は定期的に同じ母集団に対して、類似する質問項目による調査を実施することで、集団レベルの変化を記述することができる。同一の個人を異なる時点で追跡するわけではないので、個人内の変化は捉えることができないが、コーホートレベルの分析は可能であり、コーホート別に結婚や就職の状況、さまざまな社会意識が時代とともにどのように変化しているのかを把握することができる。反復横断調査の例として、「社会階層と社会移動に関する全国調査」（SSM）や「日本版総合的社会調査」（JGSS）などが挙げられる。パネル調査は、同一個人を追跡してデータを収集し続ける調査であり、因果関係に深くかかわる個人レベルの変化の要因が分析できる。パネル調査の例としては、「21世紀出生児縦断調査」や「働き方とライフスタイルの変化に関する全国調査」（JLPS）、「日本家計パネル調査」（JHPS／KHPS）などが挙げられる。

5 ▶ 個人化

　ライフコースの視点が導入されたことの背景には、1970年以降に先進諸国で指摘されるようになった個人化（Individualization）の現象が考えられる。1970年代は、戦前・戦中世代とは異なる意識や価値観

を有する戦後生まれの世代が社会に参入した時期であり、オイルショックを契機に高度経済成長が終わりを告げる時期でもある。戦後に滅私奉公的な「全体化」が消滅し、高度経済成長期にはアメリカ的生活様式を理想とするマイホーム主義や公的問題から距離をとり私的な領域で消費欲求の充足を優先する私生活化（または私化）が広く浸透した。その後、核家族と企業組織が有していた個人を包摂／拘束する力が弱まり、個人化がさらに深化している。鈴木宗徳はベック（Beck, U.）の個人化の要点を次のように整理している。

第一に、生活の安定を保障し、諸個人のアイデンティティの基盤となる中間集団（たとえば、階級、家族、企業、地域共同体など）や制度が弱体化することである。特にバブル経済が崩壊した 1991（平成3）年以降、雇用や不平等の問題が顕在化した。階級への帰属意識が弱体化しているために、失業、貧困、非正規雇用の不安定さなどは個人が自己責任で解決しなければならない「個人的リスク」として経験されるようになる。また、近代家族はジェンダーに基づく標準化したライフコースを男女に割り当てていたが、こうした規範が弛緩し始め、生涯未婚率や離婚率の上昇などが顕在化し始める（図4-8）。

第二に、ライフコースが脱標準化／多様化することによって自分史を設計し続けなければならなくなる。企業や家族が生涯にわたり一貫したアイデンティティを与えてくれることが期待できないため、自分の過去と未来についての解釈をそのつど修正し続ける必要がある。

第三に、個人が選択できる可能な範囲は、労働市場や福祉政策、教育制度などによって実はあらかじめ規定されている面が大きいにもかかわらず、ライフコースの脱標準化／多様化は個人の自己決定の重要性を強調し、自己責任の圧力を強める。

第四に、特定の集団への帰属意識が弱まるのに反して、ネットワークを基盤とした柔軟な関係性が発展する可能性が拡がってゆく。「リスク」や「不安」を共有する者同士が連帯を生み出す可能性があるが、それがどの程度進み、どの程度の影響力を発揮するかは不明である。

以上のように個人化は、個人が選択の自由を獲得すると同時に、中間集団から包摂されないリスクや不安を引き起こし、選択した結果に対する責任を自ら引き受けなければならない事態を招いている。

第4章
生活と人生

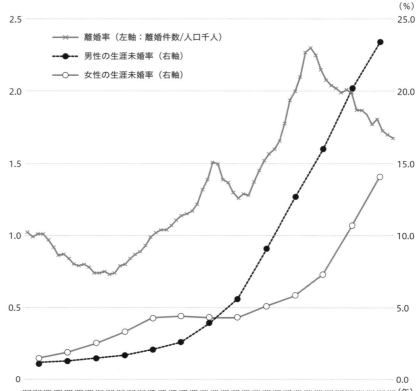

図4-8　戦後の離婚率と生涯未婚率の推移

資料：離婚率は人口千人あたりの離婚件数であり、「人口動態調査」より作成。生涯未婚率は50歳時点で結婚経験のない人の割合であり、「国勢調査」より作成

6　個人化する社会と「社会問題」

　個人化し、ライフコースが多様化する現代社会にあっては、ライフサイクルのさまざまな場面で、リスクや社会問題と遭遇しやすくなった。社会問題への遭遇のしやすさはライフステージによって、その内容も発生率も異なる。たとえば、乳幼児期では親から不適切な養育を受ける問題（児童虐待や育児放棄など）、学齢期ではいじめ問題や不登校問題、青年期では「ひきこもり」などの社会適応上の問題やフリーターやニートなどの就業にかかわる問題、成人期では未婚・晩婚・離婚など家族形成にかかわる課題や育児ノイローゼなど子育て問題、または介護離職など親の介護と仕事の両立の問題、さらには職場でハラスメントを受ける問題、高齢期には社会的役割の喪失や「閉じこもり」、社会的孤立の問題などが思い浮かぶ。

1 「社会問題」の特徴

社会学の社会問題へのアプローチの例として、マートン（Merton, R, K.）の考え方を挙げておきたい。マートンは六つの命題から「社会問題」が構成されると考える。

第一に、「かくある現実」と「かくあるべしと考える理想」との間のずれが社会問題をつくり出す。たとえば、「同性愛者は異常ではない」という社会的基準がある場合、同性愛者への差別的取り扱いは社会問題となる。逆に、「同性愛者は異常である」という社会的基準がある場合は、同性愛が社会問題となってしまう。

第二に、社会問題は社会的起源から生ずる。たとえば、震災そのものは社会問題ではないが、活断層の上に耐震性を満たさない建物を建て、それが倒壊した場合は社会問題になり得る。

第三に、社会問題には判定者が存在する。たとえば、有力な判定者として、政治家、学者、ジャーナリストなどが考えられ、ある事象を「よくない、許せない」といった申し立てが行われた時に社会問題が始まる。

第四に、社会問題には顕在的社会問題と潜在的社会問題がある。社会問題とみなし得る現象や行為が潜在的には存在していても、それが顕在化しない場合がある。たとえば、昔は「しつこい男」「めげない男」として片づけられていた人々が、ある時から妄想にかられて相手の意に反して執拗につけ回す「ストーカー」という名称を与えられ社会問題化（顕在化）する、といったことが考えられる。

第五に、社会問題は社会的知覚に規定される。ある事象と人々とのかかわりの強さや人々がどのような立場にあるかによって、社会問題の重大性に対する認識が異なる。

第六に、社会問題は矯正可能性をもつ。ある社会問題が人間の力で解決し得ないならば、それは社会問題とはならない。

以上の社会問題の考え方で重要なのは、理想と現実のずれに問題の本質を見出す点である。「理想」が強調されすぎることからも社会問題は生じるのであり、「理想」それ自身も絶対的なものと考えることはできず、社会変動の影響を受け、刻々と変化する性質をもつ。つまり、現実の把握だけでなく、社会意識や価値観の変容にも、我々は敏感にならなければならない。ソーシャルワーカーも現代社会に生じる価値観の変容に敏感であることが望まれる。

■2 社会問題としての「いじめ」や「ハラスメント」

　社会問題は数多くあるが、ここでは近年頻繁に耳にする「いじめ」や「ハラスメント」を例として取り上げよう。

❶学校での「いじめ」

学校での「いじめ」に関する調査研究について調べてみましょう。

　学校でのいじめが発見されたのは1980年代半ばである。社会問題として認識された最大の契機は追いつめられた子どもたちの自殺とその遺書であり、マスメディアの連日の報道と国民の不安感情であった。森田洋司はいじめを「同一集団内の相互作用過程において優位に立つ一方が、意識的に、あるいは集合的に他方に対して精神的・肉体的苦痛をあたえることである」と定義している。「現代型」のいじめの特質として、❶日常生活の延長上で起きること、❷逸脱性の境界が曖昧であること、❸加害意識と罪障感が希薄になりがちであること、❹現代社会を背景として生じること、❺特定の子どもだけでなく、どの子どももいじめる可能性、いじめられる可能性があり、実際に多くの子どもたちが経験していること、を挙げる。また、いじめは加害者と被害者の二者関係だけで捉えることはできず、被害者と加害者を取り巻く「観衆」（いじめに直接手を加えないが、はやし立てることで火に油を注ぐ存在）、そして「傍観者」（知らぬふりを装い、一時的に日頃の人間関係を断っている子どもたち）の四層構造として捉える必要性を説く。いじめ被害の多さは、傍観者の人数と最も高い相関を示し、傍観者を含めた周りの子どもたちへの働きかけが、いじめ抑制において重要な鍵を握る。森田は傍観者の心性の社会的背景として個人化の一形態である私事化を挙げる。私事化のネガティブな側面は社会や集団へのかかわりを弱め、公的な問題に無関心になり、私生活へと隠遁してしまう傾向が強まることである。傍観者は自分が所属するクラスの問題に無関心である、ということになる。

❷職場での「ハラスメント」

「組織の問題」として「いじめ」と「ハラスメント」を考えてみましょう。

　近年、「パワハラ」「セクハラ」「アカハラ」「マタハラ」「カスハラ」など「○○ハラ」といったハラスメントの表現が多数出現し、人間関係のいたるところに「いじめや嫌がらせ」を見出す傾向にある。ここでは大人のいじめとして捉えることができるパワーハラスメントを例に挙げよう。パワーハラスメントもある時期から社会問題として顕在化した。パワーハラスメントは、職務上の地位または職場内の優位性を背景にして、本来の業務の適正な範囲を超えて、継続的に相手の人格や尊厳を侵害する言動を行うことにより、就労者に身体的・精神的苦痛を与え、また就業環境を悪化させる行為である。

図4-9　民事上の個別労働紛争の相談内容別の件数

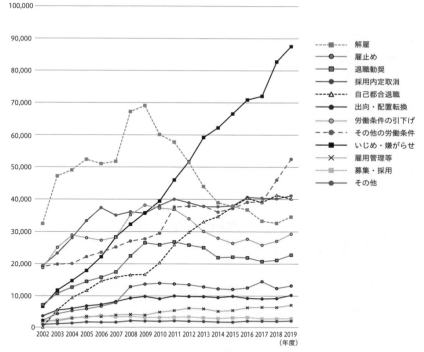

資料：厚生労働省「令和元年度個別労働紛争解決制度の施行状況」より作成

　厚生労働省の「個別労働紛争解決制度の施行状況」によると、民事上の個別労働紛争相談件数は 2019（令和元）年度で 27 万 9210 件であり、増加の一途をたどる。2000 年代は「解雇」にかかわる相談が多かったが、近年では「いじめ・嫌がらせ」に関する相談や「自己都合退職」にかかわる相談が急増している（**図 4-9**）。個別労働紛争解決制度は、個々の労働者と事業主との間の労働条件や職場環境などをめぐるトラブルを未然に防止し、早期に解決を図るための制度である。都道府県労働局、各労働基準監督署内等における「総合労働相談」、都道府県労働局長による「助言・指導」、都道府県労働局の紛争調整委員会による「あっせん」の三つの方法がある。「民事上の個別労働紛争相談」は、「総合労働相談」の一部である。

　職場の人間関係は、人々の主観的な状態に重大な影響を及ぼす。パワーハラスメントを受けた人々は極めて強いストレスを感じ、離職や精神疾患の発症に結びつくこともある。パワーハラスメントもいじめと同様、加害者と被害者の二者関係でとらえることはできず、人権や労働者の権利を軽視する決して看過できない組織の問題として捉える必要がある。

また、先述した社会学的な社会問題への視点に関連づけると、労働者と企業組織の関係性の変容も影響している可能性がある。旧来の日本的雇用慣行のなかでは、企業組織は最も優先すべき共同体であり、労働者は職場で嫌がらせを受けても、家族の生活が保障されることと引き換えに異議を申し立てなかったのかもしれない（社会問題の潜在化）。しかし、近年では、職場を自らの最も優先すべき共同体として捉える志向は弱まり、むしろ個人の自己実現のために職場があると考える気風が強まっている。その点では、統計上の相談件数の急増を、即座に嫌がらせ行為の多発とみなすことに慎重になる側面もあろう。

7 ▶ 社会的孤立や世代の断絶から交流と連帯を目指して

　本節の最後に、個人化現象と深く関連する社会的孤立の問題と世代間交流の意義を述べておきたい。

1 社会的孤立

Active Learning

日本が社会的孤立の高い国であるとされる社会的要因について考えてみましょう。

　OECD の国際比較調査によると、日本は社会的孤立が高い国として指摘される。日本の近所付き合いの程度は、近年になるほど疎遠になる傾向が明確である。社会的孤立の問題は、特に高齢期のライフステージで顕在化しやすい。社会的孤立はタウンゼント（Townsend, P.）によれば、「家族やコミュニティとほとんど接触がない」客観的な状態である。孤立と似た概念に孤独があるが、これは「仲間づきあいの欠如あるいは喪失による好ましからざる感情（主観）」を意味しており、孤立と孤独の概念は異なる。また、孤立に類似する状態として閉じこもりの概念もあるが、社会的孤立は社会関係の欠如を表すものであり、外出頻度の乏しさとは別の側面を捉えている。

　近年、「おひとりさま」のように「自発的孤立」を必ずしも否定的に捉えない見方もあるが、社会的孤立の状態にある人は、ソーシャルサポートも乏しく、低所得や住環境の劣悪さに関連していること、生活満足度の低さや孤独感・抑うつ傾向との関連も明確なこと、自殺や健康寿命の喪失、犯罪被害とも関連していることなどが挙げられており、社会的孤立はネガティブな帰結をもたらすことが多い。女性よりも男性において、社会的孤立に陥るリスクが高い。一度孤立状態に陥ると、孤立しているがゆえにさまざまな地域的・政策的支援からこぼれ落ちやすくな

る。高齢期以前からの孤立前の予防的な取り組みが重要である。

2 世代間交流

　国民生活基礎調査によると、65 歳以上の者のいる世帯の構成比を1986（昭和 61）年と 2019（令和元）年で比較すると、三世代世帯は44.8％から 9.4％へと減少し、単独世帯は 13.1％から 28.8％へ、夫婦のみの世帯は 18.2％から 32.3％へと増加が顕著である。日常的に世帯のなかで営まれていた世代間関係は激減した。

　現代社会は、福祉国家の形成に伴い、現役世代が高齢世代を間接的にサポートする社会保障制度が整備されつつあるが、対面的な世代間の出会いはむしろ減少している。生活領域が世代別・階層別に分離しがちであり、異なる世代の人々と接触すること自体が異文化、異なる価値観との出会いとなる。世代間の出会いは、固定観念を解体し、成長や発達につながる。アメリカにおいて世代間交流プログラムが推進された背景の一つは、若年世代の高齢世代に対する**年齢差別**（ageism）を打破することであった。

　世代間交流の効果として、高齢世代に対しては、他者との交流頻度の増加や日々の生活に対する有意味感の向上がみられ、孤立リスクの軽減につながることが確認されている。また、子ども世代に対しては、「高齢者」イメージの改善や基本的なソーシャルスキルの向上、「自己表現」や「他者理解」の力の上昇などが報告されている。

　現代日本は世界一の長寿国であり、100 歳以上の高齢者から子どもまで幅広い世代が同時代に生きている。人口構成が急速に少子高齢化するなかで、最も重要な鍵を握るのは、高齢世代の力を社会に活かすことであり、世代間で経済的・サービス的、そして情緒的な交流を促進することである。今後、世代間の連帯が促進されれば、我々は「成熟社会」を生きることができるが、世代間の分断や高齢世代の排除が進めば「老衰社会」を生きることになる。「老衰社会」は、人々が長生きできるにもかかわらず、長生きすることを幸福と思えず、老いることが疎まれる皮肉な社会である。ソーシャルワーカーがコーディネート機能を果たし、地域福祉における世代間交流の実践を活発化していくことを願っている。

第 **4** 章 生活と人生

Active Learning

多世代が継続的に楽しんで参加できるプログラムの企画を提案してみましょう。企画は、プログラムの目的と内容、場所、協力を依頼する団体、広報の仕方、必要な資材や経費まで考えてみましょう。

◇参考文献

・青井和夫『長寿社会を生きる』有斐閣，1999.
・Mannheim, K., *Das Problem der Generationen*, 1929.（K. マンハイム，鈴木広・田野崎昭夫訳『世代・競争』誠信書房，1958.）
・Erikson, E. H., *Vital Involvement in Old Age*, Norton, 1986.（E. H. エリクソン，朝長生徳・朝長梨枝子訳『老年期』みすず書房，1989.）
・Elder, G. H., 1974. *Children of the Great Depression : Social Change in Life Experience.* University of Chicago Press, 1974.（G. H. エルダー，本田時雄訳『大恐慌の子どもたち』明石書店，1991.）
・鈴木宗徳編著『個人化するリスクと社会』勁草書房，2015.
・Merton, R. K, & Nisbet, P. A., *Contemporary social problems*, Harcourt Brace, 1966.
・森田洋司『いじめとは何か』中央公論新社，2010.

第5章

自己と他者

　これまでみてきた福祉的課題は、多くの場合、単に個人のみにかかわる問題ではなく、多くの人々や社会的背景にかかわる「社会問題」として位置づけられる。とはいえ、それらはミクロな領域で展開されている人々の相互行為と無縁の話では決してない。たとえば社会問題は、実際には「身体化」して現れる。成人病や子どもの虫歯など、人々の身体に現れる不健康な状態は、私たち「先進国」のライフスタイルや社会全体の貧困化など、社会問題がミクロな位相で現れたものであるといわれる。福祉的課題にかかわる社会問題とは自己と社会のダイナミクスの産物である。

　本章では、福祉的課題について、ミクロな水準で捉える社会学的視点について学習し、相談援助やソーシャルワークのあり方についてのヒントを探していきたい。

第 1 節 自己と他者

- 自己は他者とのかかわりのなかで形成されることを学ぶ
- 自己と他者は互いに影響を与えてともに変化し続けることを理解する
- 人の理解と支援には周りの人との関係が大事であるという洞察を得る

1 鏡に映った自己

　就職活動の際、業界・企業研究に加えて、「自己分析しなさい」とよくいわれる。企業がどんな人材を探しているかを把握したうえで、自分のやりたいこと・やれることをうまく伝えないと、採用には至らないからである。「彼を知り己を知れば百戦殆うからず」（孫子）である。

　自己分析で推奨されるのは、自分の打ち込んだ経験を文字に書き出し、客観的に分析する方法である。夢中になった経験のなかには、苦労してでも達成したい人生のテーマが含まれると考えられる。それは適職を探す重要な手がかりとなるだけでなく、それを説得的に熱く語れば、志望企業の信頼も勝ち得ることができよう。

　もっと手軽な自己分析には、身近な人に「自分がどういう人間か」と尋ねるやり方もある。これらの人々は、自分が忘れていたエピソードや、自分の意外な側面を教えてくれるだろう。それは、いつもと違う角度から自分を見直す機会となる。囲碁には「傍目八目」という言葉がある。目の前のことに手一杯な当事者よりも、かたわらにいる第三者のほうが、物事を冷静に判断できるという意味である。

　こうした自己分析は、他人の視線から自分を見つめ直す作業といえる。過去の経験を文字にして分析する作業は、過去の自分を今の自分から切り離し、いわば他人事のように眺めることである。自分の印象を身近な人に尋ねることは、文字どおり、他人の眼に映っている自分の姿を教えてもらうことである。それは、鏡を見て身だしなみを整えるように、自己の特徴を他者という鏡に映して確認する作業だといえる。つまり、自己を知るには他者が不可欠なのである。

　20世紀初めのアメリカの社会学者クーリー（Cooley, C. H.）は、

こうした自己認識の仕組みについて、「鏡に映った自己[ii]」(looking-glass self) という概念を提唱した。クーリーによれば、自己は、❶他者が自分をどのように認識しているかについての想像、❷他者が自分をどのように評価しているかについての想像、❸それに対して自分が感じるプライドや屈辱などの自己感情から成り立つという。さらに、クーリーは、自己の鏡となる他者として、家族や近隣に住む人々といった**第一次集団** (primary group) を考察する。クーリーによれば、対面的で親密なやりとりが行われる第一次集団のなかで、自己は、愛・正義・平等・自由といった抽象的で普遍的な価値を他者から写し取っていくという。

　クーリーは、自己に関する常識を覆した。17 世紀フランスの哲学者デカルト (Descartes, R.[iii]) は、世界の原理を見極めるために、万物の存在を疑った（方法的懐疑）。その過程で、「疑いようのない真実」として「今すべてを疑っている自意識」の存在を認め、世界を認識する足場とした（「我思う故に我あり」）。つまり、世界のあり様とは無関係な確固たる存在として自己を捉えたのである。それ以降、自己の存在を経験に先立つものとして認める独我論[iv]が哲学の常識となった。クーリーは、それを批判し、「我」と「我々」が元来一体であると主張したのである。

２ 意味の共有に基づくコミュニケーション

　クーリーと同世代のアメリカの哲学者・社会心理学者ミード[v] (Mead, G. H.) も、他者とのやりとりを通して自己が事後的に形成されると考えた。ミードがクーリーと異なるのは、第三者にも観察できる具体的な「行動」に焦点を合わせた点である（社会行動主義）。ミードは、その社会的条件として、**有意味シンボル** (significant symbol)、ごっこ遊び

---

i　〔Charles Horton Cooley〕1864-1929. アメリカの社会学者。ミシガン大学教授。自己・集団・社会組織・社会過程について研究を行った。著書に『人間性と社会秩序』(1902 年)、『社会組織論』(1909 年)、『社会過程』(1918 年) の三部作がある。

ii　self は「自我」と訳されることも多い。自我は ego の訳語で使われることもあるため、self の訳語は、ここでは「自己」で統一することにした。

iii　〔René Descartes〕1596-1650. フランスの哲学者・数学者。近代哲学の父とされる。『方法序説』(1637 年) のほか著書多数。

iv　真に実在するのは自我とその所産だけであり、その他すべてのものは自己の意識内容にすぎないとする立場。独在論、唯我論、独知論ともいわれる。

v　〔George Herbert Mead〕1863-1931. アメリカの哲学者・社会心理学者。シカゴ大学哲学科教授。自己・行為・時間などに関する研究を行った。『精神・自我・社会』(1934 年) は、自己の問題を取り扱ったものとして特に有名である。

(play)、ゲーム遊び（game）の三つを挙げる。

　有意味シンボルとは、意味（meaning）が共有されているシンボルのことで、人間特有のものである。その典型例は言葉である。有意味シンボルは、意味の共有によって、自己と他者に同一の反応を引き起こす。そのおかげで、自己と他者は協同できる。しかし、その意味の共有は先験的なものではなく、人々のやりとりを通して達成される。

　たとえば、Ａさんが外国人のＢさんへ「いすを持ってきて」と言葉を発し、実際にＢさんがいすを持ってきたとする。このとき、言葉の意味は共有されている。しかし、Ｂさんがいすを持ってこなかったとしよう。このとき、言葉の意味は共有されておらず、「イスヲモッテキテ」は音の集まりにすぎない。Ａさんは言い直したり、身振りを交えたりして、いすを持ってくるようＢさんへ働きかける。Ｂさんも、それに応えようと、いろいろな行動を試す。試行錯誤の末、Ｂさんがいすを持ってくれば、Ａさんは満足し、Ｂさんも安堵する。このとき、「イスヲモッテキテ」という音の集まりは、有意味シンボルになる。いったん有意味シンボルが確立すれば、意味を共有するための試行錯誤は不要になる。有意味シンボルは、意味の共有によって自己と他者に同じ反応を引き起こし、円滑なコミュニケーションを可能にするのである。

3　他者の態度の取得

　ミードは、有意味シンボルによって可能になる他者とのコミュニケーションを基盤に、自己が社会的に形成されると考えた。そして、その過程を「ごっこ遊び」と「ゲーム遊び」という２段階から考察する。

　幼児は、ごっこ遊びが好きである。ままごとで母親役となった子どもは、うれしそうに母親のように振る舞う。周りの人も、子ども役となって母親役の幼児に合わせる。それが可能なのも、「母親」や「子ども」の意味が人々に共有されているからである。ごっこ遊びとは、いつもの自分から離れて、その人になりきることである。幼児は、さまざまな役を上手に切り替えながら、周りの人とやりとりする。こうして、幼児は、身近で「重要な他者」（significant other）の態度を取得していく。

　年齢が上がると、子どもたちはゲーム遊びに興じるようになる。例えば、野球というゲームをするには、野球のルールを学び、投手や二塁手といった各ポジションの役割を知ったうえで、ポジション間の連携（例：

ダブルプレー）なども理解せねばならない。それができなければ、野球の体をなさず、野球ごっこにすぎない。つまり、ゲームが成り立つには、全体のルール、各参加者の役割、役割間の関係などについて、参加者全員が知っておく必要がある。

　このゲーム遊びでも、他者の態度が取得されていると考えられる。異なるのは、ゲーム遊びでは、複数の他者の態度が多層的に重なり、体系化・組織化されている点である。ミードは、これを一般化された他者（generalized other）の態度と呼ぶ。それは、たとえばイチロー選手といった特定の野球選手の態度ではなく、教科書に出てくるような不特定多数の選手を複合した抽象的で一般的な野球選手の態度である。

　一般化された他者の態度は、人々が日常生活を送る集団でも成立していると考えられる。それは社会規範とも言い換えられる。それぞれの集団には、集団のルールがあり、成員に求められる役割があり、役割間の関係も決まっている。一般化された他者の態度を取得することで、自己はその集団で生活できるようになり、一方、集団も存続が可能になる。そして、一般化された他者の態度に照らして自己を省みることで、自己意識が生じると考えられる。

Active Learning

子どもの自己形成において、他者とのやりとりがなぜ重要なのかについて、クーリーやミードの理論をもとに考えてみましょう。

4　自己の創発性

　ここまで、自己と他者のかかわりを強調してきた。そうした自己は、他者を意識し過ぎるあやつり人形のように映ったかもしれない。しかし、実際の自己は、他者を気にせず主体的に行動することもある。

　ミードは、自己が"I"と"me"という二つの側面をもつと考える。英文法で目的格の私"me"（客我）は、過去のやりとりから自己の内部に取り込まれた一般化された他者の態度である。一方、主格の私"I"（主我）は、me では解決できない問題に直面した時、よりよい未来を実現しようとする作用である。ミードは、問題解決に向けた具体的な行動の前にIと me が自己の内部で対話するという。それは衝動が行動へ直結する動物にはない人間特有の過程である。Iと me は問題解決に向けた対話と行動を通して互いに変化し、全体としての自己も変容していく。

　たとえば、ノーアウト満塁、3ボール0ストライクという野球の場面の打者を想像してほしい。me は「一球待て」と言う。Iは「打ちたい」と言う。投手を前に「一般的な打者ならどうするのか、自分はどうした

いのか」と迷いながらも、数秒後には結果が出る。絶好球を見逃して悔しがっているかもしれないし、ホームランを打って大喜びしているかもしれない。いずれにせよ、行動の結果とそれに対する他者の反応は、一般化された他者の態度である me を更新する。それによって me と I のバランスも変わり、全体としての自己も変容する。

つまり、I は自己がもつ創発性を表している。創発とは、それまでなかった新しい何かが生まれることである。確率で戦略を決めるデータ野球は、me に基づく野球といえる。それは確かに勝率を上げるが、意外性という魅力を失わせるかもしれない。I が担うのは、その創造的破壊である。セオリーに反したプレイが新しい野球のパラダイム[vi]を生み出すかもしれない。AI（人工知能）は me をつくれても、I をつくるのは難しいのではなかろうか。自己の I という側面は、新しい未来を創り出す第一歩であり、「人間らしさ」「自分らしさ」と大きくかかわっている。

Active Learning

「人間らしさ」を表し、自己がもつ創発性を表す "I" は、ソーシャルワーカーにとって、どのように活用することができるか考えてみましょう。

5 ▶ 異質で流動的な社会における自己

ミードが生きた 19 世紀後半から 20 世紀初頭は、衛生や栄養などの改善によって世界的に人口が急増し、大都市が次々と生まれた時代である。他所から来た大量の見知らぬ人が狭い空間に暮らす都市は、人々のコミュニケーションのあり方を大きく変えた。

たとえば、19 世紀終わり、ドイツの大都市ベルリンに暮らしたジンメル（Simmel, G.）[vii]は、都市では集団の規模が拡大し、さまざまな集団が交錯するので、個性も同時に発達すると論じた。集団が小規模のときは、その成員は類似する。小さな村で皆が同じく畑を耕す姿を想像できよう。しかし、集団が大規模になると、集団内での生存競争が激しくなり、独自性がないと生き残れなくなる。こうして集団内での個人間の差異が増大する。一方で、さまざまな集団が密集するようになると、個人は複数の集団に所属できるようになり、所属する集団を次々と替えることも可能になる。それぞれの所属集団から異なる文化を吸収することで、個人は個性を豊かにさせる。つまり、所属集団の組み合わせの数だけ多様な個性が生じる。こうして、同質的で安定していた小規模な社会

Active Learning

ジンメルの考え方をヒントにして、自分、あるいはある福祉サービスの利用者がどのような諸集団に属して、個性を発揮しているか説明してみよう。

---

vi　ある時代に支配的なものの考え方や認識の枠組みのこと。クーン（Kuhn, T, S.）が『科学革命の構造』（1962 年）で提唱した。コペルニクスの地動説は、パラダイムが転換した例である。

は、都市化によって異質で流動的な大規模社会へ変わっていく。

　ミードが考察したのは、異質で流動的な社会における多様な自己と他者のコミュニケーションのあり方だった。ミードが活躍した20世紀初頭のシカゴは、外国からの大量の移民によって、人口がわずか100年間で300万人を超えた。アメリカに来たばかりの移民は、慣れない環境で困窮しがちであった。シカゴのスラム街の一角には、ハルハウスというセツルメント★があり、ミードはその運営に協力した。ミードが所属するシカゴ大学の社会学科では、パーク（Park, R. E.）とバージェス（Burgess, E. W.）が、科学的な社会調査に基づく社会問題の解決を目指していた。その成果はアメリカ社会学の確立に大きく貢献し、シカゴ学派社会学と呼ばれる。パークは、社会学科の学生に、ミードの授業を受講するよう熱心に勧めたという。他者とのやりとりを通して自己が事後的に形成されるというミードの考えが、多様な個性を尊重しつつ社会の統合を可能にする仕組みの追究に、大きな示唆を与えたからだろう。

　こうした状況は、交通・通信の発展とともにグローバル化が進む今日の社会にますます当てはまる。ソーシャルワーカーの主な仕事は、人間関係の調整である。他者と安定した関係を築くのが難しい異質で流動的な社会では、自己の安定もまた困難になる。ミードの考えは、よりよい人間関係を取り結ぶヒントとなるだろう。

★セツルメント
宗教家・社会事業家などが貧困街に定住しながら、地域住民に医療・教育・保育・授産などを図る事業・施設・団体。

第5章　自己と他者

◇**参考文献**
・加藤一己「役割取得と自我形成──G. H. ミード『精神・自我・社会』(1934)」井上俊・伊藤公雄編『社会学ベーシックス1　自己・他者・関係』世界思想社，pp.55-64, 2008.
・植木豊「解題 G・H・ミードの百年後──二一世紀のミード像のために」G. H. ミード，植木豊編訳『G・H・ミード著作集成──プラグマティズム・社会・歴史』作品社，pp.699-739, 2018.

vii 〔Georg Simmel〕1858-1918. ドイツの哲学者・社会学者。デュルケム（Durkheim, É.）(1858-1917)、ウェーバー（Weber, M.）(1864-1920) とともに、社会学を独自の学問として確立した人物の一人に数えられる。著書に『社会分化論』（1890年）、『社会学』（1908年）、『社会学の根本問題』（1917年）など。

viii アメリカ初のセツルメントといわれ、主宰したアダムズ（Addams, J.）(1860-1935) は、1931年にノーベル平和賞を受賞した。

ix 1892年開学のアメリカの私立大学。石油王ロックフェラー（Rockefeller, J. D.）の潤沢な寄付金を用いて有力な教授を好待遇で招き、研究中心の大学を目指した。

x 〔Robert Ezla Park〕1864-1944. シカゴ大学社会学科で多くの大学院生を指導し、自らの手で第一次資料を集める社会調査の重要性を説いた。アメリカ社会学を確立した一人とされる。

xi 〔Ernest Watson Burgess〕1883-1966. シカゴ大学社会学科で50年近く教鞭を執った。パークとともに多数の大学院生を指導し、パークとの共著『科学としての社会学入門』（1921年）は、定番の教科書として広く長く使われた。

xii 1920・30年代に、シカゴの社会問題について多数の調査研究を行ったシカゴ大学社会学科の教員や大学院生を指す。アメリカ社会学の形成に大きな影響を与えた。

第2節 社会化

- 子どもの社会化についての理解を深める
- 大人の社会化についての理解を深める
- しつけの現状と課題について把握する

1 社会＋化

　社会化という言葉は、「社会」という名詞に、「なっていく」「向かっていく」という動きが含まれる接尾語の「化」がついた言葉である。つまり、社会化とは「社会になっていく」「社会に向かっていく」過程ということになる。だが、それだけでは何のことかよくわからない。少し言葉を補って「(人が)社会の一員になっていく」過程と捉えると、わかりやすくなるだろうか。

　ここで、社会学者による「社会化」の定義を二つ示そう。ごく早い時期に社会学的関心から子どもに着目した青井和夫は、社会化は「個人がある特定の社会集団の生活様式を学習し、その正規の成員に仕上げられる過程」とした。現在の子ども研究の第一人者である住田正樹は、「社会化は、個人が、現に取り結び実行している他者との相互作用を通じて当該社会(集団)の価値・規範・態度を習得し、当該社会(集団)の成員としてその社会(集団)におけるある一定の許容範囲内の思考・行動様式を形成していく過程」としている。以上を簡潔にまとめるなら、社会化とは「他者との相互作用により自らが所属する社会・集団に特定の生活様式や社会規範を内面化し、その社会の一員になっていく過程」となろう。

　ところで、生活様式や社会規範は、明文化されているわけではない。その社会に所属する全員が同じ認識をもっているわけでもない。そういった形のないあやふやなものを内面化していくというのは、実はとても困難なことである。けれども、この難しい課題を私たちは自らの人生においてこれまでずっとやってきたし、これからもずっとやり続けていくだろう。

★社会規範
人々がそれに従わないといけない無数のルールのこと。社会・集団ごとに、また時代や社会状況に応じて、多様で多重にはりめぐらされている。社会規範は個々人の行為を拘束することで社会全体を安定させ、結果的に個々人に利益をもたらす。

2 家族における社会化

1 基礎的社会化

人の赤ちゃんは、何もできない状態でこの世に生まれてくる。そのことはほかの生き物と比べてみるとよくわかる。

ウミガメの赤ちゃんは砂浜の中の卵から孵化するとき、自らが入っていた卵の殻を破り砂の中に脱出する。砂の中の子ガメたちは数日のうちに活発に動き始め、今度は砂からの脱出に挑む。夜になるのを待って地表へと這い出てきた子ガメたちは、そのまま海へ向かって行く。馬や牛の赤ちゃんは母親の胎内から生まれ落ちると、しばらくの間はもごもごとしているが、1時間もすると立ち上がり、やがてしっかりとした足取りで歩くようになる。

それらに比べると、人の赤ちゃんは本当に何もできない。自力で歩くなどとうてい無理であり、母親に抱きつくことすらできない。授乳も原始反射に頼り、親などの養育・保護がないと生きていけない。加えて、生活様式・社会規範などを一から教えてもらわないと社会的な生活を送れるようにはなれない。

そのような人の子どもにとって、最初の所属集団・人間関係である家族における社会化は最も基礎的であり、最も重要なものである。社会化は、社会の規範や文化を教え込む親と、それを受けとめ内面化する子どもとの間の相互作用として展開される。子どもは無意識のうちに多くのものを学習する。ときには、親が教えようとしないもの、あるいは、教えたくないものまで、身につけてしまう。そう考えると、社会化は、親の側と子どもの側がそれぞれ意図している場合と、意図していない場合の組み合わせによって、四つの形態に分類される。家族社会学者の森岡清美と望月嵩は、その四つを、「薫化」「感化」「模倣」「しつけ」とした。

「薫化」は親も子も意図していないにもかかわらず、子が身につけることである。「感化」は親の側は意図的であるが、子の側が無意図的なものであり、「模倣」は親の側が無意図的なのに、子の側が意図的に学習するものである。それらに対し、親も子も、ともに意図的に教え・教えられるものが「しつけ」である[3]。

2 しつけと児童虐待

現在、児童虐待が社会問題化している。全国の警察が摘発した虐待事

他者とのやりとり（相互作用）は、子どもの社会化にとってどのような意味で重要か考えてみましょう。

第5章 自己と他者

★しつけ
「裁縫のしつけ（縫い目や折り目を正しく整えるために仮にざっと縫うこと）」や「稲のしつけ（苗を曲がらないようにまっすぐに植えること）」が語源といわれているように、子どもを社会に適応した一定の型に入れること。

★児童虐待
子どもに意図的に身体的・精神的苦痛を与える行為。身体的虐待、性的虐待、ネグレクト（育児放棄）、心理的虐待の4種類に分類される（児童虐待の防止等に関する法律第2条）。

表5-1　社会化の四つの形態

		親の側	
		意図していない場合	意図している場合
子どもの側	意図していない場合	薫化	感化
	意図している場合	模倣	しつけ

出典：森岡清美・望月嵩『新しい家族社会学 四訂版』培風館, p.127, 1997. を参考に作成

件も増加の一途をたどっている。身体的虐待やネグレクトにより子ども
が死に至る場合もある。虐待を加えていた保護者が逮捕されたときに、
必ずといっていいほど口にする言葉がある。「しつけのつもりだった」
——その言葉によって、「これは社会的に認められたことだ」と言いた
いのだろう。しかし、そのような言い逃れが通用するはずもない。
表5-1が示すように、「しつけ」は親も子も意図的に教え・教えられる
行為である。虐待を受けた子どもは一方的に傷つけられるばかりで、何
かを教えられているとは決していえない。

　「しつけのつもりだった」という言い逃れがされる背景には、社会の
一部に「体罰」はしつけの一環であるという認識が今なお根強く残って
いることがある。子どもの貧困支援などにあたる公益社団法人「セーブ・
ザ・チルドレン・ジャパン」が2017（平成29）年に全国の20歳以上
の男女約2万人に対して行った意識調査では、「しつけのための体罰」
を容認する割合は約6割にのぼった。その意識を変えていく必要性が
ある。2019（令和元）年6月の児童虐待の防止等に関する法律（児童
虐待防止法★）の改正（2020（令和2）年4月施行）では、親権者がし
つけに際して体罰を加えることが禁止された。

　児童虐待は絶対にあってはならないことである。それを十分に理解し
たうえで、しつけを含む子育てに苦悩し、解決策も協力者も見つからず、
わが子に手を上げてしまう保護者がいることも忘れてはならない。

★児童虐待防止法
1990年代に児童虐待
が社会問題化したこと
や、1994（平成6）年
に児童の権利に関する
条約を批准したことを
背景にして、2000（平
成12）年11月に施
行された法律。

3　しつけの担い手

1　家事・育児の分担

　家庭において、子どものしつけは誰が担っているのだろうか。
　第二次世界大戦以前の家族では、家長としての父親が主に子どものし
つけを行っていた（家父長制）。戦後、法律上の家制度は廃止される。
1960年代以降、高度経済成長と軌を一にしながらサラリーマンと専業

主婦に子どもという家族形態が増えていった。それとともに、「夫は外（で働き）、妻は内（で家事・育児をする）」という**性別役割分業**意識が強くなっていき、その流れは1980年代頃まで続いた。その後、バブル崩壊、失われた20年を経て、長期経済停滞のなかにある現在では共働き家庭が主流である（1997（平成9）年以降、専業主婦世帯より共働き世帯のほうが多い）。性別役割分業に対する意識も変化し、男性において家事・育児を分担すべきであるという意識は増加している。しかし、実態としては「お手伝い程度の家事・育児」にとどまり、主体性が乏しい男性（夫）は依然として多い。

　総務省の社会生活基本調査によると、2016（平成28）年の家事関連時間（1日平均）は女性3時間28分、男性44分である。前回調査（2011（平成23）年）よりも差は9分縮まったが、まだ女性に圧倒的に多く偏っている。

Active Learning

女性に比べて男性が家事・育児に費やす時間が短い理由や社会的背景として、考えられるものを挙げてみましょう。

2 生活のなかの育児

　男性（夫、父親）の育児の実践も、まだまだである。育児をしていると思っている場合でも、妻からは「遊ぶだけで、世話はしていない」「育児のいいとこどり」と思われているふしがある[4]。そこからみえてくるのは、子育てに対してどこか他人事のようで、当事者意識に欠ける男性たちの姿である。当然ながら、家事・育児を一身に担う女性たちの悩み、疲労は深くなる。虐待の背景にこうした負担のアンバランスが横たわっていることも見逃してはならない。

　そうであれば、方向性ははっきりしている。男性も当事者として子育てにかかわらなくてはならない。父親も子どものしつけ（社会化）の担い手になる必要がある。そのために必要なのは男性も自分の生活のなかに育児をきちんと位置づけることである。つまり、子どもの世話や家事を仕事や自身の衣食住と同列に扱うということである。そうすれば、いいとこどりではすまなくなる。

4 大人の社会化

1 成長と社会化

　子どもは、保育園・幼稚園、小学校、中学校、高校と学校生活を送っていく。学校集団や仲間集団は家族集団に匹敵するくらいの比重があ

り、それぞれが子どもに対して生活様式・社会規範を教え込む主体になる。子どもは先生や友人との相互作用を通して社会化されていく。

社会化は何も子どもだけの課題ではない。大学生も社会化のまっただなかにあることに変わりはない。仲がよかった高校の友だちが別の大学に通うようになったら、なんだか少し様子が違ってきたというのはよくある話だ。それぞれが通う大学には独自の校風・気風がある。そのなかで大学生活を送るうちに、自然とその大学（生）らしさを身につけていく。

就職活動の時期になると、それぞれが希望する職種・会社を意識するようになる。メーカーや銀行など職種によって、イメージされる社員のタイプがある。就職活動を通して実際に希望する職種・会社の社員に接したり、インターンや就職情報誌などで業界研究をしていると、まだ内定も出ていないのに、その業界・会社の社員らしくなっていくことがある。これを予期的社会化という。

就職した後は、**職業的社会化**がなされる。職業的社会化とは、人々がさまざまな職業に固有の価値・態度や知識・技能を内面化していく過程のことである。

定年退職しても社会化は続く。人生のベテランかもしれないが、高齢者としては初めての人生を歩んでいる。地域集団や家族集団との関係のなかで高齢者としての生活様式や社会規範を身につけていく。社会化に終わりはない。

Active Learning

社会福祉士を目指す学生の「予期的社会化」としては、どのような行為が挙げられるでしょうか。

★予期的社会化
実際にまだその集団に所属しているわけではないが、将来所属したいと思っている場合に、自分が見聞きしたことに基づいてその集団の作法や気風（あるいは、それに似たもの）を身につけること。

▌2 親の社会化

子どもの社会化においては、家族が重要な役割を果たすと述べた。家庭が**パーソナリティ**形成の場であることは誰もが認めるところであろう。ただし、それは子どもにとってのみ当てはまると考えられてはいないだろうか。確かに、親は子どもをしつけ（社会化し）、社会の一メンバーに仕立て上げる。親の影響は、意図的であれ、無意図的であれ大きい。

しかし忘れてはならないのは、親のほうも子どもから影響を受け、変化するということである。人は子どもをもって初めて「母親である」「父親である」ことができる。しかし、それだけで「親になる」ことはできない。家庭における我が子との相互作用により知らず知らずのうちに「親らしく」なっていく。子どもの社会化は同時に親（おとな）の社会化の問題でもある。「3　しつけの担い手」に関連して補足すると、子

どもがいても子育てに主体的にかかわらない男性は「父親になる」社会化の過程を逸しているといえよう。

5 社会化の課題

　社会化といえば、従来なら、子ども期の社会化に関心が集まっていた。社会化の定義が、主として子どもを対象とした研究を行っている研究者によるものだったのはそのためである。

　社会的な変化が少ない時代なら、子ども期の社会化が将来の成人としての行動の基礎になると捉えられた。だが、環境の変化や価値観の多様化が著しい社会のなかでは、子ども期における社会化が人生全体に及ぼす効力は小さくなる。そのため、人々は、大人になった後も、社会への適応能力を身につける必要に迫られる。このことを成人社会化という。人の一生は絶え間ない社会化の連続である。心理学では生涯発達という概念があるが、それにならうなら、生涯社会化となろう。

　社会化により「○○の一員になる」というのは、言い換えれば、「○○らしくなる」ということだ。現在では、ジェンダーやアイデンティティなどの観点から、「らしく」を望まない人、「らしく」に疑問をもつ人も増えている。ライフコースの変化、生き方の多様化が進む現在、集団としての「らしさ」ではなく、個としての「自分らしさ」が問われ、また、求められている。

　社会福祉学は、「人間的に豊かな生活」について考え、その実現を目指す学問である。個人の幸福と社会システムをつなぎあわせる社会福祉学を学ぶ人は、社会と個人の関係性についてたえず考えることになる。その意味で、社会化は社会学のみならず社会福祉学においても重要な概念の一つであるといえる。

★生涯発達
これまでの発達理論は、青年期までに関心が寄せられることが多く、成人期や高齢期は発達が減退する過程とされてきた。それに対して、高齢期も含め、人は生涯を通して変化し成長を続けるものとする捉え方のこと。

★アイデンティティ
自分が独自性をもった、ほかならぬ自分であるという確信。私たちは変化・多様化する環境のなかでさまざまな役割を演じているが、そうしたさまざまな「私」を統合する変わらない自己のこと。

★ライフコース
個人が年齢別の役割や出来事を経ながら生きていく人生の道。

◇引用文献
　1）青井和夫「しつけ研究への社会学的アプローチ」小山隆編『現代家族の親子関係』培風館, p.19, 1973.
　2）住田正樹『子どもの仲間集団の研究』九州大学出版会, p.5, 1995.
　3）森岡清美・望月嵩『新しい家族社会学 四訂版』, 培風館, p.127, 1997.
　4）大和礼子・斧出節子・木脇奈智子編『男の育児・女の育児』昭和堂, p.18, p.39, 2008.
　5）井上忠司『『家庭』という風景』日本放送出版協会, p.117, 1988.
◇参考文献
　・工藤保則『中高生の社会化とネットワーク』ミネルヴァ書房, 2010.
　・工藤保則・西川知亨・山田容編著『〈オトコの育児〉の社会学』ミネルヴァ書房, 2016.
　・平山順子「妻から見た『夫の子育て』」柏木惠子・高橋惠子編著『日本の男性の心理学』有斐閣, 2008.

1 社会的行為と相互行為

　相互行為について考える前に、まず人間の行動（behavior）と行為（action）の違いを考えてみよう。行動は人間を含む生物全般における行いを指す。これに対して行為は、行動に加えてその動機や目的などの内的領域を含む。それゆえ行動は動物一般にも適用されるが、行為は人間に固有の領域だといえる。人がボールを投げること自体は行動であるが、怒りとともに相手にボールを投げると行為となる。そして、キャッチボールという形で、ボールを投げ合う場合、相互行為となっていく。行為という語のなかには、行動の意味づけや解釈の作用が含まれるが、これはまた「社会」なるものの出発点でもある。

2 シンボリック相互作用論と相互行為

　人間と人間の相互作用あるいは相互行為を軸に展開された社会学の潮流がある。その出発点が、ジンメル（Gimmel, G.）の形式社会学（formal sociology）だといわれている。ジンメルは、大なる全体社会を構想する社会学に対して、諸個人間の心的相互作用、すなわち「人間と人間の関係性」の形式こそに社会学の存在理由を見出した。

　また、ミード（Mead, G. H.）も同様に、その自己論や役割取得論にて、人間の自己（self）を、主我としてのI（アイ）と客我（社会的自我）としての me（ミー）の相互作用の場として捉えた。このうちの me は、役割取得を通して獲得された他者からの期待や態度を指す。つまり、他者の態度が組織化されたものである。われわれは他者や社会と応答しあ

うなかで、自分なるものを構築し変化させていく。これに対してⅠは、この me に応答し続ける、自己の創発的な側面を指す。Ⅰは、現在の瞬時瞬時に対応しながら変化し続ける経験や感情の総体であり、他者の態度に対する生物体の反応である。ミードにとっての自己とは、この me とⅠの間の、言語やシンボルを介した絶え間なき相互作用を行うものである。他者の態度が組織化された me を構成し、人はその me に対してⅠとして感応する。

　ジンメルやミードの、人間関係の相互作用に留意した先駆的研究は、ブルーマー（Blumer, H. G.）らの、その後のシンボリック相互作用論（symbolic interactionism）に受け継がれていく。ブルーマーは、有意味なシンボル（言葉など）を介して生成された相互行為の意味の解釈を、社会学研究の中核的視点に位置づけた。人々の生活経験を社会構造やその機能に還元するのではなく、経験世界それ自体と向きあい、そこから生成される意味を解読しようとしたのである。人々は生活経験の意味に反応するが、この意味は人々の相互行為によって生成される。また、人々がそれをいかに解釈するかによって、その意味づけも変容していく。したがって、社会過程の解読においては、人々を観察し、その「生きられた」声に耳を傾けていかねばならない。

　人々の自然な相互行為の記述は、社会問題の構築主義（constructivism, constructionism）や質的調査法に関連する独自の理論につながっていく。構築主義との関連では、たとえばベッカー（Becker, H. S.）は、逸脱や犯罪は、それを逸脱や犯罪だとレッテルを貼る者との相互行為として理解する「ラベリング理論」を提唱した。「社会集団は、これを犯せば逸脱となるような規則をもうけ、それを特定の人びとに適用し、彼らにアウトサイダーのレッテルを貼ることによって、逸脱を生み出すのである」[1] つまり、犯罪や逸脱行為もまた相互行為の産物なのである。

　質的研究法との関連では、人々との「生きられた」日常世界の視点から、その内在的意味づけを解読していくエスノメソドロジー（ethnomethodology）、人々の会話などから概念やカテゴリーを生成し理論をつくる、グレイザー（Glaser, B. G.）とストラウス（Strauss, A. L.）らのグラウンデッドセオリー（grounded theory；データ対話型理論）につながっていく。

第5章　自己と他者

Active Learning

犯罪や逸脱行為が相互行為の産物だというのは、どのような意味でしょうか。事例を挙げて考えてみましょう。

　このシンボリック相互作用論の文脈において、ソーシャルワーカーの
実践との関連で注目したいのが、グレイザーとストラウスの「死のアウェアネス理論」である。そこでは、終末期患者が病院で何を伝えられているのかに関して、病院スタッフと患者との「相互行為」を焦点化することで、新たな知見が示された。

　グレイザーらが取り上げたテーマは、病院で死にゆく人たちの終末認識（awareness）である。彼らはそこでの社会学的概念として認識文脈（awareness context）なるものを用いた。これは関係者が、患者の病状判定について何を知っているか、また自分が知っていることをほかの人々はどこまで知っていると本人は思っているのかを意味する。つまり、死にゆく患者を取り巻く社会的に構築された状況を指す。

　グレイザーらによると、この患者と医療従事者との間の認識文脈には次のような4タイプがある。

❶「閉鎖（closed）」認識：本当の病状を医療従事者や家族らは知っているが、患者本人が知らない状態。

❷「疑念（suspected）」認識：患者が自分の病状に疑念をもち、周りの人は事実を知っているのではないかという疑念を抱き、それを確かめようとする状態。

❸「相互虚偽（mutual pretense）」認識：患者も周りの人たちも事実を知っているが、双方が事実を知らないふりを演じる状態。

❹「オープン（open）」認識：患者と関係者双方が事実を認めあい、それを前提として行動をする状態。

　グレイザーらは、医療関係者や家族らが、各文脈を維持するために相互作用の戦略を練っていることを示す。たとえば「閉鎖」認識文脈の場合、医療スタッフは患者に対して一枚岩で対応することが求められるし、患者との会話の話題にも注意が払われる（「翌週以降の予定を話題にしない」「虚偽の予定を演出する」など）。しかし患者のほうも、看護師の交替や新たな治療法の導入などから、「疑念」認識文脈に移行することがある。

　このグレイザーらの取り組みは、終末期患者に対する「告知の是非」や「ケアのあり方」などの社会的問題につながっていく。両者の共通点は、患者をケアの受け手として一方的に捉えてきたことへの見直しに関

連する。この相互作用アプローチが投げかけた問題点は、医療スタッフと家族と患者の間の関係性のあり方を、「ケアの提供者と受領者」という一方的関係性から、「関係者同士でケア空間をより豊かなものに共同構築していく」という、構築主義の相互行為論につながっていくのである。

4　相互行為・共同構築の場としての語り

　1990 年代以降、社会学や心理学の領域では、本質主義（essentialism）から**構築主義**へという動向が顕在化してくる。本質主義とはリアリティあるいは現実世界は実在するという立場である。例えば「犯罪」なる事実は存在するということである。これに対して構築主義では、犯罪とは人々が言説によって構築した現象であり、犯罪なる事実は存在しないという立場である。少し以前ならばレストランでの喫煙は普通だったが、現在では受動喫煙などの理由により禁止されている場合が多い。つまり、時代によって社会的に「よくないこと」が変化してきているのであり、「犯罪」「逸脱」「正常」といった概念は、当該社会における言説によって構築される。人々の言語を介して紡がれる現象こそがリアリティの本質であり、それらは、人々の相互行為によって**共同構築**される。こうした構築主義の動向が現在では顕著になってきている。

　このわかりやすい例として、能智正博が示している「語り」の例を紹介しておこう。我々は人と会話をする際に、何か語りたいことがあって会話をしていると思いがちである。これが**図 5-1** ①のいわゆる伝統的な語りのイメージである。しかし、たとえば北朝鮮のアナウンサーが独特の語り方をする例のように、我々の語りの様式は、実は本人が生きている社会の構造を反映している。つまり**図 5-1** ②のように、我々の語りは本人を取り巻く社会や文化の影響を受けている。さらに第三に、我々が語ろうとすることは、社会や文化だけでなく、本人が先に語ったことそのもののフィードバックでもある（**図 5-1** ③）。「少し言い過ぎたか」「わかりにくかっただろうか」という思いを受けて、次の発言内容が変わることなどがこの例である。

　そして、最後に最も重要な点だが、**図 5-1** ④に示すように、語りは聴き手との相互行為なのである。つまり、語り手と聴き手とが協働で語りの場を行為遂行的に共同構築している。「君は帽子をかぶっている」

Active Learning

構築主義の立場から、「よくないこと」または「よいこと」が変化してきている例を挙げてみましょう。

図5-1 「語り」の意味するもの

① 伝統的な語りの理解　　　　　② 〈語り〉の起源を構築する外部

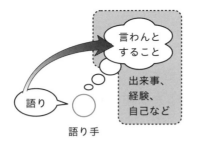

③ 〈語り〉が生成する語り手の内面　④ 相互作用としての〈語り〉

出典：能智正博『臨床心理学をまなぶ6　質的研究法』東京大学出版会, pp.56-68, 2011. をもとに作成

という発言は、相手が帽子をかぶっているという事実を示しているのではない。「公の場では帽子を取りなさい」という暗黙のニュアンスが込められている。「お宅のお嬢ちゃん、ピアノが上手ですね」というのは、「ピアノの音がうるさい」ということを指す場合さえもある。

　人々の語りの実践を共同構築や相互行為として捉えるならば、語り手と聴き手は同じ土俵の上に登っていなければならないだろう。社会福祉の現場におけるソーシャルワーカーと面談者の関係の場を、相互行為や共同構築の場だと考えるならば、両者間に力関係の非対称性があることはあまり好ましくないだろう。たとえば会話の際に、専門家が患者に一方的に相手の年齢や居住地、個人史などをきき、自分が何者であるかは話さないことなどである。少なくとも相手のプライバシーに踏み込まず、答えたくないことは答えなくてもよいということをしっかりと伝えねばならない。

5 公共圏と親密圏、そしてサードプレイス

　相互行為の問題は、我々の生活圏の問題にもつながる。我々の多くは家族や職場、行政圏域のなかで生活を営んでいる。しかし、社会の急激なグローバル化やネット社会化は、こうした従来からの枠組みを越えた人々のネットワークを生み出している。今日ではそれゆえ、国家や行政、職場などの枠組みを越えた市民社会や公共圏の役割が重要となってきている。

　かつてアレント（Arendt, H.）は、『人間の条件』のなかで、労働を重視する国民国家に対して、人間的活動や公共圏、人々の相互交流を軸とする市民社会の重要性を指摘した。アレントは人間の活動的生活の条件を、労働（labor）、仕事（work）、活動（action）の3領域から捉えた。アレントのいう「労働」とは、生物的必要性に根ざすものである。我々が日常用語で使う仕事や家事労働の概念に近いともいえよう。「仕事」は、芸術作品の制作などのように、人間存在の非自然性に対応する。人間のこの側面をアレントは「工作人」だと称した。これに対してアレントのいう「活動」は、人間の多数性と差異性をその基盤におく。必要性や同質性に彩られた労働に対して、個性と言論を重視する活動こそが人と人との間で営まれる人間固有の活動なのである。「この世界に住み、活動する多数者としての人間が、経験を有意味なものにすることができるのは、ただ彼らが相互に語り合い、相互に意味づけているからにほかならない」[2]。アレントは、必要性に根ざした社会的領域に対置するものとして公的領域（public realm）を設定する。他者と異なることを尊重し、言語を介した人々の自由で平等な討議や相互行為が、そこでの活動の軸となる。労働と仕事から離れ、生物的必要性から解放された公的空間の重要性を指摘したのだ。

　このアレントの公共空間の考え方は、ハーバーマス（Habermas, J.）の『公共性の構造転換』における「市民的公共性」論に受け継がれる。ハーバーマスによると、公共空間は本来市民が討議を介して公論を生成する場だったが、やがて行政が提供するサービスの場に転化していったということである。国家や行政とは別の「社会」との緊張関係のなかで醸成されてきた「市民的公共性」は、国家と社会が相互浸透しあうなかで、「社会」をも再政治化していく。今日では、市民的公共性が行政的（governmental）公共性論へと組み込まれてきているといえるだろう。

第5章　自己と他者

この点は、主に愛情や共同感情で培われた、家族や友人関係などの親密圏（intimate sphere）においても同様だろう。

人々の公共空間が政治化される今日、逆に注目をしたいのがサードプレイス（the third place）論である。オルデンバーグ（Oldenburg, R.）は、こうした心地よさが備わったインフォーマルな空間（コーヒーハウス、パブなど）をサードプレイスと呼び、その特性を示した。サードプレイスでの重要な概念は平等化（leveling）である。肩書きとは関係なく屈託ない会話を楽しむ、相互行為の公共空間の可能性がそこにあるだろう。

6 ▷ 相互行為論から社会問題を読み解く

今日、ICT の普及などにより、ソーシャルワークの現場では、従来では生起しなかった社会問題が惹起してきている。以下、この例として中高年ひきこもり問題を事例として取り上げ、相互行為の観点からこれらの問題にいかに取り組んでいくのかの糸口を考えてみたい。

今日 8050 問題（80 代の親が 50 代のひきこもりの子の面倒をみる）という語に象徴される、中高年者の社会的ひきこもり問題が社会問題となってきている。従来のひきこもり問題は、学校教育の場での出来事がその引き金となることが多かったが、中高年ひきこもり問題の場合は、学校卒業後の職場でのパワーハラスメントなどに端を発している場合が多い。

ここでは藤田孝典が示したいくつかの中高年ひきこもりの事例を、相互行為論と絡ませながらみていきたい。藤田は中高年ひきこもりの定義として、40 歳から 64 歳の者で「6 か月以上にわたって、おおむね家庭にとどまりつづけ、社会や第三者との交わりを極力避ける状態」の者を指すとみたうえで、その主因を精神疾患ではなく（職場での労働問題などの）社会関係・社会構造によるものと捉える。それゆえ「社会的」ひきこもりなのである。

また藤田のあげる事例から、ひきこもり当事者の多くが医師やソーシャルワーカー、行政団体などの支援者に対して不信感を募らせていることがわかる。行政の窓口対応にて逆に社会への不信感を募らせ、絶望感から社会参加を諦めて再びひきこもってしまった例などがある。あるNPOの代表者の声も印象的である。「実際、私が支援活動をするなかで、

もっとも手を焼いた親御さんの職業は裁判官、弁護士、医療従事者、福祉従事者、そして教育関係者です。これらの職業に共通するのは、支援職であること、つまり社会に奉仕する仕事です[3]」。他者への支援においてどれほど有能であっても、その有能さが自身の家族に向けられるとは限らない。

　ここで重要となるのが支援活動と当事者活動の違いである。当事者活動では、ピア・サポート活動が中心となるため介入はなされない。当事者たちの相互行為からの交流・連携が育まれるのである。

7　相互行為論からみえてくるもの

　社会学領域の相互行為論が明らかにしてきたのは、日常生活に埋もれた人々の声を紡ぐなかでみえてくる社会の姿であった。構造—機能主義などの大なる理論、あるいは難解な統計的分析からみえてくる社会像とはやや異なる、生身の人間の生活をくぐらせた声を手繰り寄せたことである。他方で今日の急激なウェブ社会化やグローバル社会化の波は、SNSによる犯罪や中高年ひきこもりなど、従来の社会学の相互行為論では説明しにくい社会問題を生起させている。それゆえ、新たな相互行為論が求められてきている。

　今日の相互行為論の大きな特徴は、生活者からの情報発信を介したネットワークのなかで、新たな相互行為とそれに伴う社会問題の可能性が示唆されている点だろう。シンボリック相互作用論などが提起された時代には、相互行為論は対面集団を念頭において構想されていただろう。しかし、今日では対面関係を前提としなくても相互行為は生起する。

　また他方で、社会の超高齢化や非正規就労形態の増加などにより、人々の医療的・心理的側面が強調されることも増えている。そこにソーシャルワーカーの仕事が位置づくのであろうが、中高年ひきこもり問題からも示唆されたように、これらの問題のいくつかは社会構造や生活環境に起因する問題なのである。それゆえそれらを安易に人々の心やケアの問題に解消するだけでなく、社会システムの問題としても理解し、当事者の相互行為を尊重する姿勢が大事となるだろう。

◇引用文献
1）ハワード・ベッカー，村上直之訳『新版 アウトサイダーズ』新泉社，p.17，1993.
2）ハンナ・アレント，志水速雄訳『人間の条件』筑摩書店，p.14，1994.
3）藤田孝典『中高年ひきこもり』扶桑社，p.191，2019.

◇参考文献
・G. H. ミード，稲葉三千男・滝沢正樹・中野収訳『現代社会学大系10 精神・自我・社会』青木書店，1973.
・ハーバート・ブルーマー，後藤将之訳『シンボリック相互作用論』勁草書房，1991.
・ハワード・ベッカー，村上直之訳『新版 アウトサイダーズ』新泉社，1993.
・B. G. グレイザー・A. L. ストラウス，木下康仁訳『死のアウェアネス理論と看護』医学書院，1988.
・ハンナ・アレント，志水速雄訳『人間の条件』筑摩書店，1994.
・ユルゲン・ハーバーマス，細谷貞雄・山田正行訳『公共性の構造転換 第 2 版』未来社，1994.
・能智正博『臨床心理学をまなぶ 6 質的研究法』東京大学出版会，2011.
・レイ・オルデンバーグ，忠平美幸訳『サードプレイス』みすず書房，2013.
・藤田孝典『中高年ひきこもり』扶桑社，2019.

終 章

社会学と社会福祉学の連携・協働

　最後に、近代から現代にかけて、社会的連帯と社会関係資本がどのように変化してきたかを示し、社会学と社会福祉学の関係を再考する。社会学と社会福祉学の連携・協働の重要性を理解してもらいたい。

　併せて編集委員による「おすすめの本」を紹介する。

終章 社会学と社会福祉学の連携・協働

学習のポイント

● 社会関係資本と社会的連帯について学ぶ
● 社会学の理論と社会福祉学の実践の相互関係について理解する
● 社会学と社会福祉学の連携・協働について把握する

1 社会関係資本と社会的連帯

　近代社会の到来から生まれた社会学は、社会と個人の関係の歴史的な変化に注目して、社会を安定させる社会秩序のあり方を追究してきた。近代社会が進展するなかで、身分制に拘束された社会から自律した自由な個人の社会に移行していくことになるが、それは同時に、個人と社会の間に入ることで社会秩序を安定させてきた中間集団、つまり身近な家族、親族、近隣の人々との結びつきを弱める結果を招くことにもなった。一方で、産業化した近代社会ではそうした身近な中間集団から、会社や工場などといったより組織化された中間集団へと移行することになったのである。それまで、家族、親族、地域社会における相互扶助で賄われていた弱者に対するケアは社会による支援が必要となり、社会福祉が求められたわけである。

　すでに本書のなかで解説しているが（第2章第5節参照）、フランスの社会学者デュルケーム（Durkheim, É.）は、近代社会における社会的連帯の方向性として、機械的連帯から有機的連帯へという流れを提示した。社会秩序のあり方を考える場合には、人々がもつ社会的連帯がキー概念となるわけである。デュルケームは、産業化のなかで社会的分業が進展して、生来よく知っている家族や村落共同体の人々との同質的な連帯が薄れた結果、社会が分業体制における職場などで仕事をする人々との異質的な連帯によってどのように維持されるのかを問題提起し

---

i 〔Robert David Putnam〕1940-　アメリカの政治学者。アメリカにおける信頼関係や結びつきの衰退を明らかにして、社会関係資本（ソーシャルキャピタル）の蓄積が民主主義制度を適切に機能させる方法であるとした『孤独なボウリング』（2000年）は、世界的に大反響を呼んだ。ほかに、編著『流動化する民主主義』（2002年）などがある。

たのである。広く社会の異質な人々との間に生じる連帯は、社会全体で弱者を支えるという社会福祉の思想や価値観に通じるものであった。

　アメリカの政治学者パットナム（Putnam, R. D.）は、2000 年に『孤独なボウリング』を出版した。パットナムは、かつては家族や友人などと楽しんでいたボウリングが、一人でするものになってしまった状況を捉えて、地域社会の現状を表す象徴的な出来事として、書名としたのである。その本のなかで、社会関係資本（ソーシャルキャピタル）という概念を提示して、その衰退と再生を考察した。社会関係資本とは、「協調的行動を容易にすることにより、社会の効率を改善し得る信頼、規範、ネットワークなどの社会的仕組みの特徴」であり、人々が孤立することを避けるための信頼関係、規範、ネットワークの総合的、社会的な基盤となるものである。パットナムは、社会的連帯の概念を社会関係資本という観点から発展させた。今日の社会関係資本は衰退しており、その背景には人の流動化（居住地域の移動）、個人化の進展があるが、アメリカでは地域社会における市民参加の強い伝統のなかで、教会の合唱団、読書サークル、ライオンズクラブ、サッカークラブの活発化は、社会関係資本を保つことに成功している地域の証明となっていると主張した。社会が活気を取り戻すには、この社会関係資本を豊かにすることに焦点を当てたコミュニティの再生のための政策を立案することが重要であると提唱した。

　日本社会においては、「無縁社会」という言葉が登場して、ひきこもり状態の人々、定年退職後に地域から孤立した高齢者、家族のなかで虐待を受ける子どもや高齢者、あるいは貧困な状況にある子どもや高齢者などの増大が社会問題となっている。いかに地域に新しい社会的連帯あるいは社会関係資本を再生して、地域に根づいた人間関係をつくっていくかは、今日の社会福祉の大きな課題である。たとえば地域包括ケアの整備、居場所づくり、子ども食堂などは、それに対する支援の例である。

　以上のように、社会的連帯と社会関係資本の変化に対する視座は、社会学の理論と社会福祉学の実践活動を結びつけるものであるといえる。

2　社会学と社会福祉学の関係を再考する

　日本の社会学では、福祉を研究する社会学の学術団体として、2003（平成 15）年に福祉社会学会が誕生した。この福祉社会学会では、現在

に至るまで不平等、差別、格差（階層差）、貧困などといった現代の社会問題を主要なテーマとした優れた実証的研究が生み出されてきている。これらの研究業績は、社会福祉にとっても大いに貢献するものである。依然として、福祉や社会政策の社会学に関心をもつ研究者中心の学術団体という設立当初からの趣旨を維持しているが、最近ではこうした「福祉の社会学」だけでなく、社会福祉学の領域である「福祉社会の学」にも踏み込んだ議論もされてきている。

　最後に、社会学と社会福祉学の関係をあらためて捉え直しておくことにしたい。

Active Learning

本書で学習した社会学が社会福祉の実践活動にどのように活かせるのかを考えてみましょう。

　たとえば医学は、実験に基づいた研究を中心とした基礎系、診療・手術を中心とした臨床系に大別される。いずれも、人体の病気を治療することを目的としている。

　これを社会学と社会福祉学に当てはめるならば、調査に基づいた理論を中心とした社会学、相談援助に基づいた実践を中心とした社会福祉学となり、いずれも、社会全体あるいは地域社会の人々の問題を改善することを目的としているのである。つまり、社会学と社会福祉学は、それぞれ独立して独自の活動をしているが、同じ目的に向けて連携・協働をとることによって、相互の特徴を活かして社会に貢献できると思われる。

　社会福祉学の専門職を目指す皆さんには、こうした認識をもって社会学を学んでもらい、社会福祉士国家試験科目の一つとしてだけではなく、本書に書かれている社会学の豊富な研究業績を実践活動に活かされることを期待したい。

　以下、編集委員の「おすすめの本」を紹介する。

・『〈オトコの育児〉の社会学——家族をめぐる喜びととまどい』工藤保則・西川知亨・山田容編（ミネルヴァ書房）

　社会福祉の課題を社会学的に捉える視点を提供してくれる書である。父親としての育児の経験から、夫婦関係、親子関係、社会関係にまで視野を広げていく経験社会学を実践するこの本が使っている社会学の理論や方法を知ることで、将来、育児をしようと思う人も、想像もつかない人も、育児に限らず、自分や他者、そして社会の福祉（しあわせ）について考えることができるだろう。

・『現代社会はどこに向かうか』見田宗介（岩波新書）

　この世界、どうなってしまうのだろう。今や誰もがそういう不安の

なかにいる。今世界は人口と経済の爆発的成長期を終えて大きな分岐点に立っている。これまでと違う社会のあり方を考えるだけでなく、どう移行していけるか。コロナ危機に直面するこういうときこそ、百年や千年の単位で、これからの社会と世界の行方を考える必要がある。

・『社会学史』大澤真幸（講談社現代新書）

現代社会はいつ始まったのか。フロイトとウェーバーのノイローゼの原因解明から始まる一種の謎解きが本書の特徴である。社会学の歴史を考えていくことが、現代社会の謎解きにつながる。わくわくどきどきさせてくれる希有な社会学史。分厚いが、さくさく読める。難しいところもあるが、再読三読すればすとんと腑に落ちることだろう。

・『社会学の名著30』竹内洋（ちくま新書）

本書のなかでも使われている社会学書、たとえばデュルケーム『自殺論』やウェーバー『プロテスタンティズムの倫理と資本主義の精神』などが、実にわかりやすく解説されている。著者の体験や具体的事例を交えながら、社会学の古典・名著が語られているので、いきなり分厚い社会学書を読むのは気が引けるが、まずは内容を知りたいという人には、おすすめしたい一冊である。

・『社会を変えるには』と『日本社会のしくみ』小熊英二（ともに講談社現代新書）

「社会を変えることはできるか」と「日本社会はどういう仕組みになっているのか」この二つの問いは関連している。社会福祉士は社会を変えることができるか。社会福祉やソーシャルワークを通じて社会問題を解決することができるか。こういう永遠のテーマを考えたい人にとっては、この本はとても有益な見方を提供してくれると思う。

・『脱常識の社会学——社会の読み方入門』ランドル・コリンズ（岩波書店）

デュルケームやゴフマンなどの理論を用いて、私たちの社会の「常識」を問い直している。私たちがよいと思っていることが、実は社会や人々の福祉（しあわせ）にとって、プラスではないこともある。私たちが営んでいる日常生活の構造について考える道具を提供してくれる好著。

・『超高齢社会の乗り越え方』安立清史（弦書房）

少子高齢社会、人口減少、地方消滅——私たちはちょっと学ぶと、すぐこうした見方に染まってしまう。だが違うのである。そういう「上から目線」の見方を乗り越えないと、私たちの社会に活力は戻らない。

「銀河鉄道の夜」と「千と千尋の神隠し」という物語の解読を通じて、グローバル化や超高齢社会というような見方を克服する社会学が可能なことを論じている。

・『問いからはじめる家族社会学——多様化する家族の包括に向けて』岩間暁子・大和礼子・田間泰子（有斐閣）

「日本では家族にどのような役割が期待されているのか」「家族形態によって貧困のリスクは異なるのか」「個人や家族を支える生活保障システムの日本的特徴は何なのか」などといった、まさに現代の家族に対する問いを提起して、これらの問いに答える形で具体的に解説されている。福祉を学ぶ学生にとっても、家族と社会の関係を理解するうえで秀逸の入門書である。

・『どんとこい、貧困！』湯浅誠（イースト・プレス）

そうした用語を必ずしも用いているわけではないが、社会資源、社会学的想像力、貧困の再生産（とそこからの脱出）など、社会福祉や社会学にとって重要なテーマを、きわめてわかりやすく明快に解説している。中学生以上を読者対象としたシリーズであり、著者は社会学者ではないが、視点を人から社会へと広げていくやり方は、社会学の考え方と響きあっている。社会福祉士を目指す大学生や専門学校生など「大人」にとっても学べるところが多い本である。

・『人間関係』加藤秀俊（中公新書）

出版年は半世紀以上も前であるが、いまでも色あせないベストセラーの社会学書である。組織の人間関係やコミュニケーションの問題に対して、平易な文章で社会学的な分析・考察を行っている。現代の家族、地域、職場などで人間関係に悩んでいる現代人にとっては、依然として人付き合いの指南書となっているのである。

・『福祉社会学の想像力』武川正吾（弘文堂）

社会福祉学と福祉社会学とは違う。どう違うのか。社会福祉学は制度と実践を扱うけれど、福祉社会学はその根本を考える。たとえば生活保護について本書は「本当に必要な人に限ると、本当に必要な人に届かなくなる」という逆転の発想（想像力）を示す。社会福祉だけでなく福祉社会の考え方も必要なことを問題提起する。この発想について、みなさんはどう考えるだろうか。

・『福祉社会学ハンドブック——現代を読み解く98の論点』福祉社会学会編（中央法規出版）

福祉社会学会が10周年を記念して編集した福祉社会学の入門書で

ある。現代の福祉問題を「常識から」問いなおすために、福祉領域における研究、福祉政策、実践などに関する98の具体的なトピックスを社会学的に読み解いている。社会学者による福祉研究に関心をもつ学生には、最適な本である。

・『命題コレクション社会学』作田啓一・井上俊編（筑摩書房）

　社会学的な法則を「命題」として示した書。社会学を学ぶ者の教科書として広く読まれてきたものであるが、社会学の基本的考え方が凝縮されており、今読んでも色あせていない。

◇参考文献
・Bauman, Z., Liquid Modernity, Polity Press, 2000.（森田典正訳『リキッド・モダニティ──液状化する社会』大月書房，2001.）
・Putnam, R., Bowling Alone : The Collapse and Revival of American Community, Simon & Schuster, 2000.（柴内康文訳『孤独なボウリング──米国コミュニティの崩壊と再生』柏書房，2006.）
・福祉社会学会編『福祉社会学ハンドブック──現代を読み解く98の論点』中央法規出版，2013.

終章　社会学と社会福祉学の連携・協働

索引

A～Z

AA ………………………………… 174
AGIL 図式 ………………………… 20, 35
DV ………………………………… 168
DV 防止法 ………………………… 168
EPA ……………………………… 63, 70, 72
GATT ……………………………… 66
GVC ……………………………… 67
ICD ……………………………… 175
ICF ……………………………… 176
ICIDH …………………………… 176
ICT ……………………………… 226
ILO ……………………………… 185
IT ………………………………… 68
LGBT ……………………………… 139
M 字型カーブ …………………… 167, 190
N3 ………………………………… 72
N4 ………………………………… 74, 75
NPO …………… 6, 45, 88, 101, 132
OECD ……………………………… 69
PACS 法 …………………………… 158
PTSD ……………………………… 147
SDGs …………… 106, 159, 186
SES ……………………………… 120
SNS ……………………………… 89
SSM 調査 ………………………… 113
TPP ……………………………… 66
UNDP ……………………………… 159
WEB コミュニティ ………………… 90
WTO ……………………………… 66

あ～お

アーバニズム論 …………………… 20
アイデンティティ ………………… 219
アウラ ……………………………… 20
青い芝の会 ………………………… 48
赤坂憲雄 …………………………… 9
アソシエーション ……… 2, 41, 93, 102
アダムズ, J. …………………… 18, 213
新しい公共 ………………………… 132
「新しい公共」宣言 ……………… 98
新しい社会運動 ………………… 129, 130
新しい社会的リスク ……………… 131
アディクション …………………… 173
アドボカシー ……………………… 7
アドルノ, T. W. ………………… 19
アノミー ………………………… 15, 80

アノミー的自殺 …………………… 15, 171
アメリカ高齢者法 ………………… 6
アメリカナイゼーション ………… 68
アリエス, P. ……………………… 160
アルコール健康障害対策基本法 … 173
アルコール健康障害対策推進基本計画
………………………………… 174
アレント, H. ……………………… 225
アンダーソン, B. ………………… 42
家制度 ……………………………… 166
いじめ ……………………………… 202
…の四層構造 ……………………… 202
依存症 ……………………………… 173
一次的逸脱 ………………………… 137
逸脱 ………………………………… 180
1.57 ショック …………………… 58
一般化された他者 ……………… 30, 211
意味 ………………………………… 210
移民政策 …………………………… 63
イリイチ, I. …………………… 45, 162
医療化 ……………………………… 172
異類婚 ……………………………… 158
インターネット …………………… 143
インフォーマル・グループ ……… 42
インペアメント …………………… 176
ウィリス, P. E. ………………… 119
ウィレンスキー, H. ……………… 126
ウェーバー, M. ……………… 16, 43, 80
上野千鶴子 ………………………… 163
ウェルビーイング ………………… 88
ウォーラーステイン, I. ………… 37
液状化した社会 …………………… 86
エスノグラフィー ………………… 120
エスノメソドロジー …………… 23, 221
エスピン - アンデルセン, G.
……………………… 46, 115, 126
エリア型コミュニティ …………… 98
エリクソン, E. H. ……………… 196
エルダー, G. H. ………………… 198
エンパワメント …………………… 49
オートポイエーシス理論 ………… 23
オーバーツーリズム ……………… 108
岡村重夫 …………………………… 7
オグバーン, W. F. …………… 18, 83
小熊英二 …………………………… 9
落合恵美子 ………………………… 162
親の社会化 ………………………… 218
オルデンバーグ, R. ……………… 226
オルポート, G. W. ……………… 136

か～こ

ガーフィンケル, H. ……………… 23
階級社会 …………………………… 37
外国人人材の受け入れ …………… 72
外国人労働者 ………………… 63, 69
介護人材受け入れ ………………… 72
介護福祉士 ………………………… 72
外婚原理 …………………………… 158
会社 ………………………………… 43
科学技術の発達 …………………… 82
鏡に映った自己 ………………… 17, 209
核家族 ……………………………… 156
核家族孤立説 ……………………… 164
格差 …………………………… 112, 115
格差社会 …………………………… 112
格差問題 ……………………… 37, 38
過疎・過密問題 …………………… 91
家族 ………………………………… 154
…のライフスタイル化 …………… 169
家族機能の外部化 ………………… 164
家族規模の小型化 ………………… 165
家族社会学 ………………………… 154
家族周期 …………………………… 169
家族主義福祉レジーム …………… 115
家族変動 …………………………… 163
価値システム ……………………… 31
学校 ………………………………… 44
家庭と職場の分離 ………………… 82
株式会社 …………………………… 44
家父長制 …………………… 43, 166, 216
カリスマ的支配 …………………… 81
加齢効果 …………………………… 195
過労死 ……………………………… 188
過労死等防止対策推進法 ………… 189
過労死等防止対策推進法に基づく大綱
………………………………… 189
感化 ………………………………… 215
環境ガバナンス …………………… 109
環境観 ……………………………… 109
環境構築 …………………………… 108
環境社会学 ………………………… 104
環境政策 …………………………… 109
環境と開発に関する国際連合会議 … 105
環境破壊 ……………………… 104, 106
環境保全 …………………………… 106
関係人口 …………………………… 100
観光公害 …………………………… 108
感情労働 …………………………… 167

関税及び貿易に関する一般協定⋯⋯66
完全失業率⋯⋯183
環太平洋パートナーシップ協定⋯⋯66
官僚制⋯⋯43
機械的連帯⋯⋯80
機会の不平等⋯⋯38
聞き取り調査⋯⋯152
企業別組合⋯⋯187
気候変動問題⋯⋯105
基軸通貨⋯⋯67
規制緩和⋯⋯66, 186
ギデンズ, A.⋯⋯24
機能—構造分析⋯⋯23
技能実習「介護」⋯⋯74
技能実習生⋯⋯63
技能実習制度⋯⋯73
規範⋯⋯31
客我⋯⋯17
逆機能⋯⋯35
ギャンブル等依存症対策基本法
⋯⋯174, 176
ギャンブル等依存症対策推進基本計画
⋯⋯174

95 年勧告⋯⋯169
救貧⋯⋯125
救貧法⋯⋯125
教育格差⋯⋯118
狭義の社会⋯⋯89
業績主義⋯⋯36
共通価値⋯⋯81
協働⋯⋯97
共同構築⋯⋯223
共同体⋯⋯90
業務の二極化⋯⋯117
近代家族⋯⋯162, 166
近代家族論⋯⋯161
近代社会⋯⋯78
均等待遇⋯⋯187
近隣組織⋯⋯95
クーリー, C. H.⋯⋯17, 41, 80, 208
クーン, T. S.⋯⋯212
グッドハート, D.⋯⋯68
熊本地震⋯⋯8
クラインマン, A.⋯⋯179
クラウドソーシング⋯⋯192
グラウンデッドセオリー⋯⋯178, 221
グラノベッター, M.⋯⋯101
グレイザー, B. G.⋯⋯221
クレイム申し立て⋯⋯124
クレオール化⋯⋯68
グローバリゼーション⋯⋯65

グローバルバリューチェーン⋯⋯67
薫化⋯⋯215
軍事型社会⋯⋯79
経営⋯⋯49
景観問題⋯⋯107
経済⋯⋯66
経済協力開発機構⋯⋯69
経済連携協定⋯⋯63, 70, 72
形式社会学⋯⋯17, 80, 220
刑の一部執行猶予制度⋯⋯174
経路依存⋯⋯9
ケースワーク⋯⋯5
ゲーム遊び⋯⋯210
ゲゼルシャフト⋯⋯2, 14, 41, 80
結合⋯⋯101
結婚⋯⋯157
…の分類⋯⋯158
ゲマインシャフト⋯⋯2, 14, 41, 80
限界集落⋯⋯99
健康⋯⋯171
健康格差⋯⋯121
顕在的機能⋯⋯35
顕在的社会問題⋯⋯201
現象学的社会学⋯⋯21
現代的レイシズム⋯⋯141
見当識の喪失⋯⋯149
行為⋯⋯220
…の 4 類型⋯⋯16
公害⋯⋯104
公共空間⋯⋯130
公共圏⋯⋯225
工業社会⋯⋯84
合計特殊出生率⋯⋯57, 58, 60
交差性⋯⋯180
公衆⋯⋯85
工場法⋯⋯185
構造化理論⋯⋯24
構造−機能主義⋯⋯20, 35, 177
構築主義⋯⋯221, 223
公的扶助⋯⋯125
公的領域⋯⋯225
行動⋯⋯220
高度経済成長⋯⋯56, 60, 82, 91, 105
合法的支配⋯⋯81
公民館⋯⋯95
合理化⋯⋯43
合理的配慮⋯⋯139, 177
高齢化社会⋯⋯54
高齢化率⋯⋯54
高齢社会⋯⋯54
高齢者虐待⋯⋯168

高齢者虐待の防止、高齢者の養護者に
　対する支援等に関する法律⋯⋯168
高齢者、障害者等の移動等の円滑化の
　促進に関する法律⋯⋯177
ゴードン, G.⋯⋯178
コーホート効果⋯⋯195
コールマン, J.⋯⋯23
国際化⋯⋯65
国際結婚⋯⋯70
国際疾病分類⋯⋯175
国際障害分類⋯⋯176
国際人口移動⋯⋯62
国際生活機能分類⋯⋯176
国際労働機関⋯⋯185
国際労働基準⋯⋯185
国勢調査⋯⋯52, 155
国内産業の空洞化⋯⋯67
国連開発計画⋯⋯159
互助⋯⋯150
個人化⋯⋯169, 198
ごっこ遊び⋯⋯209
古典的レイシズム⋯⋯140
孤独⋯⋯204
孤独死⋯⋯151
『孤独な群衆』⋯⋯20
言葉⋯⋯210
子どもの貧困⋯⋯115
ゴフマン（ゴッフマン）, E.⋯⋯22, 45, 179
コミュニケーション合理性⋯⋯23
『コミュニティ』⋯⋯2
コミュニティ⋯⋯2, 7, 41, 88, 89, 93, 102
コミュニティ協議会⋯⋯95
コミュニティケア⋯⋯91
コミュニティ形成と社会福祉⋯⋯91
コミュニティ——生活の場における人
　間性の回復⋯⋯91
コミュニティセンター⋯⋯95
雇用の分野における男女の均等な機会
　及び待遇の確保等に関する法律
⋯⋯139, 191
コロナ禍⋯⋯62
婚外出生⋯⋯59
混交化⋯⋯68
コンティンジェンシー理論⋯⋯34
コント, A.⋯⋯13, 78
コンラッド, P.⋯⋯172

さ〜そ

サードプレイス⋯⋯226
災害⋯⋯146

災害社会学 151, 152
災害対策基本法 146
災害ユートピア 150
再帰的近代 104
妻居制 158
最小必要多様性の原則 34
在宅福祉 9
最低賃金制 193
在日コリアン 141
サイバネティクス 34
再犯の防止等の推進に関する法律 174
再犯防止推進計画 174
在留資格「介護」 73
サバイバーズ・ギルト 147
サブ・コミュニティ 93
差別 134, 137
サムナー, W. G. 17
サラモン, L. M. 6, 46
サラリーマン 40, 164, 216
産業化 82, 163, 230
産業革命 79
産業型社会 79
産業社会 36, 123
サンクション 30
三歳児神話 161
三者構成原則 186
三状態（段階）の法則 79
参与観察 18
支援格差 151
ジェンダー 159, 219
ジェンダーギャップ 139
私化 199
シカゴ学派 17
シカゴ学派社会学 213
事業場における治療と仕事の両立支援
のためのガイドライン 181
自己意識 211
自己責任 124
仕事と生活との調和憲章 187
自己の創発性 211
自己本位的自殺 15, 171
自殺 171
…の医療化 172
…の行政統計 172
自殺総合対策大綱 172
自殺対策基本法 172
『自殺論』 15, 80, 171
私事化 202
事実婚 157
自助 150
自助グループ 132, 174

システム制御理論 33
私生活化 199
自然環境の破壊 106
自然災害 78, 146
持続可能な開発のための 2030 アジェ
ンダ 186
持続可能な開発目標 106, 159
時代効果 195
自治会 88
しつけ 215
質問紙調査 152
史的唯物論 79
児童虐待 168, 215
児童虐待の防止等に関する法律（児童
虐待防止法） 168, 216
ジニ係数 112
死のアウェアネス理論 222
自発的社会福祉 7
嗜癖 173
資本移動 66
資本主義 37, 46, 65, 81, 184
資本取引 66
『資本論』 184
市民的公共性 225
社会移動 38, 123
社会疫学 121, 171
社会化 30, 44, 214, 217, 219
社会階級 37
社会階層 36, 37, 120
社会階層と社会移動全国調査 113
社会学的想像力 22
『社会学のソーシャルワークへの貢献』
3
社会学の歴史 13, 25
社会関係資本 7, 100, 231
社会規範 211, 214
社会経済的地位 120
社会構造 29, 77
社会システム 28, 29, 219
社会指標 36
社会政策 125
社会秩序 78
社会調査 12
社会的格差 112
社会的孤立 204
社会的資源 36, 86
社会的事実 15, 32
社会的性格 20, 85
社会的地位 29
社会的排除 114, 135
社会的包摂 135

社会的役割 29
社会的連帯 230
社会統制 31
社会福祉 83, 230
…の経営 49
社会福祉学 219
社会福祉士 2, 10, 11
社会変動 77
社会保険 125
社会保障政策 83
社会保障体制の再構築に関する勧告
——安心して暮らせる 21 世紀の社
会を目指して 169
社会民主主義レジーム 71, 127
社会問題 3, 4, 123, 124, 200
シャドウ・ワーク 162
『自由からの逃走』 19
集合的アイデンティティ 130
自由主義的家族主義レジーム 71
自由主義レジーム 71, 127
終身雇用 187
従属人口指数 55
従属理論 37
集団 40, 41, 211
集団本位的自殺 16, 171
自由に浮動するインテリゲンチャ 19
自由貿易 66
終末認識 222
重要な他者 210
集落 99
…の状態区分 99
受益圏 106
主我 17
主観的家族像 163
受苦圏 106
宿命的自殺 16, 171
手段的役割 21
出生数 58, 60
出生率 57, 58
シュッツ, A. 21
出入国管理統計 63
シュナイダー, J. W. 172
順機能 35
準拠集団 21, 30
障害者差別解消法 139
障害者の権利に関する条約 139, 177
障害者役割 178
障害の社会モデル 176
生涯発達 219
障害を理由とする差別の解消の推進に
関する法律 139, 177

少子化 　57, 58
情報社会 　84
ショーター, E. 　160
職業 　36
職業安定法 　186
職業的社会化 　218
女性差別撤廃条約 　138
女性の職業生活における活躍の推進に
　関する法律 　190
所得格差 　112, 116
自立生活運動 　48
心的外傷後ストレス障害 　147
新型コロナウイルス 　63
新型コロナウイルス感染症 　70, 173
新居制 　158
人口 　51
人口移動 　60, 62, 91
人口オーナス 　56
人口学的方程式 　51
人口減少 　53, 61
人口高齢化 　54
人口推計 　53
人口増加 　51
人口置換水準 　58
人口転換 　52, 58
人工妊娠中絶 　57
人口ボーナス 　56
人口モメンタム 　53
新自由主義 　46
人種差別撤廃条約 　138
シンボリック相互作用論 　22, 178, 221
親密圏 　65, 70, 226
ジンメル, G. 　17, 80, 212, 220
スティーガー, M. B. 　65
スティグマ 　135, 179
ステレオタイプ 　136
ストライキ 　185
ストラウス, A. L. 　178, 221
ズナニエツキ, F. W. 　17, 180
スペンサー, H. 　79
スマーフ 　175
生活環境主義 　108
生活史 　180
生活世界の植民地化 　23
成熟社会 　205
生殖家族 　158
成人社会化 　219
精神保健福祉士 　2, 10, 11
性的少数者 　139
制度依存 　10
制度的社会福祉 　7

性別役割分業 　159, 167, 189, 217
政労使 　186
世界人権宣言 　138
世界貿易機関 　66
セクシュアル・ハラスメント 　139
世帯 　155
世代 　194
世代間交流 　205
世代効果 　118
石けん運動 　107
接続可能性 　106
セツルメント 　18, 213
セルフヘルプグループ 　174
潜在的機能 　35
潜在的社会問題 　201
全制的施設 　45
選択制 　158
綜合社会学 　13
相互行為 　220
相互作用 　214
相互作用秩序 　22
相対所得仮説 　121
相対的貧困率 　115
創発性 　212
創発特性 　14, 32
ソーシャルガバナンス 　132
ソーシャルキャピタル
　　　7, 47, 100, 121, 171, 231
ソーシャルワーカー 　2
…のジレンマ 　3
…の役割 　87
…の倫理綱領 　135
ソーシャルワーク 　2, 5
…のグローバル定義 　144
属性主義 　36
組織 　40, 42
租税回避地 　69
ゾラ, I. K. 　172

た〜と

ダーレンドルフ, R. 　32
第一次産業 　82
第一次集団 　41, 80, 209
第一次ベビーブーム 　52
第一の人口転換 　52
第三次産業 　82
第三の波 　84
大衆 　19, 85
大衆教育社会 　119
大衆消費社会 　85

第二次産業 　82
第二次集団 　41, 80
第二次ベビーブーム 　53
第二の人口転換 　58
第二波フェミニズム運動 　21
体罰 　216
第4次男女共同参画基本計画 　160
タウンゼント, P. 　204
他出子 　100
タックスヘイブン 　69
脱工業化社会 　23
脱工業社会論 　84
脱産業社会 　131
脱商品化 　127
脱標準化 　199
タテ社会の構造 　10
他人指向型 　20, 85
ダブル・コンティンジェンシー 　28
多様化 　199
ダルク 　174
団塊ジュニア 　53, 118
団塊の世代 　52
単婚 　158
断酒会 　174
男女共同参画基本計画 　160
男女共同参画社会基本法 　167
男女雇用機会均等法 　139, 191
男性の育児 　217
団体交渉 　185
地域 　88, 89
地域アクター 　89, 102
地域おこし協力隊 　100
地域間格差 　98
地域コミュニティ 　100
地域社会 　89, 97
地域福祉 　9
地域福祉組織化 　7
『地域福祉論』 　7
地域包括ケアシステム 　9
地球温暖化 　105
地球サミット 　105
地方分権改革 　97
中間集団 　199, 230
中高年ひきこもり 　226
中山間地域 　99
中範囲の理論 　21
中流意識 　85, 112
「中流崩壊」論争 　113
超高齢社会 　55, 66
長寿リスク 　55
町内会 　88, 92, 93, 94, 101

…の特徴 96
…の役割 95
直系家族 156
賃労働 183
定位家族 158
ディーセント・ワーク 186
定住者 100
ディスアビリティ 176
テイラー-グッビー, P. 131
テーマ型コミュニティ 98
デカルト, R. 209
テクノクラシー 130
デジタルネイティブ世代 89
デュルケム（デュルケーム）, É
　　14, 32, 79, 171, 230
伝統的支配 81
テンニース, F. 2, 14, 41, 80
転入超過 60
東京圏への一極集中 61
当事者研究 175
当事者主権 48
同心円地帯理論 18
同棲 157
同類婚 158
トゥレーヌ, A. 130
独我論 209
特定技能制度 75
都市化 91
閉じこもり 204
都市への人口集中 82
戸田貞三 155
トフラー, A. 84
トマス, W. I. 17, 180
富永健一 77
ドラッカー, P. F. 49
ドラマトゥルギー・アプローチ 22

な～の

内縁 157
内婚原理 158
ナイチンゲール, F. 4
長生きリスク 55
中根千枝 10
中村哲 7
ナショナリズム 42, 68
ナヤール族 157
二国間協定 66
二次的逸脱 137
二重ローン 148
二地域居住者 100

日系人 70
日本型雇用システム 187
日本型福祉社会 129
日本型福祉レジーム 128
人間関係論 42
認識文脈 222
ネオリベラリズム 46
ネットコミュニティ 90
年功賃金 188
年齢差別 205

は～ほ

パーキンソン, C. N. 43
パーキンソンの法則 43
パーク, R. E. 18, 213
バージェス, E. W. 18, 154, 213
パーソナリティ 218
パーソンズ, T.
　　20, 21, 28, 31, 35, 81, 164, 177
バーチャルコミュニティ 90
パートナーシップ 97
ハーバーマス（ハーバマス）, J.
　　23, 130, 225
配偶者からの暴力の防止及び被害者の
　保護等に関する法律 168
配偶者選択 158
バウマン, Z. 86
橋渡し 101
パスロン, J. C. 119
パターナリズム 48, 50
働き方改革関連法 187
バダンテール, E. 161
8050 問題 168, 226
発達課題 196
パットナム, R. D. 101, 121, 231
パネル調査 198
ハビトゥス 24
パラサイト・シングル 165
ハラスメント 202
パラダイム 212
バリアフリー 177
バリアフリー法 177
ハルハウス 18, 213
パワーエリート論 20
阪神・淡路大震災 88, 102, 151
ハンチントン, S. P. 68
反復横断調査 198
非営利セクター 6, 46, 132
非営利組織 45, 88
…の経営 49

東日本大震災 9, 151
ひきこもり 165
被災者 146
被災体験 147
被災地 149
ビスマルク, O. V. 125
非正規雇用者 117
人の支配 43
避難所 8
病院 44
氷河期世代 118
表出的役割 21
平等化 226
ヒラリー, G. A. 90
琵琶湖 106
貧困 114, 115, 135
ファミリー・アイデンティティ 163
ファミリー・ライフサイクル 169
フーコー, M. 24
夫婦家族 156
夫婦家族制 166
夫婦間暴力 168
夫婦別姓 157
フェミニズム 161
フォークウェイズ 17
フォーマル・グループ 42
フォーラム型組織 98
夫居制 158
複合家族 156
複婚 158
複雑性の縮減 34
福祉国家 125, 126
…の発展 128
福祉コミュニティ 7, 88, 102
福祉施設 44
福祉社会学会 231
福祉社会の学 232
福祉の社会学 232
福祉避難所 8
福祉レジーム 126
…の違い 128
福祉レジーム論 71
父権主義 48
二人っ子革命 57
復興格差 150
不平等 36, 112
部落会 92
部落差別 140
部落差別の解消の推進に関する法律
　（部落差別解消法） 140
フラッシュバック 149

フランク，A. W. ……179
フランクフルト学派 ……19
フランス革命 ……78
フリースクール ……45
フリードソン，E. ……180
ブリッジング ……101
ブルーマー，H. G. ……22, 221
ブルデュー，P. ……24, 119
『プロテスタンティズムの倫理と資本主義の精神』 ……16
フロム，E. ……19
文化資本 ……24
文化遅滞説 ……83
文化帝国主義 ……68
文化的再生産 ……24, 119
文明の衝突 ……68
平均寿命 ……55
平成の大合併 ……97
ヘイトクライム ……143
ヘイトスピーチ ……142
ヘイトスピーチ解消法 ……142
ベヴァリッジ報告 ……125
ベッカー，H. S. ……22, 137, 176, 221
ベック，U. ……199
べてるの家 ……175
ベビーブーム ……52
ベル，D. ……23, 84
ヘルパーセラピー原理 ……174
偏見 ……134, 136
ベンヤミン，W. ……20
貿易 ……66
法定労働時間 ……188
法の支配 ……43
防貧 ……125
方法論的関係主義 ……17
方法論的個人主義 ……16
方法論的集団主義 ……14
ポーガム，S. ……114
ホーソン実験 ……42
ホーマンズ，G. C. ……33
補完性の原理 ……97
保護観察 ……174
保護主義 ……67
保守主義レジーム ……71, 127
ホックシールド，A. R. ……167
ホッブズ，T. ……81
ホッブズ問題 ……81
ホメオスタシス ……33
ホモ・ソシオロジクス ……32
ボランティア元年 ……88
ホルクハイマー，M. ……19

ボンディング ……101
本邦外出身者に対する不当な差別的言動の解消に向けた取組の推進に関する法律 ……142

ま〜も

マードック，G. P. ……156
マートン，R. K. ……21, 35, 201
マイホーム主義 ……199
マクドナルド化 ……68
マクルーハン，H. M. ……84
増田レポート ……61
まちづくり協議会 ……95
マッキーヴァー，R. M. ……2, 3, 5, 41, 93
マネジメント ……49
マルクス，K. H. ……79, 184
マルクス主義 ……37
慢性疾患 ……177
マンハイム，K. ……19, 195
ミード，G. H. ……17, 209, 210, 220
ミクロ・マクロリンクの社会学 ……23
未婚化 ……60
未婚者 ……59
みなし仮設住宅 ……151
ミルズ，C. W. ……20, 21
民生委員・児童委員 ……96
無縁社会 ……231
名誉革命 ……79
メンミ，A. ……140
モーレス ……17
物語論的転回 ……179
模倣 ……215
森岡清美 ……155

や〜よ

役割期待 ……29
…の相補性 ……30
病の軌跡 ……178
山田昌弘 ……163
有意味シンボル ……209
有機的連帯 ……80
優生保護法 ……57
ゆとり教育 ……119
ユニバーサルデザイン ……177
『ヨーロッパとアメリカにおけるポーランド農民』 ……17
予期的社会化 ……218
予言の自己成就 ……21
弱い紐帯 ……101

四大公害 ……104

ら〜ろ

ライフコース ……169, 197, 219
…の脱標準化 ……199
…の多様化 ……199
ライフサイクル ……196
ライフステージ ……196
ラベリング理論 ……22, 137, 176, 221
リースマン，D. ……20, 85
リキッド・モダニティ ……86
リスク ……124, 131, 200
リップマン，W. ……136
留学 ……69
留学生30万人計画 ……70
ルーマン，N. ……23, 34
レイシズム ……140
歴史的環境 ……107
レジーム ……127
レビンソン，D. J. ……196
レマート，E. M. ……137
連合町内会 ……95
連帯に基づく民事契約 ……158
労災認定 ……188
労使協定 ……188
老親扶養 ……166
老衰社会 ……205
労働 ……183
労働安全衛生法 ……180
労働基準監督署 ……188
労働基準法 ……185
労働組合 ……124
労働組合法 ……185
労働災害補償保険 ……172
労働市場 ……184
労働者 ……123, 183
…のリスク ……124
労働者派遣事業の適正な運営の確保及び派遣労働者の保護等に関する法律 ……186
労働法 ……184
ロマンティック・ラブ ……161

わ〜ん

ワークライフバランス ……187
ワークライフバランス憲章 ……187
ワース，L. ……20

工藤 保則 （くどう・やすのり）──────────────────第 5 章第 2 節
龍谷大学社会学部教授

宍戸 邦章 （ししど・くにあき）──────────────────第 4 章第 4 節
大阪商業大学公共学部教授

白波瀬 達也 （しらはせ・たつや）─────────────────第 3 章第 3 節
桃山学院大学社会学部准教授

高山 龍太郎 （たかやま・りゅうたろう）───────────────第 5 章第 1 節
富山大学経済学部教授

徳田 剛 （とくだ・つよし）───────────────────第 3 章第 4 節
大谷大学社会学部准教授

中島 満大 （なかじま・みつひろ）────────────────第 2 章第 3 節
明治大学政治経済学部専任講師

西川 知亨 （にしかわ・ともゆき）────────────────第 1 章第 2 節
関西大学人間健康学部准教授

野田 浩資 （のだ・ひろし）───────────────────第 2 章第 7 節
京都府立大学公共政策学部教授

濱西 栄司 （はまにし・えいじ）─────────────────第 3 章第 2 節
ノートルダム清心女子大学文学部准教授

藤井 和佐 （ふじい・わさ）───────────────────第 2 章第 6 節
岡山大学大学院社会文化科学研究科教授

堀 薫夫 （ほり・しげお）────────────────────第 5 章第 3 節
大阪教育大学教育学部教授

三隅 一人 （みすみ・かずと）─────────────────第 2 章第 1 節
九州大学大学院比較社会文化研究院教授

最新　社会福祉士養成講座
　　　精神保健福祉士養成講座

3　社会学と社会システム

2021年2月1日　　　　　発行

編　集　　一般社団法人日本ソーシャルワーク教育学校連盟
発行者　　荘村明彦
発行所　　中央法規出版株式会社
　　　　　〒110-0016　東京都台東区台東3-29-1　中央法規ビル
　　　　　営　　業　　TEL 03（3834）5817　FAX 03（3837）8037
　　　　　取次・書店担当　TEL 03（3834）5815　FAX 03（3837）8035
　　　　　https://www.chuohoki.co.jp/

印刷・製本　株式会社太洋社
本文デザイン　株式会社デジカル
装　　幀　株式会社デジカル
装　　画　酒井ヒロミツ